音乐教师职业素养丛书

丛书主编　郭声健

Chatting Makes Perfect Thesis

好论文聊出来

音乐教育论文写作指引

郭声健　等著

暨南大学出版社
JINAN UNIVERSITY PRESS

中国·广州

图书在版编目（CIP）数据

好论文聊出来：音乐教育论文写作指引／郭声健等著．—广州：暨南大学出版社，2011.12

（音乐教师职业素养丛书）

ISBN 978－7－5668－0004－6

Ⅰ.①好…　Ⅱ.①郭…　Ⅲ.①音乐教育—论文—写作　Ⅳ.①H152.3

中国版本图书馆 CIP 数据核字（2011）第 208070 号

…………………………………………………………………………

好论文聊出来——音乐教育论文写作指引

著　　者　郭声健

出 版 人　徐义雄
策划编辑　杜小陆
责任编辑　杜小陆　卜　颖
责任校对　黄　颖　曹　瑞
出版发行　暨南大学出版社（广州暨南大学　邮编：510630）
网　　址　http：//www.jnupress.com　http：//press.jnu.edu.cn
电　　话　总编室（8620）85221601
　　　　　营销部（8620）85225284　85228291　85228292（邮购）
排　　版　弓设计
印　　刷　佛山市浩文彩色印刷有限公司
开　　本　787mm×960mm　1/16
印　　张　20.5
字　　数　413 千
版　　次　2011 年 12 月第 1 版
印　　次　2011 年 12 月第 1 次
印　　数　1—3000 册
定　　价　39.80 元

自我介绍

我是一个懵懂的新生命，走在无垠的书海中，分不清南北西东。凄厉的北风吹过，我降生在2011年的严冬，不为别的，只为能够带给人些许温暖，还能令人耳目一新。我的本名《好论文聊出来》，别称《音乐教育论文写作指引》。

我的孕育经历特别温馨，是众人亲密合作的完美结晶。老师通过QQ指导音乐教育方向生撰写毕业论文，18位本科生一个都不少，另有4位中小学老师积极来加盟。历经大半年时间的交流讨论，22篇开题报告和论文均顺利完成。个中充满了趣味与开心，也有那么点失望和艰辛，我便是这一切最真实最完整的记录和见证。

谁说大学生不好学，谁说学音乐的人不会写论文？看看我的附录吧，那入编的六篇万字文全出自本科毕业生之手，它们可都是零起点初学者的处女作品。

谁说老师不尽责，谁说他们没耐心？读读我呈现的聊天实录吧，老师夜以继日不厌其烦、循循善诱、以人为本，无不体现他们对学生的高度责任感与爱心。

谁说写论文枯燥，谁说做学问理性？读读我吧，你就知道这份成见有点深。师生间的交流是那么地富有情趣不乏幽默，音乐人感性的一面体现得特充分。

谁说文章只能写，谁说聊的不成文？读读我吧，你就知道文章写作其实有窍门。相互交流和启迪，思路更清，文笔更顺，单兵独将地闭门造文显然行不通。

其实我不只是一本论文写作指导书，我还是探讨音乐教育实践问题、传播音乐教学新理念的好读本。我深入浅出一看就懂，对于一线教师的教学特别管用。

如果你对看书没兴趣，你对论文写作没信心，请读读我，相信一定对你有莫大的触动。前些天老师为我做终校，我还不时听到他发出一阵阵开心的笑声。

这便是我，一个聊出来的幸运新生儿。QQ群是我的温床，众师生给了我生命。我就是音乐教育科研的诠释与化身：音符与文字变奏，感性与理性交融。

以上情况句句是真，没有半点夸张奉承。“至于你信不信，我反正信了。”

前　言

写论文，不管是对即将毕业的大学生还是对已经工作的在职教师来说，都是一件令人头疼的事情，对擅长和习惯于感性思维的音乐专业师生而言，自然更是如此。十多年前我在《中国音乐教育》编辑部工作的时候就对此深有体会，为此，当时我把指导作者修改论文的材料加以编辑整理，出版了一本名为《琴歌舞笔——音乐教师写论文》的小书，这本书一度发行得不错，重印了几次，但现在市面上已经不再有卖的了，直到最近还有一些老师向我打听我手头上是否有存货，很遗憾我也只有一本留作纪念的样书了。那本书写于十多年前，现在看起来，尽管写作技巧层面上的内容不一定过时，但其中探讨的有关音乐教育的观念与实践难免滞后。加之现在每年都指导本科生、研究生的毕业论文，也不停地有一线教师找我交流论文写作经验，于是，最近一段时期我又萌发了重新整理出版一本关于音乐教育论文写作指导用书的念头。

去年下学期，我给大四的音乐教育方向生上了一门论文写作课，尽管我们都很认真努力，但只是通过八周的课堂讲授，客观地说是很难让学生在论文写作方面获得实质性提高的。或许通过上课，大家的写作兴趣被调动起来了，然而具体落实到笔头上的时候，往往又是一片茫然。因为论文写作不能够只停留于理性层面的探讨，必须有亲身的体验才行，而且每个学生的选题不一样，只有在具体讨论自己的选题的时候，才可能获得实质性的效果。于是，我决定在课余时间，通过 QQ 聊天的方式指导学生撰写本科毕业论文，从论文选题到开题报告，再到论文修改定稿，与学生逐个进行持续而系统的交流。在这个过程中，我充分尊重学生的选题兴趣和初衷，所有的选题都是由学生自己首先提出，我不硬性指定学生写什么内容，而是通过交流让学生自己判断选题的价值并自主选择写作的角度；我也不会直接告诉学生写作的思路，一般都是从问题出发，一步一步启发学生走进我所设计的写作方案之中。我的交流目标很明确：不仅要让学生知道怎么写，更要让学生知道为什么要这样写；不仅要让学生知道如何撰写现在的这篇文章，更要让学生懂得构思未来的其他文章。我的对话策略也很清晰：虽然聊的是论文写作这一技术层面的话题，但也要尽可能地结合着探讨音乐教学的理论与实践，要让学生既知道怎么写，又知道写什么；虽然聊的是论文写作这一枯燥的话题，但也要尽可能地聊得愉快和轻松，要让学生从心底里消除对论文写作的茫然感和恐惧感。

除此之外，这期间我还保持着和一线音乐教师的交流。其实，这一习惯我已经养成十多年了，正是通过论文写作，我结交了许多音乐教师朋友。我非常理解他们在论文写作方面的难处，所以，对于老师们在这方面的需求，我无一例外地有求必应。虽然由于自己水平有限解决不了什么大问题，但能够给老师们肯定和鼓励，分享他们的困惑和进步，对彼此都是一件很有意义的事情。只是有些遗憾，那就是我没有把这些珍贵的资料积累下来，因为我越来越深切地感受到：和老师们、同学们的交流，实际上是日积月累地丰富着我自己的教学与科研财富。

自从去年有了QQ以来，我汲取了教训，学会了积累。随着学生毕业论文写作的结束，我感到可以考虑将通过QQ聊天所记录下来的资料整理出一本关于音乐教育论文写作的通俗读物了，我取名为《好论文聊出来：音乐教育论文写作指引》，并于附录中选登了6篇学生的论文，寓意很明确，就是想让读者能够清晰地看到一篇论文如何从零开始，之后一步步慢慢成形的全过程。我想让更多的人分享我与老师们、同学们之间交流论文写作的心得，并且期待读者通过阅读这本小书，能够对论文写作产生兴趣和冲动，并由衷地、自发地得出结论：原来论文是这样写成的，论文写作其实并不难！

这本书是一本QQ聊天实录，在整理的时候，我尽可能地保持了原貌，甚至包括某些营造轻松气氛的话语也没有删去，以便让读者更好地身临其境、进入角色、快乐阅读、换位思考。因而它不是属于我一个人的作品，而是参与了QQ交流的所有同学和老师的共同创作成果。由于交流的人较多，没有办法在封面一一署名，只能在此具体呈现（以书中出现的先后为序）。他们是华南师范大学2007级全体音乐教育方向本科生，包括王亚楠、蔡莹玲、陈晓琪、方华玲、冯净、彭艳红、李梓瑜、余丽萍、叶斯洁、邱丽华、区丽雅、陈慧坤、周昕佚、霍志斌、丘志、周馥馥、司文、吴佳怡，以及曹灿、张冬青、韩珊琳、刘静四位来自一线的音乐教师。

郭声健

2011年6月

目　录

附 录

1. 别让“戏剧表演”成为学生的奢望
——关于高中开设“音乐与戏剧表演”模块的思考

丁丁：郭老师，您好。我先跟您说说我的选题想法吧。我想写的是“音乐与戏剧表演”模块教学存在的问题。因为我觉得这个模块很新，现在很多高中的音乐课都没有开设这个教学模块，这是音乐模块课的一个盲点。而且我自己在上大学以前也学习过播音主持、表演专业的有关课程，并且上大学以来也一直没放弃这两方面的爱好，正好音乐课有这个模块，所以就想结合自己的特点来写这个题材。

我主要想从五个方面来写：

（1）因为这个模块涉及两个专业，由于知识技能的局限性，这一模块的教学老师一般都是根据自己的特长或喜好来上的，所以音乐专业的教师都偏向在这个模块讲音乐，而表演专业的老师又偏向练习表演。我实习的时候很赶巧，正好四中上的是音乐表演，但我跟的老师是星海音乐学院舞蹈专业毕业的，舞蹈生在大学的时候也广泛涉猎到音乐欣赏和音乐表演，而那位老师又擅长主持、表演，所以整个模块就快变成表演课了。

（2）教材问题。因为这个模块比较新，所以还不是很规范，没有好的教材，我实习的那个学校用的教材（忘了是哪家出版社出版的），虽然名为《音乐与戏剧表演》，但是里面的内容全是戏剧的欣赏。可是戏剧其实包括很多形式的啊，如话剧、舞剧、歌剧、舞台剧、音乐剧、舞蹈剧……所以，我觉得这部教材内容很片面。

（3）高中学生已经相对成熟，又很有个性，有一次，我们的指导老师上课时叫大家朗诵，有一个同学就说这像语文课。这引发了我的思考，这门课应该采用什么样的形式上呢？如果主要是欣赏，那戏剧欣赏比音乐欣赏还要枯燥，学生更会觉得音乐课像语文课或者是其他课程；如果表演的成分多，很多学生刚开始接触戏剧表演，很多时候根本不知道怎么演，而老师大多是音乐专业，也没受过专业的训练，指点时很不自信，甚至不敢指点。

（4）分类的问题。正如我前面讲的，戏剧分很多类，那要怎样分配课时呢？如果平均每个种类都让学生了解，这样就没有重点，学生一学期下来就像流水帐一样，也不知道自己学了什么；如果着重教几种形式，那到底该选择哪几种形式呢？是让学生投票，按学生的喜好来选择，还是老师自己决定。如果由老师决定，决定的依据又是什么？

（5）既然音乐新课标中有这一模块，而好多老师又不敢碰这一模块，不具备教授这一模块的基本能力。存在这么多问题，师范大学的音乐专业是不是应该开一门表演课，能真正根据高中教学实践的需要来新开这样一门课程呢？

老师，我一下子说了这么多，您慢慢看，我自己存有疑虑，即如果题材就是"'音乐与戏剧表演'模块教学存在的问题"，那么范围是不是太大，是否有必要只写这五点当中的某一点，但是我又觉得这几点都是很重要的问题，而且很少人去研究，我自己都想说……您给我指点一下吧！

郭声健：你好！可能是写得太长，你昨天发给我的我没有收到。刚才快速地浏览了一下你上面所写的内容，真不错！你对这个问题的思考比较全面，也很有自己的想法。正如你所说的，目前探讨高中"音乐与戏剧表演"模块教学的文章还很少看到，这的确是一个比较新的选题。

丁丁：谢谢老师的鼓励！

郭声健：但现在的问题是，目前，绝大部分高中学校其实并没有开设"音乐与戏剧表演"这个模块。因为，一般学校只是保证开设了必修的"音乐鉴赏"模块，做得好点的学校，则在其他五个模块——歌唱、演奏、创作、音乐与舞蹈、音乐与戏剧表演中再选择一个模块，但绝大部分学校选择的是歌唱模块。而你上面所谈到的"音乐与戏剧表演"模块教学所存在的问题是建立在学校已经开设了这个模块的前提之下的。基于这个原因，如果说要真正让自己的论文选题有实践价值的话，我觉得是否应该讨论如何让绝大部分学校把这个模块开起来。如果这个模块真的得到了重视，那么，这个选题就很有现实意义了，你说呢？至于这个模块如何进行教学，可以作为下一步讨论的问题。

丁丁：嗯，当时在实习的时候，就是因为了解到很多学校不敢开这个模块，但是我觉得这个模块很有意义，而且我上网查了一下，也有一些文章是很赞同开设这个模块的，所以，我就选择了这个方向作为论文选题。

郭声健：对啊。我也觉得应该开设。而且我一直对于课程标准把"音乐鉴赏"作为必修模块占两个学分，而其他五个模块作为选修模块占一个学分这样一种强制性的规定有质疑，这一规定，在很大程度上压制了其他几个模块，使其能够真正开设出来的可能性变得很小很小。所以，我有一个建议，你能否专门来论证一下在高中开设这个模块的可行性？

丁丁：嗯。我是觉得表演模块很能开发学生创新的能力。但是若是论能不能把这个模块开起来，主要该说些什么呢？

郭声健：我们现在就来讨论一下这个问题吧。我想，如果你能够写这篇文章，那就太有现实意义了。我先问问你，之所以绝大部分学校不开设这个模块，最重要的原因是什么？

丁丁：大多数学校不开，一是因为这个模块新，他们不敢去尝试；二是因为老师专业的局限性。可行性方面，我认为，在我们读高中的时候，音乐课程还没有这个模块存在，但是，当时语文老师就已经组织开展这方面的活动了，因为语文课里有很多剧本的片段。但是毕竟语文老师不会花太多心思在这上面，所以这个模块其实是可以和平时其他的文化课教学结合起来开设的。

郭声健：你这是一个好主意。但为什么音乐老师不开或不敢开呢？大概是因为音乐老师认为自己并不具备戏剧表演方面的素质，是吗？

丁丁：因为很多老师不知道怎么教，也不敢教。

郭声健：那么，你觉得音乐老师可以开设这个模块吗？我个人认为，音乐老师是完全可以把这个模块开起来的。

丁丁：所以，我就觉得这是个比较严重的问题。

郭声健：对，这是一个很严重的问题。其实学生应该是很喜欢这个表演模块的，我猜想。

丁丁：对，学生在表演中可以自由发挥，充分表现自己。

郭声健：这并不一定要求音乐老师必须学过戏剧表演，有音乐专业素养的大学毕业生也是完全可能上好这个模块课程的。一方面，高中的音乐课在戏剧表演方面并不需要老师有太专业的知识技能，当然有好的专业技能就更好了，但具备较好的音乐专业素养，问题应该也不大。因为，高中音乐教学并不是培养专家的，表演模块的教学，也并不是要培养专门的戏剧表演人才的。

丁丁：那老师，还有其他什么因素导致很少有学校开设这个模块呢？我知道的原因就是老师不敢开。

郭声健：嗯，你的论文就可以考虑从你这个问题说开去。还有一个原因，其实我上面已经谈到了，因为课程标准要求高中必须开设“音乐鉴赏”，在这个基础上再在另外五个模块中选一个，一般学校就不会选择戏剧表演这个模块了，因为他们感觉这个模块的教学相对较难，大多是选择歌唱模块。这是一个现实问题。那么在这种情况下，如何解决这个问题呢。我想可以从两个大的方面去思考：一个是对那些没有开设戏剧表演模块或者说根本就不打算开设这个模块的学校，应考虑其怎样在所选择的两个模块中（如音乐鉴赏和演唱）融入戏剧表演的内容。

丁丁：那是不是指在两个已开设的模块中尝试加入“音乐与戏剧表演”模块的内容？然后看到效果再开设？

郭声健：可以这么理解。另一个是对那些想开这个模块但又害怕老师不能胜任的学校，考虑如何消除他们的畏难心理，鼓励他们真正开起这个模块。

丁丁：哦？

郭声健：我的意思是，在高中音乐教学中，对于“音乐与戏剧表演”这个全新的模块，要实行“两手抓”战略：一手是因各种原因实在不能单独开出这个模块的，就在所选的两个模块中加入戏剧表演的内容；另一手是鼓励学校把这个模块开起来。前面的一手，其实相对好做文章，在音乐鉴赏教学中，或者在演唱教学中，都是完全可以加入一些戏剧表演方面的内容的。后面的一手，则需要我们讲出一些道理来，让学校信服开设这个模块完全是可行的，也是必要的。在这里，我们可以简单梳理一下可能讲的道理。

丁丁：嗯，好。

郭声健：例如，戏剧表演的内容很丰富，我们可以根据音乐教师自身的素质特点和技能优势，对戏剧表演的教学内容进行适当的选择，对教材上的内容进行必要的取舍和充实。再如，高中学生实际上已经具备了一定的表演能力和创编能力，音乐教师可以更多地把教学精力放在为学生提供展示和创造的舞台这方面，而不需要像专业技能训练那样，手把手地去教学。重点是营造良好氛围，让学生充分施展自己的表演才华。

我们也可以考虑把教学的重点放在让学生欣赏戏剧表演这方面，放在学生之间与师生之间的对话交流、分享感受这方面。再有就是，音乐教师可以联合美术教师、语文教师或其他相关学科的教师，通过学科综合，组织学生进行戏剧表演方面的创作与展示……

丁丁：嗯，我一直想的就是您说的第二点，给学生更多创造的空间，而且可以运用多方面的知识和技能，如舞台技术、道具、统筹等等，可以让学生把所学的各科知识结合起来。

郭声健：是的。就是说，我们可以提出一些比较切合实际的思路，来证明高中开设戏剧表演模块是完全可行的，而并不是我们想当然的以为音乐老师必须是专门学戏剧表演的才能开出这个模块。

丁丁：那这个论文就主要写表演的好处，以及鼓励各学校开设表演模块？

郭声健：行啊。那你的文章就可以侧重我们上面讨论的第二个方面的问题，即论证怎样才能开起戏剧表演这个模块来。至于第一个方面的问题，可以顺带说一下，就是说，如果实在不能单独开出戏剧表演模块，那也需要在其他模块中尽量融入该模块的内容。

丁丁：那能不能在我提出的那五个问题中挑一些出来讨论，先把问题列出来，然后写上解决方法，主要用来解开大家不敢开设这门课的心结？

郭声健：对，就是要解开大家不敢开设这个模块的心结。你说得很对。

丁丁：嗯，好，那这样能写的也多一点，也更有说服力和价值。

郭声健：如果定下来要写这一方面的话，还是先要谈谈开设这个模块的必要性。然后再具体论证开设这个模块的可行性问题。可行性这方面，包括我们刚才谈的这些内容。那么，必要性呢？你觉得为什么要单独开设戏剧表演这个模块，也需要你罗列出几条来才行。

丁丁：好。那写作的思路就是：①必要性；②大家担心的问题；③解决方法。那题目就定为“怎样在高中开设‘音乐与戏剧表演’模块”。

郭声健：关于必要性，我觉得，调查显示高中学生很期待开设这个模块，这可能是一个前提，不知道你能不能用这方面的调查数据加以说明。第一个必要性就是满足学生的需要。

丁丁：嗯，那我可以做一个调查表，进行调查研究。另外，可以拓宽学生视野，激发学生的创新意识。

郭声健：你上面讲的必要性，是学习这个模块对学生成长（包括音乐的成长、全人的成长）的好处、优势或作用。不过像“拓宽学生视野”这类论证之词，好像虚了一点；“培养学生的创造力、激发学生的创新意识”则相对贴近一些。

还要包括：培养学生的情感表达能力，或通过戏剧表演的形式让学生释放自己的情感；培养学生对民族民间艺术的感情和兴趣；提高学生人际交往的能力；陶冶学生的艺术气质，等等。这个方面倒可以借鉴一些现有的研究成果来加以论证，因为这个不可能是自己的原创，而且这一部分也不是文章的重点。反正就是讲开设戏剧表演模块的重要性嘛。

丁丁：嗯，是的。

郭声健：所以，这样一来，这篇文章的写作思路就相对清晰了：

一、现实问题：绝大多数学校没有开设这个模块；

二、必要性论证：这个模块的学习很重要；

三、可行性论证：开设这个模块并非想象的那么难。

说明一下啊，我这个不是小标题，只是一个写作的思路而已。

丁丁： 嗯，知道了！

郭声健： 再回到你给我留言的那几点上去看看吧。之所以大家不敢碰这个模块，主要是我们的教师不自信，这当然可以反思到目前我们的高师音乐教学。这个问题是可以顺便提一提的，但不宜专门谈，以免论题不集中。

丁丁： 嗯，好的。

郭声健： 关于教材问题，也是可以适当谈一下的。或许现在的教材编写并没有考虑到许多学校不敢选择这个模块这样一个现实情况，依然是面面俱到，给教师留有的创造性空间比较小。所以，在教材的使用方面，可以灵活一点，不需要严格按照教材内容来进行教学，要充分尊重学生的兴趣、充分发挥教师的专业优势与特点。至于其他几个问题，你自己再思考一下，看看有没有可能融入进来。

丁丁： 好。

郭声健： “别让‘戏剧表演’成为学生的奢望——关于高中开设‘音乐与戏剧表演’模块的思考”（破折号后面的是副标题，要另起一行的），你觉得这个题目如何？突发奇想的，我自己觉得还不错的。

丁丁： 好！挺好，那我就准备材料了。谢谢老师！

郭声健： 我再强调一下，如果确定要写这个题目，最好先想办法弄到学生调查的材料，个中论据不能是我们自己的想象。到底学生是不是真的很期待上戏剧表演这个模块？如果是，那么这个题目就有立足点了。

丁丁： 嗯，我会自己去做一个调查的。

郭声健： 我相信学生至少不会排斥，应该是很期待的。相比其他几个模块，如器乐、舞蹈、创作来说，戏剧表演这个模块应该更有吸引力。因为，在学生心目中，表演模块的专业要求似乎较之其他三者更低些，而且，表演模块更接近于学生的现实生活。你看还有什么问题吗？

丁丁： 嗯，暂时没什么问题了，我自己好好准备，谢谢老师！

郭声健： 那好！有什么问题随时给我留言。

（几天后收到开题报告）

丁丁： 郭老师，我现在在。

郭声健： 那我们来聊聊你的开题报告吧。我记得上次我们关于这个选题的交流还是很有收获的。所以，总体上讲，你写的开题报告思路还算比较清晰，主要的问题恐怕还是写得太简单了一点。

丁丁：好，老师您说。

郭声健：先看看第一部分啊。你打开开题报告的文档了吗？

丁丁：嗯，打开了。

郭声健：你在第一部分中谈到：“并且其他几个模块对音乐基础有要求，而高中文化课学习任务重，没有太多的课余时间学习音乐。”这句话建议删除，因为有点不妥。我们不能为了强调戏剧表演的重要而去刻意夸大音乐学习的难度，实际上，对于高中学生来说，学习音乐显然比学习戏剧表演更容易一些。戏剧表演再重要，也不能以放弃音乐学习为代价去学习，更何况这本来就是音乐课程中的一部分。“音乐与戏剧表演”模块的设置，也不是戏剧表演的专门设置，而是从音乐与戏剧表演相结合的角度来设置的。所以，论述戏剧表演的重要性，不能以贬低音乐学习的重要性为前提，直接陈述其重要性就好了。

丁丁：嗯，好。

郭声健：在这一部分中，你是这样归纳选题意义的：“所以，要让更多学校的音乐老师勇敢地开启‘戏剧表演’的大门，让更多的同学可以在‘戏剧表演’的世界里锻炼、提升自己的综合素质，这就是本选题的研究价值和现实意义。”这句话对于选题意义的概括还不够直接，说服力不强，还需要进一步说明。如本选题有利于提高人们对“戏剧表演”重要性的认识，消除音乐教师开设该模块的畏惧心理，从而积极开设该模块，促进高中音乐模块教学的贯彻实施，并在此基础上探索该模块教学的基本理念、内容与方法。与此同时，由于缺乏实践基础，根据相关文献综述，目前所发表的学术论文中，很少有关于高中“音乐与戏剧表演”模块教学的（这一点最好要有具体的数据说明），这表明，系统全面地对本选题进行研究，能够拓宽音乐教育教学的理论研究视野，也具有较强的学术价值。开题报告第一部分的问题就这些，你可以根据我上面的提示去修改一下。

丁丁：嗯，好的。

郭声健：下面重点说说“研究内容”部分。我觉得，一方面你写得太简单了点，能否在现有基础上细化一下。另一方面，框架的设计还是有问题，我们来具体分析一下吧。你设计的五个部分是：①说明“音乐与戏剧表演”模块的必要性；②说明“音乐与戏剧表演”模块的可行性；③论证“音乐与戏剧表演”模块的可行性；④目前高中教师音乐教学的反思；⑤关于“音乐与戏剧表演”模块的教材选择。

这样的框架结构起码存在几个这样的问题：第一个问题是，第二与第三部分是完全重复的，**“说明”和“论证”就是一回事**；第二个问题是无论是必要性还是可行性论证，严谨的表述都应该是指“开设”模块，而不是指模块本身；还有一个问题是第四和第五这两点，与整个文章有些联系不紧密，很难构成一个完整的整体。特别是关于高中教师音乐教学的反思，离这个选题相对较远了，我觉得就没有必要专门谈及了，顶多就是附带说一说。

为此，我根据我们上次的交流，结合你这次开题报告的想法与我自己的思考，给你提供一个大致的写作框架。建议全文分三个部分来写。

丁丁：嗯。那这样的话，就是说第四、第五两点就不出现在内容里了？

郭声健：至少在框架中不需要出现吧。论文的三个部分分别如下。第一部分：高中音乐模块教学的现状调查。包括：①模块的开设情况；②学生的选择期待；③教师的意见倾向。需要说明的是，这一部分需要通过现状调查，得出一个基本的结论——目前绝大部分高中学校并没有开设“音乐与戏剧表演”模块，而学生却又很期待开设这个模块，教师对该模块的重要性认识不足以及对自身水平缺乏自信（或其他方面的原因），是该模块未能开设的主要原因。

第二部分：高中开设“音乐与戏剧表演”模块的必要性。包括：①是推进高中音乐课程改革的要求；②是提高学生综合艺术能力的要求；③是提高学生表现创造能力的要求；……

第三部分：高中开设“音乐与戏剧表演”模块应注意的几个问题。包括：①教学目标定位不要过于专业化；②教学内容要贴近学生生活；③教学形式要体现学科综合；④教学过程要充满美感体验；⑤教师要完善自身素质结构；……

上面第二部分和第三部分列出的小标题只是给你一种提示，不一定非要按照我的写，你可以在此基础上进行取舍、修改、完善，并进一步根据自己的想法加以充实。

丁丁：嗯，好的！

郭声健：最后就是参考文献部分还需要进一步充实，与本选题相关的著作和论文都可以纳入其中。怎么样，你看还有什么问题吗？

丁丁：参考文献我是查了一下的。因为很少有文献提及这一方面，所以，很多是要自己去想的，甚至是要去调查才能写的。所以参考文献就很少……

郭声健：也不能这么说吧。毕竟我们查找的文献资料不可能很全。再者，不一定非得就是这个题目的论文或著作啊。可能某些书和论文不是专门探讨这个问题的，但里面却谈到了这个问题。我的意思是，**与这个选题相关的文献，都可以包括在内的。**

丁丁：好。那我多看点东西，再找找看，然后尽快改好，再给您发过去。

郭声健：不必发给我看了，按照上面我讲的整理一下，应该就差不多了。

丁丁：好的，谢谢老师啦！

郭声健：不过，还是要充分发挥你自己的主动性和创造性，在这个基础上融入自己的想法，我讲的主要是供你们参考，给你们提供思路。

丁丁：嗯，好，谢谢老师！

郭声健：不客气。那先这样？

丁丁：好的，老师晚安！

郭声健：谢谢！

（数天后收到论文初稿）

丁丁：老师，我在线。

郭声健：好的。刚看了你的文章，交流一下吧。

丁丁：嗯。

郭声健：你的文笔挺不错的，让我看起来比较轻松。在被论文轰炸的时候，你减轻了我的压力，特提出表扬，也表示感谢！

丁丁：谢谢老师啊！

郭声健：先从目录看起吧。**标题的表述很重要，这是文章的第一印象和“面子菜”。所以，要求用词尽量不重复，每一个标题的字数尽量统一，并且是在同一个层面进行论述。**

丁丁：嗯，就是小标题挺乱的。

郭声健：比如“5.2 提高学生综合艺术能力的要求”和“5.3 提高学生表现创造能力的要求”两个小节，就可以把第二个的“提高”改成“培养”，用词尽量不重复。再比如，“6.2 教学内容要贴近学生生活”下面的两个小标题“从生活中获得知识、灵感”和“模仿生活”，就可以改为“从生活中获得创作灵感”和“在生活中积累表演素材”，这样显得比较对仗。

丁丁：嗯，是的。那比如 5.3.1 和 5.3.2 两个小标题的字数一定要一样整齐吗？

郭声健：我正要讲这个问题。“5.3.1 激发学生的表现创造能力”和“5.3.2 给学生的创造成果提供展示平台”这两个小标题包含的内容太少，不需要细分成两节，建议删除这两个小标题。

丁丁：嗯，好的。

郭声健：还有“6.1.1 教师的教学定位不要专业化”和“6.1.2 过于专业化对学生的影响”，这两个小标题，一方面不属于同一个层面的问题，另一方面内容也很少，所以也没有必要细分成两个标题，删除。

丁丁：是的。

郭声健：另外，“6.5.1 教师自身综合素质的提高”和“6.5.2 高中教师音乐教育专业的改革”，这两个小标题要加到目录中去。

丁丁：啊，是的，当时整理的时候疏忽了，忘记了。

郭声健：好的，目录就这些问题。我们再来看看正文。**“摘要”的文字要表述通顺，关键词要注意其准确性和覆盖面。**我已经帮你改了，等一会儿再发给你。

丁丁：好，谢谢老师。

郭声健：在第一部分“高中音乐模块教学的现状调查”中，我看到了调查和采访的数据和内容，但没有交代清楚你的调查过程，你是在哪里做的调查、调查了多少人、主要调查了哪些问题等等。这几个方面必须首先在这里陈述清楚，这样的话，下面的数据和结论才可信，否则别人会以为是你自己捏造的呢。其中关于学生的调查，你只写了一句话，即“据调查，有66%的同学有选择戏剧表演模块的倾向”。这让人觉得并不过瘾，还有别的方面的数据吗？你问的问题是不是就只有这一个呢？**做一次调查很不容易，要尽可能把调查过程和结果展示出来。否则，文章的观点就很难让人信服。**比如说关于“学生的选择期待”，从你的这个小节中，我还很难感觉到学生是特别期待开设“音乐与戏剧表演”模块的，原因就是在这个小节里关于学生的描述比较少，大部分内容还是出自你自己的看法。而像“教师的意见倾向”这一小节就让我感觉比较有说服力了，因为结论是来自于你对教师的访谈，很具体、很实在，令人信服。由此我也想到，如果你没有大范围地调查学生的话，其实也是可以通过个别访谈形式来了解学生对开设“音乐与戏剧表演”模块的那份期待的。

丁丁：是，学生这个方面确实没有具体的调查研究，那我这两天再具体弄一下这个环节。

郭声健：那就好！因为这一点很关键啦。之所以你提出要开设这个模块，一方面是模块本身很重要，另一方面当然也是为了满足学生的期待和需求。我们不能想当然地认为学生一定喜欢，最好是要有第一手资料作为佐证。如果你和实习学校的学生有联系的话，也可以通过电子邮件的方式进行了解。

丁丁：嗯，我当时是觉得调查太有局限性了，因为只是一个高中的几个班级，不能代表整个高中生群体的想法和情况，而且我要调查的那个高中，本来就开设了这个模块，但是我觉得教这个模块的老师好像弄得不是特别好，对学生喜欢这个模块的程度有影响啊。

郭声健：没关系的。你可以根据你论文写作的需要向学生提出问题。

丁丁：嗯，好，那我这两天再落实补充这个环节。

郭声健：你可以回避问学生对老师教学的感受。若反过来思考，如果他们当初对这个模块很有期待、很有兴趣，而通过教学，反而让学生不感兴趣了，那这个调查结果也是很有价值的，说明老师的教学存在问题。这个内容可以在文章的第三部分呈现。

丁丁：好。

郭声健：好的。再看第二部分"高中开设'音乐与戏剧表演'模块的必要性"。总体上看，这一部分显得比较弱，内容不丰满，篇幅也比较小。其实这一部分是务虚的，比较好写，找相关的文献资料看一看，就很容易充实内容了。比如"推进高中音乐课程改革的要求"这一点，你只谈到了课程的自主选择问题。其实还可以进一步谈谈，开设"音乐与戏剧表演"模块，也是落实课程改革提出的"学科综合"理念的需要。而对"提高学生综合艺术能力的要求"这一点的论述，好像还没有讲到点子上，你强调的是"也提高了学生的语言表达能力、视听能力、认识自我能力、动作协调能力、适应环境的能力，使学生的心志逐渐开朗。同时通过戏剧表演的形式，让学生在表演中释放自己的情感，加强和同学之间的交流和合作……"，像你上面谈到的这些方面，已经超出"综合艺术能力"的范畴了，我理解的"综合艺术能力"还是你第一句话谈到的"表演、音乐、美术、舞蹈"等方面，你不能一句话就解决问题啊，你可以逐一展开论述，比如"音乐与戏剧表演"模块的教学是怎样分别对学生的表演能力、音乐素养、美术素养、舞蹈技能的提高产生促进作用的。关于"培养学生表现创造能力的要求"这一点，也是可以适当扩充内容的，你可以先谈谈在当代社会，各行各业都需要表现与创造能力强的人，而学校教育的一个非常重要的目标，就是要培养学生的表现创造能力和创新意识。这样的话，也从更高的层面突出了开设"音乐与戏剧表演"模块的重要性。

丁丁：嗯，好！只是体现学科综合的那一点，我是觉得如果写多了就和下面第三个板块中的“教学体现学科综合”部分重复了。

郭声健：你不需要写得太多，但必须提到，这里谈的是理念，而第三个板块谈的是具体的实践操作。

丁丁：嗯，好的。

郭声健：你跟得上吧？我感觉第三部分写得比较好，但也还有进一步提升的空间。比如在第三部分“高中开设‘音乐与戏剧表演’模块应注意的几个问题”中，第二小节“教学内容要贴近学生生活”，其中第一点“从生活中获得创作灵感”还没有真正“贴近学生生活”，还需要加强一些，比如你说的“倒不如启发学生多观察生活、感受生活，在生活中找到素材、知识，获得灵感”。能否在这个基础上说得更具体一点呢，能不能举例说明呢？

最后，就是在“结语”的开头部分，需要对整个文章的观点和内容进行一个小结，这是“结语”不可缺少的一个方面。

丁丁：好。其实当时我有想到，但是觉得整个文章都是长篇大论，所以想把结语写得精练一点，也不去重复前面提到的。

郭声健：这种重复是必须的。**不要怕长篇大论，只要不啰唆重复就行。其实写文章就应该是娓娓道来的。**总而言之，你这篇文章写得还是不错的，再进一步修改充实，会写得更好。相信你有这个能力！

丁丁：好，我会努力的！

郭声健：你有比较好的写作基础，今后可以朝这方面好好努力。工作找好了吗？

丁丁：有一个好消息告诉老师，工作找好了，非教育单位的……笔试和几次面试都过了，体检也弄完了，现在就在等最后通知了。呵呵，其实我最初的理想就是做一名自由撰稿人或者主持人。

郭声健：好啊好啊！祝贺祝贺，预祝一切顺利！

丁丁：嗯，谢谢老师！

郭声健：先工作吧，将来会有机会实现自己的理想的。

丁丁：嗯！反正不管做什么都好好加油啦！

郭声健：是的。好好投入工作，享受工作。其实每份工作都会有趣和有价值的。我本来还想说，如果工作找得不顺心，就索性准备考研。

丁丁：呵呵，我想肯定是要考研的，在工作闲暇之余，再修自己喜欢的学科。是的，谢谢老师，您也快忙吧。好多论文等着您修改，但是也请注意休息啊！

郭声健：好的。谢谢你！

丁丁：先吃午饭吧，辛苦老师啦！

郭声健：88。……不好意思，忘了把论文发回给你，我发到你的邮箱去吧。

（几天后收到论文修改稿）

郭声健：你好！花了整整两个小时逐句读完了你的文章，之所以要逐句审读，一方面是因为在论文框架上已经不存在问题，需要我把握的就是文字的表达是否准确，段落之间的过渡是否自然；另一方面是你这篇文章读起来很舒服，内容丰富生动，文字表达流畅。当然，逐句审读无形之中对文章的要求也就更高了，小问题不可能没有。所以，我在阅读的过程中，顺便把我觉得需要润色的地方也都改了，删了一些词句，也增加或修改了一些句子（用红色标示了的）。这里我想特别提醒你的是，你在标点符号的运用方面不够准确，不过我都帮你改过来了，以后在这方面要注意。由我来修改标点符号的，这好像是第一篇文章，既表明我对这篇文章的吹毛求疵，更表明我对这篇文章的欣赏。

丁丁：论文收到了，太感谢老师了。谢谢老师的细心，更谢谢老师对我的肯定和鼓励！

（注：论文见本书附录）

2. 别让音乐课被“游戏”

——关于小学低年级音乐教学的思考

褡, 韱: 郭老师晚上好！我是蔡莹玲。上学期一直都没真正地跟你深聊过，也还没确定好我的论文题目。现在我有个想法：在小学的音乐课堂中，大部分都是以音乐游戏来引起学生注意，激发学生兴趣的，教师的这种想法与实践都是为了提高学生的学习效率。但是有很多老师往往只顾着让学生在课堂上能被自己“控制”好，能让他们乖乖地听话，能活跃课堂气氛；设计的音乐游戏对课堂却起不了实际的作用，在一节宝贵的音乐课上，孩子们只有玩而没有学。而且最近我看的资料，大部分都是评论音乐游戏是如何地“活化”课堂等积极影响的。我想在论文里谈谈音乐游戏活动的弊端，教师应该注意哪些事项，应该怎样把音乐游戏有效地融入课堂等。我大概想的题目是“妙用音乐游戏，打造高效课堂”，麻烦老师您帮我参考下，看看行不行，给我意见和建议，好吗？

（第二天上午）

褡韱： 老师您好！请问您看到我发的信息了吗？

郭声健： 不好意思，昨晚不在家，今天看到了。我现在正在跟别的同学聊着，争取今晚或明天专门跟你讨论，好吗？

褡韱： 好的，那请老师初步看看这个题目，行得通吗？能写吗？

郭声健： 哈哈，不要着急。我会给你一个满意的答复的。我需要先考虑你这个题目从哪个方面切入比较合适。

褡韱： 谢谢老师！那老师您先忙，晚上或明天再聊。

郭声健： 好的，不急。没问题的，放心吧。

褡韱： 我想，这个题目可以的话就继续思考，如果这题目不好的话，我想换换别的，比如“论小学音乐教育促进多动症学生的学习能力”。

郭声健： 不急不急，**选题是通过交流之后才能得出能不能写的结论的，不要凭空判断。**不过，你刚讲的这个题目很显然就不太合适，因为有难度。这个题目泛泛而谈可以，但真正去研究就很难了。因为多动症，本身是一个医学和心理学领域的研究课题，我们都不了解。

褡鱴：嗯，可能这个题目需要论证的太多了，而且我经验也不够。那老师您先忙吧，咱们今晚或明天见！

郭声健：好的。对了，你这个 QQ 名字，我一个字都不认识啊，让我觉得自己是个文盲。

褡鱴：哈哈，只是一个日语的谐音。有 QQ 后就一直用这个名字没改，读音就像“大妹”。老师你可以直接改备注啊，要不你不仅要记得咱专业 18 个人的名字，还要记住 18 个 Q 名呢，以后还会有更多的学生、更多的名字要记。

郭声健：不用改，挺好的。我没那么厉害，每次都是先在群里面对号入座。

褡鱴：嗯，辛苦咯。老师您要是忙的话先忙，咱们还是再聊吧？

郭声健：是，我正在和余丽萍聊她的开题报告。其他同学基本上都交了，就只有一两个同学的开题报告没交了，你是其中之一——落后分子。

褡鱴：我承认，我老是不到砍头不落泪，惭愧啊。

郭声健：英雄儿女！

褡鱴：哈哈，被老师这样一“赞”，我更惭愧了，我得跟上步伐，不拖后腿，赶紧写开题报告去！

（当天下午）

郭声健：下午什么时候有时间，跟你聊聊论文选题。

褡鱴：吃完饭洗了碗就有空了，老师等等我哦。

郭声健：不急，我还要午休一会。两点半吧？

褡鱴：OK，两点半见。

郭声健：你好！可以开始吗？“妙用音乐游戏，打造高效课堂”这个选题，还是比较有意思的，也是很有写作价值的。看来，你还真正去读了一些相关的文献，很好！在小学音乐教学中，尤其是新课改之后，游戏教学比较受追捧，一堂音乐课充满了游戏设计。在这样的背景下，必然会出现表面上热热闹闹，实际上没什么效果、为游戏而游戏的走极端情况。所以，反思这个问题，我觉得的确具有较强的现实指导意义。与此同时，根据我所了解到的情况，目前反思音乐游戏教学问题的文章很少，专门探讨音乐游戏教学原则与方式的文章也不多，因此，写这篇文章是具有一定的理论研究价值的。

褡鱴：那我可以开动脑子写咯！是不是也需要一些实地调查之类的数据会比较好呢？

郭声健：不一定要调查吧。先写好开题报告再说，因为你还只是有一个想法而已。

褡鱭：不用调查的话，就搜寻网上资源，那资料会不会比较少呢？

郭声健：这就是你说的，需要开动脑筋啊。其实，文献是一把双刃剑。文献多，给作者的启示多，但创新的可能性就小；文献少，难写一些，但作者的原创性就强一点。你说是不是这个道理呢？

褡鱭：是呀，我会绞尽脑汁的。那我这几天把开题报告写好。

郭声健：好，下面我和你一起来讨论一下如何写的问题吧。

褡鱭：太好了！跟老师聊就是有思路。

郭声健：首先看看你的题目："妙用音乐游戏，打造高效课堂"，这个题目如果做一篇小文章而不是你们的毕业论文，我觉得还是不错的。因为这个题目显然没有什么学术性，更像是一篇音乐教师的教学经验总结，或者是通讯报道之类的文章，而且**标题最好是一句话，不要再有标点符号**。

褡鱭：需要一个副标题？或者"论小学音乐课堂中游戏教学的实效性"、"初探小学音乐课堂中游戏教学的利与弊"？

郭声健：比原来的肯定要好一些啦。

褡鱭：那老师你觉得怎么改好呢？

郭声健：我也帮你想了一个正副标题结构的。例如："别让音乐课被游戏'玩'了——关于小学音乐游戏教学的思考"，供你选用吧。

褡鱭：嗯，到点上！

郭声健：这个题目的正标题还是比较吸引眼球的。如果你想写一篇能发表的文章，这个题目比较合适。但因为考虑到是学位论文，所以，还得加上一个比较学术化的副标题。

褡鱭：明白了。**题目要吸引读者，才会使读者产生疑惑感，吸引他们往下看。**

郭声健：你理解我这个"玩"的意思吗？

褡鱭：嗯，失去了游戏教学的实际作用，只有玩而没有学，教师片面地追求学生在课堂中的娱乐性，而学生也只陶醉在游戏上，没把重点放在知识上，注重游戏而忽视知识技能。

郭声健：之所以用引号，其实是想表达两层意思。一层意思是在教学中光玩游戏，而忽视音乐了；另一层意思是音乐教学实际上被游戏"玩弄"了。也就是说，我们的音乐教学让游戏给统治了。

褡鱭：那就可以从这两方面着手咯？音乐教学实际上被游戏"玩弄"这句话，是说教师只靠游戏而没有去想其他更好的教学方式，是这样吗？

郭声健：不是说写作要从两方面入手，我只是表达一个这样的现实而已：音乐课光顾着玩游戏而被游戏玩弄了。慢慢体会吧，如果没有这第二层意思，这个题目意义就不大。“玩”在这里的含义有两层，一个是“玩耍”，即孩子们在游戏中玩耍；一个是“玩弄”，即游戏实际上在玩弄和控制音乐课。当然后面这个意思是拟人化的表达，因为游戏不是人，它不可能去玩弄音乐课的。

褚鱇：那就是说，教师应该清楚怎样用游戏这一手段来进行教学，而不是把游戏当成课堂的核心部分来教学。

郭声健：是的，教师不应该被游戏牵着鼻子走，应该是充分利用游戏来进行音乐教学。游戏是为音乐服务的。我们继续往下走吧，标题到底怎么定，你自己拿主意就行。

褚鱇：嗯，要突出游戏的音乐性，那才是有效的游戏教学。标题就参考老师给的这个吧。

郭声健：等等，再斟酌一下。因为“游戏教学”这个提法其实还并不普及，我建议把题目再改一下。一个是在副标题中不提“游戏教学”，免得论述不清楚，给自己背上包袱，同时侧重探讨小学低年级的音乐教学，因为低年级更多地运用游戏进行教学；一个是正标题中的“玩”索性就改成“游戏”，但“游戏”一词依然还是要打上引号，所表达的意思依然还是有两个方面，就像“玩”的那两层意思。这样可能会更好一些，即“别让音乐课被‘游戏’——关于小学低年级音乐教学的思考”。

褚鱇：这样是更好一些。

郭声健：我前面跟你说的实际上就是选题的意义，你可以在那个基础上充实一下。下面重点来讨论一下研究内容，即论文的基本框架。

褚鱇：首先游戏教学的功能要清晰。它的娱乐性、认知性、沟通性，就想到这几点了。

郭声健：你不能想到什么写什么啊，必须先有一个整体的写作思路。你上面讲的这些还不是一篇文章的框架啊。

褚鱇：那应该怎么想呢？我就想到了这一点。

郭声健：难道你文章一开始就这么写？不行吧。**先要确定文章写几个部分，这几个部分必须是相互关联、层层递进的，然后再确定每个部分具体写什么内容。这样才能够开始动笔写作吧。**我让你们写读后感，倒是不讲究框架结构，让你们想到什么写什么。但这篇文章可不行，这是正式的学术论文啊。你不要太着急嘛，让我慢慢跟你分析。我之所以讲上面这些，是要告诉你写文章应该从何入手，这是有一个基本的程式的。

褚鳞：我明白。

郭声健：我希望通过写这篇文章，让你们在以后写论文的时候，知道该怎么着手。我觉得你这篇文章，应该写三个部分的内容。第一部分，主要是引出这个话题；第二部分，要说说到底存在什么问题；第三部分，要提出解决问题的办法。

褚鳞：我想先说明游戏教学的普遍性与优势，再谈游戏教学存在的问题。游戏大于音乐还是音乐大于游戏，教师看清游戏的真面目。

郭声健：你讲的都可以纳入到论文写作中去，但是还不能清晰完整地构成几个部分。

褚鳞：按老师的思路来的话，首先谈游戏教学的普遍性、功能、有其他学科不可企及的优势，由此引出这个话题？

郭声健：其实这篇文章最为重要的部分，就是如何归纳出音乐游戏教学的问题。你现在讲的这些，都可以包括在第一部分的内容中。你有些太积极了，我们还是一个部分一个部分地来分析吧。至于具体写什么内容，还有足够的时间去思考的。

褚鳞：好的。第一部分引出话题，用游戏教学的普遍性、功能、有其他学科不可企及的优势来引出。

郭声健：你怎么反复谈这一点呢？是不是在哪篇文章里面看到这些东西，自己便舍不得了？你要清楚一点，这篇文章主要是反思游戏教学的，目的并不是为了大力推广或倡导游戏教学，而是为了找出游戏教学存在的问题。所以，第一部分应该是对小学音乐教学现状进行一个概述，着重描述游戏在小学音乐教育中的运用情况，简要分析一下游戏在音乐教学中的作用，同时要特别指出，目前在小学音乐教学中对游戏的运用出现了种种问题。在第一部分中所谈到的种种问题，不需要具体展开，只是引出这个话题。具体问题的反思和描述放在第二部分。

褚鳞：指出种种问题，就是直接地过渡到第二部分？

郭声健：是的。第二部分：小学音乐游戏教学存在的问题。你先跟我说说，游戏教学存在着哪些问题？其实我也已经归纳了一下，看看想法是否相同，你要学会归纳。怎么样？要不我来说，你看是否跟你的想法差不多？

褚鳞：我先说吧。①娱乐性太强，教师只想着让学生快乐地完成一节课，而忽视学生是否真正学到知识；②玩得乱，难以进行有效的课堂管理。暂时就想到这两点。

郭声健：好的。你说的第一点，其实就是只顾着玩游戏而忘了学音乐，是吧？第二点呢，可能是玩过头了吧，或者是老师的驾驭能力不强？这两个问题的确都存在。我是这样概括的：

1. 没有音乐主导和相伴的游戏；
2. 没有发挥学生创造性的游戏；
3. 没有教师参与和分享的游戏；
4. 从头至尾且张弛无度的游戏。

褚鱲：老师，还是你厉害！

郭声健：我这里的第一点就是你讲的第一点，游戏和音乐没有很好地交融在一起。其实游戏的目的是让学生更好地、更快乐地体验音乐的美。但往往我们是为游戏而游戏，忘记了这是音乐课。第二点是说游戏完全按照老师的设计来进行，游戏过程中，缺乏学生主动性和创造性的发挥，学生往往是为了完成老师布置的任务，表面上看气氛很热烈，但可能实际上学生并没有真正地参与其中。

褚鱲：就是音乐游戏教学的使用尚停留于表面。第三点，是说老师没有真正地与学生进行沟通。

郭声健：有这个意思，但不全面。第三点讲的是老师只是作为旁观者、导演而存在，而没有亲自参与到学生的游戏当中，没有和学生平等相处，没有分享学生的游戏快乐，也没有与学生分享老师自己游戏的快乐。

褚鱲：第四点就是我刚刚表达的？

郭声健：是。第四点主要是说一堂课充斥着游戏，一味地让学生动；但音乐也是需要静的，小学生更是需要动静结合、张弛有度。游戏只能是在需要的时候再进行。如果一堂课从头到尾都是让学生动个不停，效果肯定是不行的。

褚鱲：音乐课成了一堂游戏课。

郭声健：我考虑，主要是这几个问题吧。你可以在这个基础上进一步思考，看还能不能归纳出其他问题。其实很多现象都可能是包含在这几个问题之中的。分析清楚了游戏教学存在的问题，那么文章的第三个部分就好写了。我们可以针对性地提出一些解决的方法或思路。所以，我草拟的第三部分是这样的……

褚鱲：游戏要有“音乐性”、有“目的性”地进行。

郭声健：第三部分：小学音乐游戏教学的基本原则：

1. 服务音乐体验；
2. 学生主动创造；
3. 教师参与其中；

4. 游戏适度进行。

褚鱵： 嗯！我的理解就是：

1. 服务音乐体验，就是把握好“音乐性”的尺度；

2. 学生主动创造，就是游戏的方式规则等可随学生的喜好、需求更改；

3. 师生玩在一块；

4. 学与玩紧密结合。

郭声健： 你不必按照我的文字表述来做，我只不过是给你提供思路。总的一条原则就是“在玩中学”。另外要说明一下，我之所以在第三部分中提的是“原则”而不是“方法”，是因为我提炼的几点都是相对宏观的，是游戏教学中要把握的基本原则，而不是微观层面的具体方法。

褚鱵： 游戏勿过度，这是原则。

郭声健： 是的。具体内容可以慢慢思考，先搭起框架就好。

褚鱵： 明白了！基本上能按照老师前面说的思路进行吗？然后我自己再添加别的问题和解决方法。

郭声健： 是。如果想不出别的问题和方法，就先按照我们上面说的做吧，可以把上面的内容更细化一些，加以必要的说明，最好不要就是那几个标题，每个标题下面你可以作出适当的说明和解释。**开题报告主要就是论证这个选题的意义，然后谈谈具体如何写作，写些什么。**

褚鱵： 嗯！更细致地归纳出每个段落的小标题。再在每个段落里加以说明，进一步提出自己的看法。

郭声健： 是。至于其他的什么研究方法和步骤啊、参考文献啊，你可以参考一下别的同学的。大部分同学的开题报告都已经改好了。

褚鱵： 明白了。我尽量快点写好！

郭声健： 你主要把开题报告的前面两个部分写好。那先这样，没问题了吧？

褚鱵： 暂时没问题了，有问题我再给您留言。

郭声健： 好的。

褚鱵： 老师，我还想问一下，美国小学的音乐教学也是大多以游戏教学为主吗？你的《美国音乐教育考察报告》中有没有这方面的例子呢？

郭声健： 美国的教学五花八门，一般不是这样。我那本书中有关某个小学的一整天的教学记录，你可以去看看。

褚鱵： 好。我去看看国外的游戏教学是怎样一回事。现在没什么问题了，谢啦！

郭声健：那就好，不用谢！

（数日后收到论文初稿）

褚魕：嘿嘿，老师，我终于上网了。不好意思啊，让你久等了。

郭声健：我下午一直在学院参加课堂教学比赛评比活动，刚回来。

褚魕：那老师你吃过晚餐了吧？你还在线吗？

郭声健：刚吃，你等我十分钟。

褚魕：嗯嗯，慢慢享受美食！不急哦。

郭声健：好啦，开始吧。我对摘要和关键词进行了适当的修改，**在摘要中，一般都不出现“笔者”、“我”、“本人”、“作者”这样的词，可以都用“本文”指代**。另外，《新课标》这种表述是不规范的，要完整表述为《全日制义务教育音乐课程标准》，但在正文中，如果《全日制义务教育音乐课程标准》这个文件出现得比较多，可以考虑在它第一次出现的时候，后面用括号说明“以下简称为《新课标》”。

论文第一部分的标题宜改为“小学低年级音乐游戏教学的实施现状”，该部分原有的四个二级标题全部删除，原因有两点：第一，每一个小标题下面的内容太少，不足以构成一个小节；第二，也是最关键的原因，提炼出的四个小标题与它们对应的内容并不吻合。

褚魕：那第一部分需要全部重新写吗？第二部分是不是应该把它统一起来写呢，具体从哪方面着手比较好呢？

郭声健：第一部分不需要重新写，我已经帮你删除了标题，到时你再好好读读，看看段落之间是否过渡自然。第二部分我再慢慢跟你说，先别急。

褚魕：好的，第一部分想想过渡的语言。

郭声健：我先说一个别的问题，是读到你第二部分第一段时感受比较深的问题。我感觉到你的文字表述有些问题，比如第二部分，开头一段就夹杂着好几个病句，读起来不通顺，自然也难以准确表达你自己的思想。我帮你改了那一段，你可以对照原文看看。因为时间关系，我不可能逐字逐句帮你修改，**你一定要反复读一读自己的文章，看是否有不通顺的地方，是否有词不达意的地方，论文从某种意义上说就是修改出来的。**

怎么样，能跟上吗？我继续往下说了啊。

褚魕：能，我在打开看，看哪些是老师说的问题。

郭声健：第二部分“小学低年级音乐游戏教学存在的问题”，顾名思义就是谈问题，这一部分的四个小标题“没有音乐主导和相伴的游戏”、

“没有发挥学生创造性的游戏”、“没有教师参与和分享的游戏”、“从头至尾且张弛无度的游戏”，很显然它们本身也就是对问题的一种描述。我读了你的文章，感觉第一点写得不错，你列举了一个没有音乐主导和相伴的游戏教学案例，具有典型性，很能说明问题。但第二点“没有发挥学生创造性的游戏”中，你举的是自己的一个教学例子，这个例子我觉得还不是很典型，你说的那个没有发挥学生的创造性的案例，反而让我感到学生的创造性得到了发挥，你并没有压制学生的创造，只不过是没有鼓励学生进行创造而已。其实，我当初确定这个小标题的意图非常明确，就是指学生严格按照老师的规定被动地进行游戏与模仿，使得游戏所具有的自由创造品格丧失了。你能不能举一个问题显得更为严重的教学案例呢？

褚鱀：的确与标题不符。这个也是存在的问题，就是老师说的规则使学生的思维在游戏中被固定，难以有创新。我是不是可以从这两点来写呢？①没有创新；②有创新，但是思维被定死了。

郭声健：倒不一定非得讲几点。主要是要突出一个普遍存在的问题：学生基本上就是按照老师的布置和规定在活动。有时候虽然老师也让学生自己分组讨论，但那往往只是一种形式。

褚鱀：嗯，其实我是这样设计的：第一节用不好的案例来说明，第二节则用积极的案例来说明，提出创新应该在游戏中获得体现的观点。

郭声健：不行，第二点必须是谈问题。

褚鱀：好的，明白。我会想想有什么案例是直接表现第二小节存在的问题的。

郭声健：如果在第二点用正面的例子的话，肯定会和第三部分的相关内容重复，因为文章的第三部分就是探讨如何进行游戏教学的问题，那必然是从正面的教学案例入手分析的。另外，从这篇论文的标题看，“别让音乐课被‘游戏’”，很显然是侧重谈问题的。所以，我觉得论文的第二部分是非常重要的，而且我们提炼出的四个问题也是比较准确和典型的，但我读完你的初稿之后，感觉还不太过瘾，每一个问题刚读出一点味道来，又马上结束了。

其实，**比较理想的写法是每一个问题都有教学的案例，并通过对案例的分析，剖析这些问题之所以存在的原因以及可能导致的后果**，这样的游戏教学不好，到底不好在哪里。通俗地说，就是要把你心里想的话都说出来，不要欲言又止。你看，能不能把第二部分再好好充实充实？反正你工作也找好了，可以静下心来好好修改论文了。

褚鱀：嗯嗯，好的。我会根据老师提的建议，想一下还有什么适合的案例。

郭声健：第三部分“小学音乐游戏教学应遵循的原则”的开头部分，要像第二部分一样写几句过渡性的话，别马上就是小标题，那样给人感觉很唐突。比如，可以加上一句：“在上一部分我们描述了目前小学音乐游戏教学存在的几个突出问题，要想有效地解决这些问题，并获得理想的音乐游戏教学效果，我们认为，在实施音乐游戏教学时必须把握好以下四条原则。”这样就比较顺利地过渡到第三部分了。

在第三部分的第一小节“服务音乐体验”中，你列出了三个小标题，我建议不要把它们作为正式的小标题放到目录里，**因为篇幅太小了，每个小标题下面少的只有两行字，那怎么能成为一个独立的章节呢？所以，我把它们改为了第一、第二、第三这样的表述形式。**同样的理由，我建议第四小节“游戏适度进行”下面的五个小标题也不要作为正式的小标题出现了，改为第一、第二等这样的表达形式，作为每一段的第一句话。这五个小标题你是动了脑筋的，归纳得不错。考虑到与内容更好地吻合，可以把“游戏适度进行”改为“游戏安排适度”。你看了我帮你改过的文章之后，就知道不作为小标题，同样也能突出出来的，放心。

禤鱶：嗯嗯，明白。

郭声健：另外，在第三部分中，第二小节和第三小节能否再写得具体一些，像第四小节那样，就感觉比较丰满了，既让读者清楚这几条原则的重要性，更让读者清楚究竟要如何去具体贯彻这些原则。比如第二小节“学生主动创造”，教师到底应该采用哪些措施去鼓励学生主动创造呢？好像文章中并没有谈及。

禤鱶：嗯，一开始也在犹豫是不是按小节来写会更加明了，但是的确篇幅太小。就是在“学生主动创造”和“教师乐于参与”这两部分的写作中感觉词穷了，不知道还可以细写些什么好。

郭声健：学生主动创造，你可以说得更具体一点啊。比如说，教师只是提供一个游戏的主题，让学生主动去设计游戏，而并不只是照老师所设计的去玩。教师乐于参与，同样也是可以谈得更具体一点的，比如说，教师从讲台上走进学生中间，成为学生中的一员或扮演一个游戏中的角色，真正参与到学生所做的游戏中去，与学生同乐、同分享。

禤鱶：嗯，是不是需要实例来证明呢，还是按第四小节的写法那样去写？

郭声健：每一节在写法上没必要完全统一，怎么方便就怎么写。

禤鱶：用案例是可以的吧？那么我想把关于学生自主创新的那个案

例，也就是前面聊到的第一部分第二小节的那个例子用在第三部分第二小节，我会再改改的，可以吗？因为我真的喜欢那节课，对那节课印象蛮深的。

郭声健：当然可以啊，因为你那节课本来就是一个正面的例子，只适合放在后面，而不该作为问题案例放在前面。总而言之，分析教学案例的目的，就是要让读者理解游戏的原则，又知道具体操作。

最后，结语中关于论文的结构介绍要删除，只要归纳一下全文的主要观点和内容就行了。另外，在最后要说明本文在哪些方面还研究得不够深入或不够全面，有待在未来的教学实践和研究中进一步去探索。

纵观全文，我认为框架已经搭建得很不错了，也就是说有了好的骨架，还需要在这个基础上多注入一些血肉，使文章的内容更加丰满。

褚鱵：一开始结语不知道怎么写好，后来参照了上一届师姐的论文，现在听了老师的指导，知道从哪方面写了。

郭声健：下面我把文章发回给你，因为有些地方我帮你改过了。你修改的时候就在我发回的这一稿的基础上改。

褚鱵：谢谢老师！我的论文里应该存在着不少语病吧？真是辛苦老师了！

郭声健：都清楚了吧？有信心改好吗？

褚鱵：清楚了，也有信心！遇到问题再问老师咯，学院要求我们4月24日前交电子稿呢。

郭声健：怎么得了啊，还有好多学生没给我看呢。而且我真的是利用了一切可能利用的时间在帮你们批改论文了。

（成功发送文件：蔡莹玲《别让音乐课被“游戏”——关于小学低年级音乐教学的思考》）

褚鱵：那我帮你提醒没交的同学？真抱歉，我也是没按时交稿的同学之一。

郭声健：不用提醒了，因为我手头上还有好几篇没改呢，每一篇文章都要来回改几次，这样就耽误时间了。不按时交的同学还是自己承担后果吧。

褚鱵：辛苦老师了，老师加油！

郭声健：问题是再加油，也还是得睡觉。

褚鱵：劳逸结合哦。

郭声健：你这篇文章，再改改应该就没什么问题了，你也加油啊！

褚鱵：嗯嗯，我也不想再熬夜了，尽快完成！老师我刚看了你发给我的稿子，我想问，名人说的话也要加注释吗？

郭声健：是用引号引起来的原话吧，那肯定要加注释啊。

禤鱥：好的！参考文献的话，是不是只要看过的、参考过的，但没有引用的也需要写上呢？

郭声健：对。甚至没参考的也可以写上，好看一些啊，而且说明你博览群书。

禤鱥：我的确去图书馆借了10多本书，只是翻阅了一些，都没怎么细看。还有第二部分的“从头至尾且张弛无度的游戏”和“没有教师参与和分享的游戏”需要改进吗？

郭声健：能改就改吧，尽量谈得具体一点，如果能举出例子则更好。其实教学上的例子你是可以自己创造的啊。懂我的意思吗？

禤鱥：嗯嗯，明白了。我去找找课例参考、修改！

郭声健：到书上去找例子，还不如自己创造呢。“自产自销”的话，要什么例子就有什么例子。

禤鱥：嗯嗯，明白。

（几天后收到修改稿）

郭声健：看了你发过来的修改稿，很高兴。可以肯定地说，你这篇文章在原来的基础上质量有明显的提升，无论是在内容的充实方面还是在语言的流畅方面，都比前一稿提高了一个档次。你是怎么做到的呢？

我把文章发回给你，因为有个别的地方又有小改动，以这稿为准。祝贺你，论文在我这里顺利通过啦。

禤鱥：我是怎么做到的？真的是不清楚耶，可能是潜移默化吧，去图书馆找杂志复印了很多大大小小的文章（不沾边的也有），还有参考了一些课例，最主要还是老师的指导。其实我自己没发觉有多大变化啊？谢谢老师鼓励！

郭声健：那说明你还有很大潜力！

禤鱥：总而言之，这次写作花了很多心思，也熬了不少夜，有时候一起劲就懒得睡觉了。其实也不能说有潜力啦，我本来就语言单薄，所以还会经常去百度搜搜成语、谚语之类的。老师，我的论文是真的通过了吗？

郭声健：当然是真的，功夫不负有心人啊。

禤鱥：有些课例需不需要插上谱例呢？

郭声健：没有必要吧？因为你的论文并未涉及专业性的作品分析。

禤鱥：好的。

郭声健：你自己再看看吧，争取更完善一些。快十二点了，该休息了。

褚鱴：真的感谢老师一直以来的许多建议和提醒，辛苦了。您也早点休息，劳逸结合哦。晚安！

郭声健：谢谢！看到你们进步我很开心的，累点也值得。

（注：论文见本书附录）

3. 粤语童谣进校园
——关于广东省小学音乐课程改革的一点思考

ty321：老师，在吗？

郭声健：你好，我在。

ty321：我也在，老师吃饭了吗？

郭声健：吃了。那我们聊聊你的开题报告吧。

ty321：好的。

郭声健："粤语童谣如何走进课堂——论中小学音乐乡土教材和校本课程的活化和运用"这个选题很不错，但标题则要再好好思考。因为现在的副标题中包含的概念太多，有"乡土教材"、"校本课程"、"活化"、"运用"等，这四个概念实际上都有联系但又不互相等同，要理清这几个概念之间的关系，不是一件很容易的事情，一篇本科毕业论文恐怕难以驾驭这样的题目。

ty321：嗯，当时我也改了好多次，但还是觉得不够好。

郭声健：所以，我建议复杂问题简单化，就用一个比较通俗的题目："关于粤语童谣进课堂的思考"，如果觉得这个题目还没有明确点明是广东，那么也可以考虑采用正副标题形式，即"粤语童谣进课堂——关于广东省中小学音乐课程改革的一点思考"。着重研究和解决两个问题，一个是粤语童谣为何要走进音乐课堂，一个是粤语童谣如何才能走进音乐课堂。

ty321：好的。

郭声健：你的开题报告的第一部分，写得还是不错的。

ty321：嗯，第一个问题就是阐述粤语童谣的重要性。

郭声健：是。现在主要是要充实第二部分的"研究内容"。

ty321：我写开题报告的时候也写到了岭南音乐，但是岭南音乐和粤语童谣是有既包含关系又有区别的。

郭声健：是的，粤语童谣就属于岭南音乐。所以，我建议不要搞得太复杂。只谈粤语童谣，题目比较小才好写。

ty321：我觉得我写得有点串了，我还提了粤剧。

郭声健：是啊。而且说实话，能够让粤语童谣进课堂就很不容易了。我的意思是不要谈粤剧。非要提的话，也就是顺便说说而已的程度。同时，“研究内容”也要根据题目的调整作出相应改变，而且现在的框架把论述重要性和必要性放在论文的最后一个部分，这样的布局显然也不妥。

ty321：哦，明白！要写个小一点的题目。

郭声健：对的。**题目越小越好！**你可以考虑分三个部分来写，我帮你设计了一个框架，供你做参考。

第一部分：粤语童谣进课堂的必要性。
1. 传承民族音乐文化的需要；
2. 特色校本课程开发的需要；
3. 培养学生家乡感情的需要。

第二部分：粤语童谣进课堂的现状调查。
1. 现状调查情况的描述；
2. 问题及成因分析。

第三部分：粤语童谣进课堂的推进措施。
1. 编写粤语童谣校本教材；
2. 在音乐课堂教学中渗透粤语童谣；
3. 组织粤语童谣课外兴趣小组；
4. 开展粤语童谣比赛活动。

……

你先看看上面这个框架，有没有什么不理解的地方？

ty321：感觉是我把粤语童谣进课堂的问题分成校本课程和乡土教材两部分来看，比较散，我在写选题意义的时候也觉得要写的东西很多，但不知道重点在哪里。

郭声健：所以我再三建议你不要搞得太复杂了。正如我前面讲的，那样的话，你还要论述校本课程和乡土教材的关系。**写论文忌讳运用太多的概念，因为概念问题是最扯不清楚的。**

ty321：校本课程只是推进粤语童谣进课堂的手段之一，我之前则把它当成一个重点来看待了。

郭声健：对啊。

ty321：能不能避开来，不论述校本课程和乡土教材的关系呢？

郭声健：除了校本课程，其实更重要的一个方面还是在平常的课堂教学中如何渗透童谣的问题。按照我现在给你设计的框架，你根本就不用谈乡土教材了啊，所以也就不用谈什么关系了。

ty321：但是我的论文中肯定会出现这两个概念。

郭声健：为什么肯定要出现呢？乡土教材并不是想编就能编出来的，一本乡土教材是必须要通过专家评审，省教育厅立项才能够出版使用的。我去年就参加了省教育厅的教材立项评审，结果有一本广东音乐的乡土教材就没有通过。所以，根本就不是你想象的那么容易的。

ty321：嗯，明白。

郭声健：按照我的想法，正如你刚才说的，校本教材也只是粤语童谣进课堂的一个途径而已。

ty321：重点还是常规课堂上的渗透。

郭声健：是的……对不起，请等等啊！

如果按照我上面的思路，即通过编写校本教材、课堂教学渗透、组织兴趣小组、开展比赛活动等途径来将粤语童谣引进音乐教育，那么，论文的题目还需要改一下才行啊。那就要改成“粤语童谣进校园”。

ty321：哦，对啊，兴趣小组、比赛等都不是局限在课堂上的。

郭声健：是啊。“粤语童谣进校园”这个提法，对于广东的中小学来说，也是不错的。

ty321：扩展到了学生的课余生活。

郭声健：是的，仅仅靠课堂教学真的还不够。因为，在课堂教学中，教学内容主要还是教材上的，粤语童谣也只能是适当地渗透而已。

ty321：看了老师设计的框架，我感觉写这篇论文的思路清晰了很多，之前都会觉得是东一块、西一块的。

郭声健：怎么样？还是把题目改成“粤语童谣进校园——关于广东省中小学音乐课程改革的一点思考”吧！

ty321：课余活动中渗透粤语童谣也就是地方特色校本课程。嗯，好，就把题目改成这样吧。

郭声健：如果这样的话，那框架中的“进课堂”就都相应地改成“进校园”。

ty321：嗯。

郭声健：现在的问题是，你通过什么样的方式去了解现状呢？

ty321：题目中限定的范围是广东省，我设计调查的学校基本是在广州市的，应该要扩大范围吧？

郭声健：那没关系的，广州市当然具有一定的代表性了。因为粤语童谣进校园不应该只是在广州市内推广，其他讲粤语的地市也应该推广的。但你做调查不可能覆盖整个粤语地区的学校，所以，就侧重在广州市进行调查吧。

ty321：嗯，明白。我打算通过访问的形式向学生、家长和中小学的老师了解相关情况。

郭声健：嗯。通过个别访谈的形式，我觉得比较现实。

ty321：因为学校应该不会让我发问卷吧，而且答案也可能是乱填的。

郭声健：那倒不一定，关键是做问卷调查比较难操作。所以，我同意你的想法。如果按照我们上面讲的这个思路来写这篇文章，问题应该不大了吧？

ty321：开题报告的“本选题的意义及国内外发展状况”需要就题目而修改吗？

郭声健：是，我正想说这个问题，在修改开题报告的时候，要考虑把第一部分的内容进行适当删改。**有些文不对题的东西就删除掉，不要舍不得嘛。**

ty321：老师真是讲中了我的心声啊。还真会舍不得，或者说是不知道要删哪个部分。

郭声健：我相信你有这个能力，跟本选题无关的东西其实你自己还是看得出来的。比如关于校本课程的部分就可以删除啊，那些话本来就不是你自己的原创。另外就是你还要简单地做一点文献综述。关于“粤语童谣进校园”这个问题，现在有没有人在研究，有多少相关的研究成果了？

ty321：哦，明白。关于“粤语童谣”的论文有几篇，但是多数是在岭南音乐研究的文章中涉及的。

郭声健：就是说，现在的成果主要是笼统地谈岭南音乐，而没有侧重、甚至专门谈粤语童谣的，是吧？那么，关于“粤语童谣进校园”的文章呢？

ty321：“粤语童谣进校园”的文章还没有，“其他地方音乐进校园的”就有人研究。

郭声健：那就是啊，没有人具体研究粤语童谣的教学问题，而只是研究了音乐本身。你就要把这些话写进你的开题报告，这就是属于文献综述的内容。而且，这都说明一个问题，表明你研究的这个选题很有价值。

ty321：嗯，这应该是属于选题的发展状况。

郭声健：另外，我刚又想到，还有一个问题需要考虑。是不是粤语童谣更适合进小学校园呢？中学是不是就不太合适了？你认为呢？

ty321：好像是噢。粤语童谣大部分都是很童趣化的。

郭声健：如果是这样的话，那么论文副标题中的“中小学”就改成

"小学"。**现在发现问题是最好的，因为可以随时调整。**

ty321：不过，现在有改编的、合唱形式的粤语童谣。《荔枝颂》就有合唱的。

郭声健：那其实也是更适合小学的吧。不管中学适合不适合，如果你这篇文章只谈小学，就不会出现问题。因为我只是研究小学，而没有研究中学，这并不意味着我认为中学就不需要粤语童谣了。

ty321：嗯，那就改一下题目，写得再小一点吧！

郭声健：对。这样就让人挑不出明显的毛病了。可以有另外的人专门去写粤剧进中学课堂嘛。

ty321：这样好像也是给别人一个机会啊。不过，有人会这样挑毛病的？

郭声健：当然啦。比如可能有人会问："你觉得粤语童谣适合在中学校园推广吗？"你怎么回答？

ty321：如果我写了，肯定就会答适合，但是初中比高中更加适合。

郭声健：我是不敢这么说的。

ty321：为什么？

郭声健：正如你前面说过的，童谣的最大特点就是童趣，更适合儿童。当然这是题外话了。

ty321：那也是，粤语童谣我也只是在小学的时候唱过。

郭声健：是啊。所以还是**尽量严谨一点比较好**。

ty321：到中学的时候，粤语童谣几乎变成"你还记得吗"那个状态了。

郭声健：也有人会问，为什么是进校园，而不是进课堂？这个问题应该难不倒你了吧？

ty321：正在组织语言……

郭声健：这还不好说。因为仅仅靠课堂教学还很难真正让学生了解和喜爱粤语童谣，只可能是适当地引入课堂而已。但课外活动则为粤语童谣的推广提供了更广阔的空间和展示的舞台。

ty321：嗯，明白！课堂教学中还有更多教材上的内容要完成。

郭声健：在课堂教学中，粤语童谣只可能占非常小的比例。不过，估计也不会有人问吧。我之所以提出这个问题，就是要启发你把选题的来龙去脉弄清楚。

ty321：跟老师这样讨论，好像是在进行论文答辩一样啊。

郭声健：是的，是有答辩的味道。**写作之前，多思考点问题，多问自**

己几个为什么，会让自己的写作更加顺利。今天聊得差不多了吧？好像你的开题报告是最后交的啊，根据我们今天的交流再改改吧。

ty321：我思考的问题很多时候是在写作的过程中跳出来的。嗯，谢谢老师的指导！

郭声健：你说得好，写作的过程中思维会变得更加活跃。通过今天的交流，我发现你的思维还是非常清晰的，写论文应该没有问题，会写得很好的！所以，我上面讲的东西，尤其是论文的写作框架，仅供你参考，你不要完全按照我说的去做，或者至少要在我的基础上加以充实和丰富。

ty321：就怕我自己跳得太开了！我经常这样跳，跳完又不记得，所以一跳出个问题我就马上写下，回头再看看。还有"研究方法、手段及步骤"怎么改呢？

郭声健：研究方法、手段及步骤，你按照内容的调整适当改改就好了。

ty321：嗯，好的。

郭声健：那先这样吧。开题报告修改后再发给我看看。

ty321：好的，老师晚安！其实我还没吃饭呢。

郭声健：为了减肥？记住啊，身体第一，漂亮第二。

ty321：不是，是为兼职。我一下课回来就上网了。

郭声健：那赶紧去吃饭吧。

ty321：是的，88。

（数日后）

ty321：郭老师，我是陈晓琪。我想问一下，我做了学生的问卷调查。这个在数量上要多少份才会比较全面客观呢？

郭声健：你调查了多少？

ty321：我的目的是想了解一下学生对粤语童谣认识的程度，现在只做了30份，分三个年级，二年级、四年级和六年级。

郭声健：如果觉得少了的话，你还有条件多做一点吗？

ty321：嗯，还可以的。

郭声健：我觉得如果是调查学生的话，最好能有100份左右吧。**因为做问卷调查，调查对象本是多多益善的，最好是选择的学校要有代表性，不同地方和不同层次的学校都要有。**所以，到底调查多少，则完全取决于你所具备的条件了。如果实在不具备条件的话，当然30份也是可以的啦。

ty321：嗯，可能做不了那么多的学校。我现在只在天河区的一间小学发了问卷。

郭声健：能不能再在另外的某所学校做呢？另外，这30位学生是怎么挑出来的？是随机抽取的吗？

ty321：那我尝试再问一下吧，不过由于时间的关系，可能也只能多做一间学校了。我是随机抽取的。

郭声健：没关系，能做到什么程度就做到什么程度吧，总比不调查要好。

ty321：嗯，好的。那我再联系一下学校吧！

郭声健：好的。

ty321：尽快把论文发给老师。

郭声健：那就好！

ty321：还有个问题，在统计数据的时候，需要把不同学校的情况分开论述，还是合在一起谈？

郭声健：你可以先描述一下：调查了几所学校，每所学校调查了多少人，有几个年级。然后统计数据可以合在一起。

ty321：好的，明白了。

（数日后收到论文初稿）

ty321：老师，在吗？

郭声健：不好意思，刚刚午睡了。

ty321：没关系。

郭声健：你打开你的目录好吗？

ty321：好的，已经打开了。

郭声健：目录标题的措辞是要比较讲究的。所以，建议将第一部分第二个小标题中的"开发"一词提到前面，与另外两个标题统一，这样动词便全都在前面了：传承民族音乐文化的需要、开发特色校本课程的需要、培养学生家乡情感的需要。

ty321：嗯，明白！已经改了。

郭声健：第二部分"粤语童谣进校园的现状调查"中两个小节的标题太长，需要精简；另外，第一点下面只有一个标题，肯定不能成立，**有标题1就必须有标题2，标题1不可能单独存在，**故要删除。第二点下面倒是有两点，但为与第一点相统一，也可以删除。鉴于上述情况，第二部分的标题就可以精简为"2.1 学生问卷调查"、"2.2 教师访谈实录"，调查对象是广州市的师生，这没有必要在标题上体现，在正文中有具体说明就可以了。

顺便说一下，我看了一眼“教师访谈实录”部分，发现你并没有对这一部分进行归纳，你应该要在访谈实录的基础上，归纳总结出一些东西的，比如，通过访谈得知，从教师的角度看，推广粤语童谣可行不可行？面临着哪些困难？这些困难能不能解决？如何解决？等等。而“学生问卷调查”部分就写得好一些，既有数据统计，也有数据分析，并得出了相关结论。

ty321：我在教师访谈实录后面有个总结啊！还是说我的总结没有得出结论？

郭声健：哦，对不起，我老眼昏花了，你的确写了总结，而且写得还不错。再看第三部分吧。第三部分“粤语童谣进校园的推进措施”，你把它写成“音乐童谣”了，要改过来，这样的错误很容易犯，却又不容易被发现。

ty321：嗯。

郭声健：再看这一部分的第一节：

（一）编写粤语童谣校本教材。

1. 开发探索性的粤语童谣校本课程——新版粤语童谣 VS“原汁原味”的粤语童谣；

2. 开发发现型的粤语童谣校本课程——粤语童谣中的节日或重现粤语童谣中的情景；

3. 开发趣味性的粤语童谣校本课程——粤语童谣里玩游戏。

上面这三个标题，你还是开动了脑筋的，不错。不过有几个小问题，一个是大标题是“编写校本教材”，而小标题是“开发校本课程”，这必须统一，建议把大标题改为“3.1 开发粤语童谣校本课程”，另外我根据你写的内容，将三个小标题分别改为：“3.1.1 开发现实性的粤语童谣校本课程”、“3.1.2 开发情境性的粤语童谣校本课程”、“3.1.3 开发趣味性的粤语童谣校本课程”。

ty321：怎么理解“现实性”呢？

郭声健：就是根据你论文内容讲的，将远离现实的、学生不懂的童谣歌词改写为贴近学生现实的歌词。

ty321：嗯，明白了！

郭声健：当然你可以再考虑考虑是否有更贴切的词。“3.2 在音乐课堂教学中渗透粤语童谣”建议改为“在课堂教学中渗透粤语童谣”，因为，我觉得粤语童谣的推广不只是音乐学科的责任，其他相关学科如语文、历史、地理等，也是有可能和有必要适当负起责任的，所以，你在论文中要加入相关的内容。当然作为你这篇文章，重点还是要谈音乐课堂教学。可以顺带谈谈其他学科。

ty321：嗯，我之前访谈的教师也说："粤语童谣进校园，音乐课堂是最好的，但是其他的科目也是个很好的途径。"那个老师说，他们学校的语文课也有这样的内容。但在写论文时要侧重音乐课堂，其他科目顺带提及一下。

郭声健：哦，这叫不谋而合。我还没有审读你的文章，但发现有的章节篇幅太小，内容很少，比如"3.3 组织粤语童谣第二课堂"和"3.4 开展粤语童谣比赛活动"，这两小节都需要进一步充实内容，可以谈得更具体一点。另外，"3.3 组织粤语童谣第二课堂"下面的三个小标题可以直接表述为"3.3.1 粤语童谣合唱队"、"3.3.2 粤语童谣舞蹈队"、"3.3.3 粤语童谣戏剧社"。

ty321：嗯，明白。**标题要简洁，**我写的标题都太长啊。

郭声健：自己也感觉到了吧？

ty321：我还一直觉得标题写得不够清楚呢，原来想错了！我怕别人看不懂我的标题，不知道我要说什么。

郭声健：那就可以更好地吸引别人去读你的正文。

ty321：有点卖关子的感觉？

郭声健：开个玩笑。**目录需要表述清楚，但更需要精练。**

ty321：嗯，清楚而简洁！我写得太啰唆了。

郭声健：你现在根据我上面的意见，把目录整理出来给我看看。

ty321：好的！我尽快完成。

郭声健：**各级小标题的提炼非常重要。**所以这次我就专门推敲了你的目录，然后你根据修改的目录，重新整理和充实文章内容之后，再发给我吧。

ty321：好的，谢谢老师！

郭声健：不着急谢，等会你把整理出来的目录先发给我看看。

ty321：有关文中的注释，有个问题。引用小学的教材怎么注释啊？算是著作吗？

郭声健：《广州音乐》那本教材吧？

ty321：嗯。

郭声健：因为你并没有引用这本教材里的具体文字，而只是在文章中提到了这本教材，没必要加注释的。顶多就是在文章中更具体说明由某某某主编、某某某出版社出版的《广州音乐》。

ty321：好的。那粤语的拼音我是在字典上查到的，需要注释吗？

郭声健：是在哪本字典上查到的？

ty321：一本粤语拼音字典。

郭声健：因为那几个字的读音不同于普通话的读音，为严谨起见，建议加一个注释。我想想啊，那句话是被采访者毛老师的原话吧？

ty321：是的，她是用粤语说的。

郭声健：然后你再查字典找到粤语发音的？行，最好是加上注释。

ty321：是的，因为我觉得这里要突出粤语的读音是有曲调的。明白了！那我暂时就先把以上的问题修改以后再发给老师吧。

郭声健：嗯，把改过的目录发给我过目之后，你再开始修改正文。应该几分钟就可以搞定吧？

ty321：好的，谢谢老师，那就下次再聊啦！

郭声健：你现在着急出去？

ty321：我现在改吧！

郭声健：对啊。我就是这个意思，你马上整理下目录，我看过之后，你再慢慢修改论文。

ty321：我现在做……可是我还没有搞清序号怎么写啊？

郭声健：那没关系，随便用哪种方式都行。定稿的时候再改格式都来得及的。

ty321：好的。

（几分钟后）

ty321：老师，我改好了，请过目。

（成功接收离线文件）

郭声健：好的，我先看看啊。嗯，OK了。另外再提醒你一下，**在正文中的标题你也要根据目录所修改的做相应修改啊。**

ty321：嗯，明白！那我就根据目录修改论文。

郭声健：好的。那先这样，你忙去吧。

（几天后收到论文修改稿）

ty321：郭老师，原来我论文中第二部分“现状调查”中的“教师访谈实录”有“教师访谈实录”和“访谈总结”两部分，要合在一起还是分开？我的目录中没有将两部分分开，因为“学生调查问卷”部分是没有分开的。

郭声健：嗯，两个部分要统一，不用分开。

ty321：我的论文前面都已经修改了，只有最后一部分的两个小节还没有改好，你先帮我看看前面的部分，后面的我修改之后再发给你。

郭声健：我刚才通读完了你发来的修改稿，在文字上有一些小改动，改动的地方我用红字标示了，感觉你的文章现在已经不错了。你再把第三部分的最后两小节在内容上加以充实，论文就可以顺利过关了！注意，到时你必须是将充实后的最后两小节复制到我修改过的这个版本上来，这样就不至于丢掉了我修改的东西，因为除了文字的加工润色之外，我还删除了一些句子，而这是在稿子上看不出来的。我已经把修改稿发回到你的邮箱了，请查收。你昨天在课堂上关于柯达伊教学法的演讲做得很好，特提出表扬，希望你的论文也同样出色！

（第二天）

郭声健：我刚看了你发来的需要充实内容的两个小节的修改稿，以及结语和摘要，我都帮你加工润色了。你把我所修改的这个文本复制到前两天发给你的修改稿上去吧。可以定稿了！我已经把修改的文本发回到你的邮箱里了，请查收。论文写作告一段落，可以放松放松了。

ty321：好的，谢谢老师！通宵改论文，上午睡觉了。

郭声健：难怪我看到你的邮件是早上八点多发给我的，那赶紧休息吧。

ty321：好的，还是要谢谢老师啊！论文终于定下来了，安心了一点。

（注：论文见本书附录）

4. 关于高中音乐多模块融合教学的思考

想念熙熙：老师你在吗？终于考完试了，我来找你请教论文开题报告的事。

郭声健：好的。你打算写什么题目？有眉目了吗？

想念熙熙：老师，我想写的是“关于高中音乐多模块融合教学法的思考和研究”。开题报告基本写了，但感觉好像很乱，不太敢给你看。

郭声健：没关系的。我看了你写的《〈音乐教育书简〉读后感》，文笔不错。

想念熙熙：我经常思维混乱，也不知是为什么。我先把开题报告发给你看，还是讨论完了我再修改呢？

郭声健：标题应该是“关于高中音乐多模块融合教学的思考”，或者是“关于高中音乐多模块融合教学的初步构想”。你说的标题中，思考与研究这两个词是重复的，删除“研究”；另外不要定位为“多模块融合教学法”，那个要求就太高了。

想念熙熙：好的，我先修改。

郭声健：你在写开题报告的时候，遇到了什么问题吗？

想念熙熙：主要是怕开题报告写出来了，到时论文却完成不了，心里很没底，不知自己有没有能力写出来。

郭声健：开题报告如果内容比较详细，写作思路比较清晰，写论文就没问题的。

想念熙熙：总觉得本科生写论文真的是力不从心。

郭声健：都有这样一个过程啊。我相信，比起你们刚学音乐技能的时候，肯定要容易多了，基础要好多了。

想念熙熙：或许吧，各有各的难处。我从小就喜欢看书，但就是不喜欢写作文。

郭声健：你说说看，在写开题报告的时候，哪方面觉得没把握？你这个题目还是很有价值的。因为，目前的实际状况是绝大部分学校都并没有开齐六个模块，意味着其他五个或四个模块基本上还只是一个摆设。

想念熙熙：说是要研究多模块结合的问题，却没有实际操作过，也不知自己的想法有没有可行性，最重要的是不知要提出怎样的做法，有些想法本来觉得还行，但仔细想想又好像只是老生常谈，没有什么新意。

郭声健：不一定提出的观点或想法都要有新意，如果你的文章能够把大家的想法综合起来，系统地对这个问题进行研究，那当然也是有价值的。

想念熙熙：是啊，我去实习的东莞群英中学虽说是开了歌唱模块课，但老师自己也说了，其实只是为了应付教育局的检查。她们也不知道要怎么上课。

郭声健：对，这是普遍情况。所以，你这篇文章的读者，我认为应该是高中的音乐教师，你要通过文章告诉他们在模块开不全的情况下，如何将六个模块进行整合。这一方面让学生受了益，另一方面也让教师自己的音乐教学内容和形式变得丰富多彩。

想念熙熙：是的，我也是这个想法。我也询问过很多同学的意见，都是说在鉴赏课中加入其他模块，比如内容是歌曲，就让她们唱一唱，这就是鉴赏模块和歌唱模块的结合了。但看各模块的课程标准要求，这种“融合”的教学又根本达不到课标的要求，而且怕太杂反而弄得两个模块都没顾到。

郭声健：学了而没达到要求和根本不学，哪个更好一些呢？从你上面所讲的看，我认为，你在开题报告中论证这个选题的价值，应该是没有问题的，你已经理解得很清楚了。

想念熙熙：是的，既然无法两全，那为何不选效果最好的那个呢？

郭声健：现在看来，多模块融合教学的确是很有必要的。所以，我估计你现在犯难的是到底如何融合的问题。是不是？有什么初步想法吗？

想念熙熙：是啊，这是最头痛的问题。

郭声健：不要头疼，充分地发挥你自己的创造性和想象力吧，不一定非得要有实践的经验。有实践经验好是好，但有时候反而会让我们故步自封，限制了我们创造性的发挥，使得我们的教学墨守成规。之所以现在大家都不敢大胆进行多模块融合教学的尝试，至少很少有人写这方面的文章，估计在很大程度上也是这个原因吧。我们可以初步来梳理一下，看看能否总结出几条做法来。

想念熙熙：以前去实习的时候，还有看过一些课例的视频，虽然和多模块的融合无关，但其中有些做法是值得借鉴的。现在重点是还要找找有关这方面的书，看看其他老师有没有做过这方面的尝试，关键是我自己想从中得到一些启示，想出一些新的方法。

郭声健：我想，你不要有这种依赖现有资料的想法。

想念熙熙：不是依赖，是想在看课例的过程中能不能刺激脑子想出一些新的东西来，所以我们现在算是初生牛犊不怕虎吧。因为只是大学生，所以就算提出的想法让别人认为很幼稚那也没关系。

郭声健：是啊。再说了，请放心，我们写的文章不至于产生这么大影响的。还不知道一共有几个人看呢。

想念熙熙：是啊。所以写的时候不应像在职老师似的有那么多的顾虑，但还是想写好一点。

郭声健：你看了我写的那篇文章吗？就是《实施高中音乐新课程可能面临的挑战与应对举措》。

想念熙熙：没看到。之前你写的和这个论文选题相关的两篇文章是在论坛上吗？我不知是什么题目，所以一直没找到。你的网站论坛上的东西真的是太多了，看得眼睛都痛了。

郭声健：这篇文章的第二部分，其实就提出了初步的构想啊。你只要在我写的基础上再深化一些、拓展一些，就差不多了。我在这篇文章中提出了三点对策：

1. 充分行使教师权力，灵活处理模块与教材；
2. 在《音乐鉴赏》模块的教学中，尽可能融入其他模块的内容；
3. 将其他模块进行整合，开设综合音乐（或音乐活动）校本课程。

想念熙熙：喔！本科生在博士的基础上深化，感觉好像很深奥哦。

郭声健：我这个讲得非常通俗了，因为是一个给高中音乐教师的讲座，又不是博士论文。而且我这里写的，实际上还只是如何融合的问题，也就是你文章第二个方面的内容，估计也有两千多字了。你的文章的第一部分还要论证为什么要进行多模块融合呢，所以，足够一篇毕业论文的篇幅。

想念熙熙：明白明白。那老师可以帮我看一下开题报告吗？我先把论文的选题价值方面解决了，下一步就集中处理如何融合的问题了。

郭声健：反正不外乎是这么几个方面：整合各模块教材；创新教学形式；以《音乐鉴赏》为基础……

想念熙熙：好的。那现在可以先把开题报告发送给你吗？请你指导下。

郭声健：好的。

想念熙熙：你收到了吗？

（成功接收文件）

郭声健：收到了。等我看过之后再跟你交流。

想念熙熙：老师辛苦了！

（第二天）

郭声健：你在吗？在的话跟你聊聊开题报告。

想念熙熙：在。

郭声健：好的。你打开你的开题报告文档吧。

想念熙熙：打开了。

郭声健：你写的这份开题报告整体上还是不错的，而且是我看到的第一个开题报告，要表扬一下。

想念熙熙：谢谢鼓励！

郭声健：论文题目中的正标题“随风潜入夜，润物细无声”要删除，这句话跟本选题没有什么直接关系。

想念熙熙：好的。我的理解是其他模块“潜入”鉴赏模块里面，想想的确是怪怪的。

郭声健：一般情况下，采用正标题和副标题形式是因为正标题不能准确、全面表达论文的主题，再用副标题加以具体和进一步的说明。但你这个正标题和副标题之间没有任何的关联。所以，就用副标题作标题就好了。

想念熙熙：好的，我修改了。

郭声健：“关于高中音乐多模块融合教学的初步构想”这个题目本来就挺好的，够明确了。

想念熙熙：这个题目是老师你定的啊，哈哈。

郭声健：哦，是的。关于课题来源，第一段和第二段都是空话、套话，这两段都删除。**无论是写论文，还是写开题报告，都需要直入主题。那些可说可不说的话，都不要说，那些完全没必要说的空话、套话，尤其是那种戴大帽子的话，就更不要说了。**

想念熙熙：好的，开门见山。

郭声健：在“课题来源”部分，还要再加上一小段话，大致要表达的意思是：高中音乐课程的模块设置实际上形同虚设，正是在这样的一种背景下，需要我们探索一种新的教学模式，在可能的情况下，使六个模块的设置具有实质性的意义。写这几句话的目的就是要在“课题来源”部分的最后点题，以导出本课题。

想念熙熙：哦，类似总结性的一段话。

郭声健：第二点关于“研究意义”，可以更具体地说明一下本课题的研究既具有较强的实践意义，又具有一定的理论价值。可以肯定地说，这篇文章写出来，对高中音乐教学实践是有启示意义的；与此同时，关于这个课题，现在还没有人去专门研究，所以也是有理论研究价值的。第三点是关于“国内外研究现状”，其中关于国内部分的，最好是更具体地说明一下，通过网络搜索以及图书馆查阅文献资料，你是否看到了关于本选题的文章？

想念熙熙：上了华师的中国期刊网查了，发现同样选题的没有，稍微相关的就有，但只是沾边而已。

郭声健：你查的这些情况要写进去，这就是现状。而国外部分，可能你不是很了解，没关系，概述性地说几句就行。如：据有关文献的介绍，目前在美国等音乐教育比较好的欧美国家，是倡导学科综合的；一些著名的音乐教学法也是强调学科综合的。但是，关于模块融合教学的具体文献却很少看到，因为将高中音乐课程分成六个模块，是我国音乐教育的特色。

想念熙熙：是啊，我想国外和我国的教学体制不一样，可能更难找到相关文献，而且这是我们音乐学院的学生都比较苦恼的一个问题，就是英文不好，所以没法找外国的文献，找到了也看不懂。

郭声健：比较而言，你的开题报告中第二大部分的“研究内容”写得还不太好，需要重新写。这一部分应该是陈述写作思路或论文的基本框架。

想念熙熙：同学们都觉得开题报告不好写的一个原因也是如此，即不知道写了“课题来源”之后，“研究内容”、“研究方法和步骤”要怎么写，总觉得彼此的内容好像是重叠的，搞不清它们的关系。

郭声健：我这里给你列了一个基本框架，你可以适当在我这个框架的基础上使内容具体一点或扩充一点。在这个框架的前面，你可以加上几句说明性的文字。如：本论文将分三个部分来写，其中第三部分是文章的重点。请注意：你不要被我所讲的捆住了手脚，我这只是一种提示而已，还是要充分发挥你自己的创造性。

一、概述高中音乐教学模块设置及其实施的现状。

二、高中实施多模块融合教学的必要性分析。

1. 落实音乐新课程理念和实施新课标的需要；
2. 满足学生多元音乐兴趣和音乐成长的需要；
3. 应对音乐教育未来发展趋势的需要。

三、高中实施音乐多模块融合教学的初步构想。

1. 以“音乐鉴赏”模块为中心整合其他五个模块；
2. 六个模块相互融合开设新的综合音乐校本课程；
3. 改革创新所选任意模块的教学内容与教学形式。

想念熙熙：好的。大纲一出来，感觉整个内容就不是散乱无章的了，终于有一条线可以把它们都串联起来了。

郭声健：开题报告中的几个部分不是重叠的。因为“课题来源”是解释为什么要写这篇论文；“研究内容”是介绍文章的基本观点和框架；“研究方法和步骤”自然是要陈述如何具体实施写作了。

想念熙熙：哦，现在总算是分清了。以前老师只是叫我们写论文，都没有解释清楚的。现在我可以去教同学了。

郭声健：上面告诉你的是基本的格式，但内容和观点你可以自己去思考，也不一定要跟我的相同。

想念熙熙：好的。就像老师说的，不能过分依赖别人或是现成的资料。

郭声健：是的。很多发表了文章的人，可能基础还不如你们好呢。现在，在刊物上发表的文章不见得就是高质量的文章。

想念熙熙：谢谢夸奖！我怕我们都会被你表扬得飘飘然飞上天了，做人还是要谦卑点好。

郭声健：好的。你把你自己的心得跟同学们分享吧。我看大家都不是很主动跟我联系，所以，通过同学之间的分享，也能产生好的效果。**写文章的初始阶段绝对不能够自己闭门造车的。需要跟别人交流，从中掌握一些基本的写作技巧才行。**

想念熙熙：是啊，同学们都不说，我们也没办法交流，有时候是挺无奈的。

郭声健：你看，今天的交流也没有花太多时间，我相信你的开题报告没什么问题了。当然，现在是有一个提纲了，你可以更细化一些。

想念熙熙：我们音教专业的同学大概应该都明白了，我去教一下主修其他专业的同学吧，他们很多都还懵懵懂懂的。

郭声健：行。主修其他专业的同学需要直接跟我交流的，你也可让他们随时找我。

想念熙熙：还有啊，老师，我想建议一下：以后你开论文写作课，要鼓动主修其他专业的同学也去听，特别是器乐的，她们对开题报告怎么写基本上都是一无所知的。所以要让她们一起来听听你的论文写作课，可以避免绕很多弯路。

郭声健：我当然欢迎大家都去听课啊。关键是大家没有这方面的兴趣，我又不好一个一个地请。

想念熙熙：没事，让辅导员或王老师宣传一下。

郭声健：你们这一届是没办法了，因为课程结束了。下一届我听取你的建议吧。

想念熙熙：我认为最好是王老师在大三上音教大课的时候告诉学生，上大四了就直接去听课。

郭声健：行。不过，你们这届的其他专业的同学若有什么需要跟我交流的，你跟他们说，尽管联系我，把我的QQ号码告诉他们。

想念熙熙：好的。

（数日后）

想念熙熙：老师，你现在有空吗？我还要问一下关于论文写作的问题。

郭声健：好的，你问吧。

想念熙熙：在实施高中音乐多模块融合教学的初步构想中，关于“改革创新所选任意模块的教学内容与教学形式”这一部分内容我不知如何下手，感觉这一部分好像和多模块的融合有些脱节了。

郭声健：这个应该好写吧，你就一个模块一个模块地去假设。因为音乐鉴赏是必修模块，音乐鉴赏教学融合其他模块的内容，这作为最重要的一点在前面专门谈到了，这里就不要写了。你就分几种情况来分析：如果开设了歌唱模块，该怎样改革内容与形式，要尽可能融合其他四个模块的内容，而不只是单纯地歌唱，依此类推……

想念熙熙：我想过模仿之前王老师说过的深圳高级中学所采用的方法，即学生自己找资料、自己上课，最后教师进行补充，但是还是觉得和融合二字衔接得不是很紧。

郭声健：你这是另外一个话题，是谈教学方式的改变，各个模块都可以适当采用和变通这种方式，但这个没有涉及多模块的融合问题。

想念熙熙：是觉得和融合二字不是衔接得很紧。

郭声健：你现在是不知道如何写吧？先要理清思路：①选择歌唱模块，怎么个融合……②选择器乐模块，怎么个融合……③……

想念熙熙：可是把其他模块的内容融进鉴赏模块这一点就已经让我花了很多天才弄好，买来的那几本高中课本都要翻烂了。每一个模块都去设法相融合，这个在设想方面就很难了啊。

郭声健：前面我也谈到了，因为现在绝大多数学校都开设鉴赏模块，所以鉴赏模块是重点，需要更具体地探讨。但“改革创新所选任意模块的教学内容与教学形式”这一点，就没有必要非常具体地描述，大致讲讲基本原则和主要做法就行了。

想念熙熙：而且其他模块不像鉴赏模块那样包含的信息量那么多，融合起来也比较困难。

郭声健：我理解你的意思。我打个比方啊，在歌唱模块中，不就可以融入戏剧表演的唱段吗？而且也可以融入创作模块啊，让学生自己创作歌词，或改编曲子，然后再演唱。融入演奏模块也可以啊，如把器乐曲的主题挑出来让学生哼唱，或让学生学着改编器乐曲片段，再让他们演唱……你看，随便一说，歌唱模块就与音乐，与戏剧表演模块、创作模块、演奏模块相融合了。我的意思是，你就这样一个模块一个模块地去想。找不到具体的例子没有关系，你提出这样的思路和方法就可以了。

想念熙熙：这个我在第一部分，也就是以音乐鉴赏模块为中心整合其他五个模块中都提出来了，我把整个学年的课表都设计好了，在第三部分又写的话，感觉有些重复了。

郭声健：但在音乐鉴赏里面，重点还是鉴赏。而歌唱模块的重点则是歌唱。你前面在鉴赏模块中写的内容可以适当调整到后面的相应部分。

想念熙熙：哦，就是在保证各个模块的特点和重点的前提下加入其他模块的内容？

郭声健：当然是这样啊。

想念熙熙：哦，我大概明白了。我再想想看要怎么叙述吧。谢谢老师！

郭声健：要强调一点，不能只顾自己这一个模块，还要适当关照其他模块，并想办法融入其他模块的内容，但自己的模块依然是重点，不可本末倒置，要以自己的模块为中心，来融合其他模块。

想念熙熙：明白，不能喧宾夺主。

郭声健：对，就是你说的这个意思。你甚至可以画一个圆形的示意图，以自己的模块为圆心，朝周边其他模块辐射开去，其他模块也反射至圆心。画一个图就可以了，其他模块可以参照进行的。

想念熙熙：Yeah，新方法！那我尽快写完，再交给老师帮我看看。辛苦你了！

郭声健：好的。但最好是先给王老师看吧，她是你的指导老师。

想念熙熙：没事的，老师相处得那么和谐，不会有问题的。

郭声健：那就同时发给我们两个老师，然后你在听取意见的时候综合考虑。有什么问题可随时联系。

想念熙熙：OK，就像我老爸说的，兼听则明。谢谢！

郭声健：不客气。

（数日后收到论文初稿）

郭声健：在不在？我刚粗看了一下你的论文，我觉得写得挺不错的！争取完善成为一篇优秀论文吧。自从论文选题开始，我就发现你在这方面投入了很多，有付出是必有回报的。这篇文章具有较好的原创性，也得益于你有良好的写作基础。的确是不错的。

想念熙熙：谢谢老师！有你的鼓励，我心里就安定了。希望你能在百忙之中多加指导，我会努力改善和完善论文的。

郭声健：有几点小建议供你参考。

想念熙熙：好的，洗耳恭听。

郭声健：主要是框架方面的，因为手头上的文章很多，我不可能细看。建议删除"一、高中音乐教学模块设置及其实施的现状"这个标题，将这部分内容并入绪论（引言）中，因为这一部分篇幅太小了。同样的理由，第二部分篇幅太小、内容太简单，无法与其他部分匹配，建议将其和第三部分合并，合并之后的标题为"一、实施多模块融合教学的可能性与必要性"。那么，相应地第四部分就要改为"二、高中实施音乐多模块融合教学的初步构想"。也就是说，调整之后，文章除了绪论外就只有两个部分了，实际上文章的第一部分和第二部分依然在篇幅和内容上存在很大的反差，不过起码比此前的布局要相对合理一些了。

想念熙熙：好的。

郭声健：还有就是结语的开头部分需要加一点内容，即要对全文进行一个总结，归纳一下全文的主要内容和观点。

想念熙熙：引言有没有字数限制？因为群共享上面你发给大家看的师兄师姐的那两篇论文的引言部分都非常简短。

郭声健：没有字数限制的。

想念熙熙：OK。

郭声健：告诉你一条经验：**完稿之后，反复读自己的文章，肯定能够发现一些问题，每修改一次，论文质量都会提升。**

想念熙熙：是啊，至少总是会有错别字，或文理不通，或段落前后连接不了等大大小小的问题，所以我每次交作业之前都要反复检查很多遍的，不然自己都觉得拿不出手。

郭声健：嗯，应该是这样的态度。那先这样吧，我要去吃饭了。

想念熙熙：好的，那现在我就在框架方面重点解决布局不平衡的问题。你先吃完饭好好休息吧，这段时间我们还会持续打扰你的，好好养足精神准备应战吧！

（几天后，收到论文修改稿）

郭声健：你好！我刚才看了你的论文，感觉没什么问题了。我又再次打磨了一下你的小标题，把一些比较长的标题都精简了。关于你后面提到的“表格中所列的内容会有老师质疑是否太多”的问题，我觉得你能够构建一个这样的多模块融合教学的实施进度表，已经非常不容易了，这也是你这篇文章最具有原创性的地方。你也只是给老师们提供一种建议和选择，又不是下发文件，非得要让老师们这么做。老师们可以根据自身的特点、喜好和需要加以取舍的。这不要有什么顾虑！

我个人认为你的文章可以定稿了，最后你还是要听取王老师的意见。

（注：论文见本书附录）

5. 浅论营造高中音乐鉴赏教学良好课堂气氛的策略

囡囡：老师，您好！

郭声健：你好。我刚跟两个同学交流过了，很有效果。因为我现在要着急完成院里面交给我的一个任务，我们换个时间聊好吗？要不你先把你计划写的论文题目告诉我吧。

囡囡：我打算写“高中音乐鉴赏模块如何能搞好课堂气氛”。

郭声健：好的，我记下了。真不好意思啊！

囡囡：老师，那我改天再找你。

郭声健：好，明天吧。

（第二天）

郭声健：你在吗？我们来聊聊论文？

囡囡：老师，真不好意思啊！我去了图书馆查资料，现在才回来。您现在还有空吗？我想先告诉您一下我的想法：我在广雅高中实习，负责的是高中鉴赏课程，在实习过程中，我试过同样的课在不同的班级上，用不同的方法去尝试如何调动学生的积极性，去活跃课堂气氛。

郭声健：你好！我也刚回来。

囡囡：所以，我这次论文的大概方向，是想写关于如何上好高中音乐鉴赏这个模块，使学生参与到学习中来，调动积极性这方面的。另外我还想写写教师就等于是一个节目的主持人，把主持人如何吸引观众的一些方法运用到教师身上，融会贯通。课堂就是一个舞台，音乐课就是一场综艺节目，如何使音乐课上得有声有色，关键在于内容、形式和教师的语言引导。

郭声健：嗯，很好！很有想法。

囡囡：但是……我还是无从下笔。

郭声健：不要急，开始写论文，都会有一种“无从下笔”的感觉。其实你在上面已经下笔了，而且还下得不错。下面我们围绕你这个选题随便聊聊吧。你觉得现在音乐鉴赏课存在的最主要的问题是什么呢？从你拟定的题目看，是不是感觉课堂气氛太沉闷死板？

囡囡：是的。

郭声健：好的。**我们在写开题报告的时候，一定要从问题入手来引入自己的选题，这样才能体现出选题的价值。我们写论文的目的就是要解决问题，而解决问题的前提就是先要发现问题。**那么，课堂气氛不活跃或者说比较死板，会导致什么后果呢？想过这个问题没有？

囡囡：音乐鉴赏课存在的最主要的问题，我个人觉得主要体现在：首先，高中生的年龄阶段特点是比较害羞，不会积极参与进来，但我觉得这不是主要的，主要是看老师怎么引导。音乐教材的内容刚看上去有点难，而且不会一下子吸引学生，但我觉得这并不重要，关键是看老师怎么上。

郭声健：你说得很对。还是回到原来的话题上来，课堂气氛不活跃是不是会导致音乐鉴赏教学的效果差，或者说学生很难真正投入到音乐作品中去？

囡囡：是的。其实我个人觉得关键还是在老师怎么引领的问题上。我上过一节中国民歌课，本来我自己看着那个内容都觉得很无聊，后来我的指导老师说，要想学生喜欢，首先要自己喜欢。于是我找了大量的视频以及民歌运用到流行音乐中的例子，例子也都是一些高质量的视频，然后在课堂上直接和学生探讨为什么他们不喜欢民歌。学生积极参与讨论，教学效果挺好的。

郭声健：是的，高中生的年龄特点是比较害羞，那是一种客观存在，我们不能把责任推给学生，我们只能是反思自己的音乐教学符不符合高中生的身心特点。你的教学没有回避问题，和学生直面交流，效果一定会好。那么，你认为这和你的论文选题有什么关系呢？你为什么要写课堂气氛这个问题呢？是不是觉得这个问题普遍存在，而且又很关键？

囡囡：因为现在很多论文都在讨论教材怎么怎么样，学生心理怎么怎么样，而我觉得一堂优秀的音乐课，关键在于老师怎么上，怎么搞好课堂教学气氛。这是我个人的观点，不知道对不对。

郭声健：我的意见是，你的观点很对、很好！

囡囡：那您觉得这个问题有没有必要写呢？

郭声健：有必要啊。你的文章就是要解决教师如何通过营造课堂气氛来获得好的教学效果。这个问题比较具体、比较实在。

囡囡：我是想通过我实习的经验和采集的例子，说明音乐教学效果的好坏不在于内容，而在于教师从哪方面去引导，即如何上课。

郭声健：题目可以考虑改一种表述：论高中音乐鉴赏教学中良好课堂

囡囡：哦，那怎么办？

郭声健：每一点都要归纳出一句话来，让别人一看就知道该怎么做。

囡囡：好的。我只是打个比方。

郭声健：其实，这篇文章的重点就是第三部分。而这一部分，我相信你是最有把握的，对吧？

囡囡：是啊，讲到这里就开心了，至少比前面要有东西可写。

郭声健：那这篇文章不就比较容易做了吗？

囡囡：嗯嗯！我明白了。

郭声健：前面是铺垫，就是说现在高中音乐教学中存在着一个普遍的问题，即忽视营造良好的课堂教学气氛。

囡囡：嗯，是的。

郭声健：然后要分析一下忽视营造良好的课堂教学气氛会导致什么样的后果。这表明研究这个问题是非常重要的。然后，你再具体阐述如何营造良好的课堂教学气氛。**这就是我跟你们说的论文写作三部曲：提出问题、分析问题、解决问题。**

囡囡：嗯嗯，那我还要将你前面的话再归纳整理一下，把一步步的具体思路总结出来。

郭声健：是。我今天跟你交流的，也是很随意的。因为没有看你的开题报告文本。所以，不能机械地去套我的话，我只不过是给你一个大致的思路而已。要靠自己认真思考啊。

囡囡：呵呵，因为我没有写好嘛。我再继续写，有问题再找您。

郭声健：好的，不要急。

囡囡：嗯嗯，我知道了，我只要一条宝贵的线索。老师辛苦您啦！

郭声健：你们基础都不错，也很认真，一定能够写好的。其他方向的同学不可能会这么投入，也很难得到这么具体的指导，所以要对自己充满信心。

囡囡：嗯嗯，因为我们是这个专业的嘛，不做好论文，那做什么呢？我会加油的！老师您还没吃饭吧？

郭声健：还没有。这几天感冒厉害，咳嗽不止，所以吃得马虎。

囡囡：哇，那你要注意身体啦，快过年了！耽误您吃饭的时间真不好意思啊！

郭声健：没事的。

囡囡：多休息，多喝点水哦。

郭声健：好的，谢谢！那先这样吧，到时写好之后再发给我，我们再交流。

囡囡：好的！那老师您快去吃饭吧！

（数日后收到开题报告）

囡囡：老师，我的开题报告怎么样啊？

郭声健：还需要改改啊。你现在打开它吧，我来跟你说一说。

囡囡：OK。

郭声健：第一部分，关于“选题的意义及国内外发展状况”，就是你上次发给我看的吧？

囡囡：是啊。

郭声健：我帮你做了一些调整和修改，等会再发给你。

囡囡：嗯嗯，我觉得下面两部分写得不好。

郭声健：是的，而且你写错了啊。你现在所写的第三部分的“研究方法、手段及步骤”实际上应该是第二部分“研究内容”中的第三个方面呢。

囡囡：那第三部分呢？

郭声健：第三部分你还没有写啊。

囡囡：第三部分不是方法和步骤吗？

郭声健：对啊，那是指论文写作的研究方法、手段及步骤，而不是具体说你营造高中音乐鉴赏教学良好气氛的研究方法和步骤。

囡囡：哦！原来是这样。我以为是内容的步骤，貌似我没有什么手段哦……

郭声健：第三部分的“研究方法、手段及步骤”，要求说明论文写作将要采取哪些研究方法和手段，如文献研究法、行动研究法、调查法、比较法等；步骤则是要具体谈谈写作这篇文章的时间安排，比如何时开题，何时进行文献整理分析，何时进行问卷调查或访谈，何时拟定写作提纲开始论文写作，何时拿出初稿，何时在导师的指导下进行修改并最终定稿，等等。我个人认为，对于你们本科生论文的开题报告，实际上这一部分并不很重要，最重要的还是前面两个部分。

囡囡：那就是与上面的研究内容没有什么直接关系啰？

郭声健：是的。不是就论文内容而言的，而是就论文写作而言的。

囡囡：我好像没有什么研究的方法啊，我没有调查问卷，也没有什么实地考察。

郭声健：有啊，你写这篇文章时肯定要去阅读和研究别人的成果，这就是文献研究法，所以，你可以说主要的研究方法是文献研究法，辅之以调查法。因为你通过实习了解到了一些具体情况，这实际上就是采用调查法而得到的信息。

囡囡：哦哦。那实习所得的了解叫什么呢？文献研究？

郭声健：这不就是实地考察吗？因为当初你并没有带着研究的目的去实习，否则的话，还可以被认为是行动研究法呢。这可不是文献研究啊，**文献研究就是通过分析别人的研究成果（论文和著作）来进行研究的。**如果你在写作过程中，还会引用一些不同的教学案例进行比较，也可以说采用了比较研究法啊。

囡囡：哦，明白了。那我就是把现在的第三部分放到第二部分，然后第三部分再写？

郭声健：嗯，是的。你现在写的第三部分要并到第二部分里面去，然后第三部分要重写。顺便说一句，第四部分的"参考文献"中，论文要注明出处。

囡囡：网上的也要？

郭声健：网上的也有具体的出处的。

囡囡：好的，我知道了。可是具体顺序还是有点模糊啊。

郭声健：你说的具体顺序是指什么？

囡囡：就是研究步骤的顺序，先研究什么，再研究什么，等等。

郭声健：那很简单啊，我其实在上面都写出来了，只要你加上日期就行了。

囡囡：哦，我还要再好好整理一下思路。

郭声健：我们现在做的就是第一步，确定选题，撰写开题报告。

囡囡：我就是不知道我这篇论文应该采用怎样的思路去写，要写的内容有了，就是不知道如何一步步写下去。那我第三部分重写，内容还要再思考一下。

郭声健：现在主要讨论一下第二部分"研究内容"。

囡囡：有什么问题吗？

郭声健：我看了一下，感觉要重新提炼。

囡囡：太多了？还是没有重点？

郭声健：主要是思路和结构不是很清楚。关于高中音乐鉴赏课存在的主要问题，你首先引用了一段关于"黔南地区现状"的话，可以删除，跟本选题没什么关系。在开题报告中，这段话是不需要的，一方面是它局限于某一地区，更重要的是它并没有突出本文所要探索的"营造良好课堂气氛”的问题，直接陈述高中音乐鉴赏课存在的主要问题并分析成因就行了。

囡囡：嗯嗯。

郭声健：你总结的高中音乐鉴赏课存在的四个主要问题，好像还没有紧紧围绕“课堂教学气氛”这个主题来归纳。

囡囡：是啊，我也觉得。这个问题我想了很久，自己绕不回来，我再找一下课堂气氛差的表现因素吧。

郭声健：我根据你所说的问题，进一步提炼了一下，这些问题应该都是直接导致课堂气氛沉闷的原因或本身就是课堂气氛差的具体表现：

1. 学校投入不够，缺乏必要的硬件设施与设备；
2. 教学形式陈旧，一味聆听讲解学生缺少参与；
3. 教学内容单一，囿于课本内容远离学生生活；
4. 教师素质欠缺，难以机智灵活自如驾驭课堂。

囡囡：我之前那里有的也写到。那个不够简练是吗？

郭声健：是的，我就是在你写的基础上提炼的。

囡囡：嗯嗯，好的，马上改。

郭声健：不急，等聊完再说。其实，这篇文章内容的重点应该是第三部分。

囡囡：第三部分？

郭声健：即“营造高中音乐鉴赏课良好课堂气氛的主要策略”，所以，这一部分的归纳显得尤其重要。

囡囡：嗯，知道了，我要再好好想想。

郭声健：就你目前所讲的来看，还没有拿出深层次地、全面地解决问题的办法。

囡囡：是的，我自己都觉得不行。

郭声健：提出的办法都是比较零碎的，没有概括性。

囡囡：那我重新写。我还要好好想想才行，我自己的思路都不清晰。

郭声健：想想看，要想让音乐鉴赏课不至于死气沉沉，到底应该做些什么？

囡囡：教师的语言，配合课程的视频音乐效果，辅助教具，学生互动等等……

郭声健：不能像这样地想到什么就讲什么。既然是解决问题的对策，那就要从第二部分的问题入手来考虑。

囡囡：哦。

郭声健：我认为，首先要解决的问题就是不能让学生一味地聆听。这是教学形式方面的问题。一味聆听，学生实际上并没有参与进去，并没有真正走进音乐世界。那怎么解决这个问题呢？就是要“视听动”相结合。

囡囡：视听动？

郭声健：是啊，如果只是让学生听，本身就意味着安静啊，怎么可能营造出活跃的课堂气氛？所以，我提出的第一条策略就是：“1. 改革教学形式，视听动三者相结合激发学生参与”。

囡囡：那我刚才提到的那些，都可以归为教学形式方面了。

郭声健：第二个问题你也提到了的，就是教学内容的问题，不能够一味地固守课本上的作品，因为有些作品毕竟远离学生的现实音乐生活了。如果在音乐鉴赏课堂上让学生欣赏一些他们熟悉而又感兴趣的作品，毫无疑问，课堂气氛就会马上改观。所以，我提出的第二条策略是：“2. 丰富教学内容，尊重爱好贴近生活调动学生兴趣”。

囡囡：好好好。其实我最开始写这篇文章的目的就是探讨如何丰富教学内容的。

郭声健：第三个问题是什么呢？我认为之所以课堂气氛不好，很重要的一个原因就是教师“一言堂”，课堂上缺少师生交流，学生没有充分表达自我的机会。一堂课总是老师一个人讲，怎么可能有好的课堂气氛呢？

囡囡：对哦。

郭声健：所以，我提出的第三条策略是：“3. 转变教学观念，摒弃教师话语霸权，鼓励学生表达”。我想，如果解决了上面三个问题，音乐鉴赏教学的课堂气氛就一定会有很好的改观。

囡囡：第三部分好像很深奥哦。就是讲关于教师语言的吧。

郭声健：不是啊。教师语言只是一个小的方面。就是要让教师少说点，学生多说点。

囡囡：嗯嗯。

郭声健：而要让学生多说，教师就要在教学用语上注意平等和富有启发性。

囡囡：嗯嗯，那我这三部分都举例说明好吗？用实习中的一个个实例？

郭声健：当然在论述的时候可以用实例来加以论证。等一下，刚才我讲了三点，如果要和第二部分的问题相统一，其实还可以谈一点，就是关于教师素质的问题。

囡囡：素质问题？

郭声健：其实，之所以课堂气氛不好，还有一个重要原因是教师不敢放手，害怕一旦放手，学生提出很多问题，自己很难应付。

囡囡：嗯，是的。

郭声健：因为音乐鉴赏课的确对教师的素质提出了更高的要求，需要老师知识面广，授课信息量大，什么都能懂一点，有充分的自信心和学生开展交流对话，解答学生的问题。这一点，实际上我们现在很多老师都是做不到的。所以，教师只有一个办法来控制课堂，就是尽量不让学生说话。

囡囡：这个不是需要长期训练学生，他们才敢大胆说话吗？

郭声健：这是极大的误解啊！学生又不是哑巴，怎么可能不想说话。

囡囡：对啊，可是他们习惯不发表言论了。

郭声健：关键是老师没有提供机会给学生说，或者要学生说的话题，学生说不了。

囡囡：嗯嗯，也许是引导问题。

郭声健：习惯是什么，是养成的啊。对啊，就是教师的引导问题啊。现在老师就是很害怕学生说话，担心自己驾驭不了、应付不了和学生对话的场面，害怕自己遇到不懂的问题而在学生面前出洋相。所以，就尽量不让学生说，宁愿自己多说。其实老师自己心里也很清楚，学生懂的东西可多呢，搞不好甚至比老师懂的还多。

囡囡：是的。

郭声健：所以，归根到底，要想营造好的课堂气氛，关键还是要看教师是否有好的素质，尤其是全面的素质。

囡囡：好的。

郭声健：你说，现在只学声乐的，或只学器乐的，能够应付这样的课吗？我觉得很难。

囡囡：是不行，他们自己都说很难的，没法驾驭。

郭声健：所以，也可以提出第四点策略：“4. 完善教师素质，由专业单向型向教育全能型转变”。

囡囡：哇！好专业。

郭声健：其实，我在跟你交流之前，就把这些个标题写好了。

囡囡：真的？老师，你好厉害啊！

郭声健：之所以要一个一个跟你说，就是想让你更好地理解，以便于在写作的时候，思路更清晰一些。否则，只告诉你这几个标题，你还是不知道怎么写。

囡囡：我觉得这篇论文原来是一团糟的，被你现在这么一说，好像很有条理了。

郭声健：那当然。别看课堂气氛问题小，但要解决它，可就不是小问题了。

囡囡：我得好好整理一下，之前写得太仓促了。

郭声健：这样吧，你多看看我们今天聊的内容，好好领会一下。到时我也会整理出来的。

囡囡：嗯嗯，我要慢慢地、一条条地整理出来。我发现自己比较笨……

郭声健：不是你笨，是基础的问题啊。你总不能跟我来比较啊。我是教授了，你还是一个没毕业的大学生呢。

囡囡：嘻嘻，你提的很多观点都让我眼前一亮啊，是我想也没有想过的。

郭声健：我希望你们通过这次的毕业论文写作，能真正有所收获。有一个良好的开端。

囡囡：嗯嗯，我会尽自己最大努力的！

郭声健：好。我对你充满信心。

囡囡：我会慢慢修改的，我要进步。

郭声健：这样吧，我把我所改的你的开题报告文本全部发给你，供你参考。

囡囡：太好了！谢谢您，老师。

郭声健：其实，这些我都已经跟你说过了，只不过你看起来会更方便一些。

（成功发送文件“冯净本科毕业论文开题报告.doc”）

囡囡：要是学院里所有老师都像你一样就好了。老师，我觉得您就像我以前小学的那位班主任一样，她也是很敬业的，对学生也很好，我以后也要像您这样做一位好老师！

郭声健：好啊，我们共同努力，都做一名好老师！

囡囡：我爸爸妈妈都说您呢，难得见到这样的老师，所以我爸不看股票，给我用电脑啦，要是往日这个时间，我都不能用电脑呢。

郭声健：哈哈，很对不住你爸爸啦。

囡囡：没事，他不用分分钟都看的呀，哈哈。老师，你要过个快乐的年哦！

郭声健：嗯。谢谢！我还有好多事情要做呢。

囡囡：我先整理一下，尽量快点改好给你！你先忙吧，谢谢老师！

郭声健：好的。不客气。

（数日后收到论文初稿）

囡囡：老师，我是冯净，毕业论文初稿已发至您邮箱，请查收。若有不好的地方，请老师多多指教！辛苦您啦！

郭声健：好的。

囡囡：老师，我那篇论文是在括号里面说明引文出处的，这算不算是注释啊？我不知道格式应该是怎样的。

郭声健：那也是注释的一种，现在基本上不采用这种方式了，而且也不是学校所要求的论文格式。不知道格式，看一下别人的文章或书就知道了吧？我正在看你的论文，刚看了个开头，就发现语言不通顺啊。

囡囡：我是把开题报告上写的东西放上去的哦。

郭声健：你先读读你的开头两句话："音乐鉴赏课，是面向全体高中学生的基础性模块，是保证学生获得参与现代化生活应具备的音乐文化修养，根据《高中音乐课程标准》的基本理念，培养学生们的兴趣爱好，极为重要。"感觉如何？

囡囡：音乐鉴赏课，是面向全体高中学生的基础性模块，是保证学生获得参与现代化生活应具备的音乐文化修养，根据《高中音乐课程标准》的基本理念，在音乐鉴赏课上培养学生们的兴趣爱好，极为重要。

郭声健："是保证……"那句话说完了吗？

囡囡：还没发现什么问题呀。音乐鉴赏课，是面向全体高中学生的基础性模块，是保证学生获得融入现代化生活应具备的音乐文化修养的学校教育途径。根据《高中音乐课程标准》的基本理念，要想更好地实现音乐鉴赏课的教学目标和教学任务，培养学生们的兴趣爱好，极为重要。

郭声健：后面的改得比较清楚了。但中间那句话还是不行啊。

囡囡：是保证学生获得参与现代化生活应具备的音乐文化修养的一门课程？

郭声健：对啊。**所以，自己写的东西，写过一定要多读几遍，看顺不顺口。**

囡囡：嗯嗯！我再细心看看。

郭声健：我还没有细读你的文章，只是看了整个文章的结构，发现写得不对啊！

囡囡：？

郭声健：你现在实际上只写了文章的第三部分。前面的就是照搬了开题报告的东西。

囡囡：我是想用我实习的例子和经验来说明课堂气氛的营造问题和改善方式。

郭声健：我不是指这个问题。

囡囡：嗯，是啊，您不是说可以把开题报告搬进去吗？

郭声健：唉，我原来是说，开题报告中的第一部分，可以作为文章的“绪论”。

囡囡：哦？那我还要再加一点开头部分？

郭声健：不是的。你发现没有，现在你的文章根本就没有分出几个部分来。

囡囡：不大明白。

郭声健：还没有框架结构啊。

囡囡：下面不是有几部分了吗？

郭声健：哪几个部分？你先打开开题报告，我们来对照看好吗？

囡囡：好的。

郭声健：打开了吗？

囡囡：打开了。

郭声健：你对照一下看看。你在开题报告的“研究内容”部分拟出了一个基本框架，即三个部分：一、高中音乐课程内容及现状；二、高中音乐鉴赏课存在的主要问题及成因分析；三、营造高中音乐鉴赏课良好课堂气氛的主要策略。

囡囡：哦，明白了！我少了前面的两个部分。

郭声健：明白了吧？你写出来的文章，必须要按照这三个部分去写。但实际上，你现在的文章只是写了第三部分。

囡囡：嗯，懂了！那我能不能直接把这些搬进去？

郭声健：怎么搬？

囡囡：直接这样搬，可以的不？因为我想突出第三部分。

郭声健：肯定不能是完整地搬开题报告啊。**开题报告只是一个写作思路，是一个骨架，你必须在这个基础上填充内容。**

囡囡：第一部分和第二部分我觉得没有什么研究的呀？其实我写开题报告的时候就觉得这两个部分写得很详细了呀？我就是在第三部分填充内容，不知道对不对？

郭声健：怎么能这样说呢？比如第二部分，我帮你拟定了四个小标题，你必须针对每一个小标题进行分析论述啊。

囡囡：其实我研究的内容就是：营造高中音乐鉴赏课良好课堂气氛的主要策略，可以的嘛？

郭声健：你怎么这么固执呢，我不是刚说了吗，你现在的文章还没有框架。你自己看看，从头到尾好像就是一段。

囡囡：是啊，我也觉得没有框架。

郭声健：是嘛，看上去还不像一篇论文。

囡囡：哦，是哦。

郭声健：除非你真把题目改了。

囡囡：老师您是觉得改题目好，还是在原来框架的基础上充实第一部分和第二部分内容好呢？我觉得我写着写着就和最初的想法有一点点跑题了……呵呵。

郭声健：当然按照原来的框架写是最好的啦，但如果你觉得有难度，就只好改题目了。要改的话，题目就是"浅论营造高中音乐鉴赏教学良好课堂气氛的策略"。

囡囡：可以改吗？我就是想写策略的。我不知道加上前面两个部分会不会突出不了策略了。

郭声健：你怎么有这样的担心啊？我担心的是你写不出来。能不能突出策略部分，跟你前面怎么写有什么关系呢？

囡囡：老师，还是您给我建议吧。其实我也担心自己写不出来。第二部分我其实一开始是想一带而过的，说明一下课堂气氛沉闷由哪些原因导致，然后主要讲策略，我要是再详细写学校存在的问题，文章会不会有两个重点了呀？

郭声健：从论文的角度讲，提出问题，分析问题的成因，其实比提出解决策略更为重要。我是说，如果你觉得写不出来，可以改题目。但是你现在好像是在说，怕写出前面两个部分就影响了后面的策略部分。既然你有这样的担心，那也说明你的策略部分写得并不好啊，说明你底气不足啊。否则怎么可能害怕添加了另外的内容会影响你现在的内容呢。

囡囡：对对对，就是这个意思。我也有点怕前面两部分写不好，因为我没有实际调查。

郭声健：我看你是讲了半天，也不敢承认这一点，总是说怕影响了你的策略部分。另外，我还发现一个问题，你前面几乎是完全照搬开题报告上写的。这也肯定不行。因为在开题报告中，我们只是陈述一种写作思路，段落与段落之间，我没有特别强调要写得顺畅。比如这一段："主要以花城版《音乐鉴赏》为例，进行各方面的比较研究，分析教材特点；从学生的角度去思考，了解学生们喜爱的内容和需要，研究如何能在这些教材的基础上营造出良好的课堂气氛。”你自己读读看，这话有主语吗？谁在进行比较研究呢？

囡囡：我。

郭声健：上面有写吗？我只是举一个例子而已。

囡囡：老师，**在论文里主语是“我”还是“本人”？**

郭声健：最好是用“我们”，这样显得比较谦逊，也可以用“笔者”。现在的问题是，如果改题目，你前面部分就要好好写，不能够照搬开题报告。要把它们写通顺了。另外，前面部分只能作为“绪言”而存在。**在写作的时候，尤其要注意段落与段落之间的衔接，别让人读起来很唐突，甚至感觉是东一榔头西一棒槌，让人不知所云。**

囡囡：嗯嗯，我再仔细琢磨一下。要是改题目，前面一部分应该怎样写呢？开题的内容放进“绪论”里，那我应该添加一些什么呢？

郭声健：如果改题目，其实是不需要增添什么内容了的，但必须要写得通顺、流畅、完整。

囡囡：嗯，但是我就是还有些不懂，若把前面的内容放进“绪论”里，我应该如何开头呢？

郭声健：啊？绪论不就是开头吗？我不知道学校要求的是“绪论”还是“引言”，但那就是开头啊。**我建议你先去看看学校对毕业论文的规定，你必须要按照学校规定的格式去写。**

囡囡：我承认我没有看格式就写了……我今晚好好重新改过。我以为是写好了之后再加上格式的，所以忽略了很多。

郭声健：知错就好。现在写出来的文章看上去不像文章，很重要的一个原因就是没有按照规定的格式去写。

囡囡：嗯嗯！我明白了。

郭声健：对了，我问你个问题，如果改题目的话，你的文章要分几个部分？

囡囡：两大部分，第一部分谈现状和问题所在，第二部分是策略，策略部分又分四个小部分。

郭声健：所以啊，我要问你这个问题。你的回答说明你还没弄明白。

囡囡：?

郭声健：你现在的题目是“浅论营造高中音乐鉴赏教学良好课堂气氛的策略”，还是两个部分？

囡囡：哦，四个。

郭声健：是啊，四条策略构成四个部分，再加上前面的绪论部分。

囡囡：嗯，那就是前面绪论部分再加上策略的四个部分。

郭声健：还有，我刚才随便读了一下你写的文章，发现错别字多，语言表达也不很顺畅。

囡囡：老师对不起，我要好好改正。

郭声健：所以，写完之后，你务必要自己反复读一读，看是否通顺了。

囡囡：嗯嗯！

郭声健：那你先去好好改吧，根据学校规定的格式写好。再发给我。

囡囡：好的，谢谢老师！

郭声健：你自己觉得拿得出手了，再给我看。

囡囡：好，辛苦老师了！

郭声健：辛苦没关系，但我需要看到进步。

囡囡：好的，谢谢老师！

（几天后收到论文修改稿）

囡囡：老师，我的论文您收到了吗？

郭声健：刚收到，但还没有看。只能排队等候了。

囡囡：我做了一些改动，不知道合适不合适，想先让您过过目。辛苦您了，老师！

郭声健：好。看了之后再交流吧。

囡囡：嗯嗯，谢谢老师。

郭声健：等等，你改了题目吗？

囡囡：对哦，没有把题目打上去，我改了。

郭声健：什么题目？

囡囡："浅论高中音乐鉴赏课良好课堂气氛营造的策略"

郭声健：还是把"营造"放在前面吧，改为"浅论营造高中音乐鉴赏教学良好课堂气氛的策略"。

囡囡：好，我很紧张，我怕我这次改得不好，就先给您看看。

郭声健：你好像不是按照我们前几天讨论的思路改的啊？

囡囡：是啊。不是吗？分四个部分啊。

郭声健：哪四个部分？

囡囡：就是策略的那四个部分啊。

郭声健：你现在的论文是四个部分吗？

囡囡：不是，是两部分了。

郭声健：就是啊，怎么回事呢？你现在的题目是“浅论营造高中音乐鉴赏教学良好课堂气氛的策略”，怎么还是两个部分呢？

囡囡：哦，应该是四个部分。我主要是不知道第一部分应该归到哪。

郭声健：是啊，四条策略构成四个部分，再加上前面的引言部分。这是我们上次讨论的框架，如果改了题目的话。你说你现在的第一个部分“高中音乐鉴赏课课堂气氛沉闷存在的问题”（这句话表述有问题）不知道放在哪里？这篇文章是四个部分加一个引言，你觉得应该放在哪里呢？

囡囡：我也是这方面有疑问，放进策略里吗？

郭声健：怎么可能放进策略部分去，当然是在放在引言中的。

囡囡：那引言岂不是很长了？

郭声健：根本就不长，加起来还不到两页呢。

囡囡：哦，那好的！

郭声健：另外，在引言中所陈述的问题：“1. 学校投入不够，缺乏必要的硬件设施与设备；2. 教学形式陈旧，一味聆听讲解学生缺少参与；3. 教学内容单一，囿于课本内容远离学生生活；4. 教师素质欠缺，难以机智灵活自如驾驭课堂。”这段话既然不作标题了，就不要分段，也不要用1、2、3、4的序号表述方式了，用第一、第二、第三、第四的表达形式整合在一段里面。

囡囡：好。

郭声健：还有，**引言中就不需要任何标题了。**特别要提醒你一下，引言现在加长了，原来的小标题都删除了，你**要注意段落之间的过渡和连贯。**

囡囡：嗯，明白。那正文方面呢？

郭声健：我现在首先把握的是论文的框架。等你把框架调整好了，我再来看内容，再来斟酌每一级的标题表述。你重新整理之后，再发给我吧。清楚了吗？

囡囡：清楚了，我整理后发给您。

（两天后收到论文修改稿）

郭声健：你啊你，论文分四个部分，你怎么还是没有搞清楚啊。你现在的正文已经只有一个部分了。你看啊，你现在的论文是：3. 引言；4. 浅论营造高中音乐鉴赏课良好课堂气氛的策略；5. 结语。那这就不意味着你的正文只有一个部分了吗？你应该删掉现在的“4. 浅论营造高中音乐鉴赏课良好课堂气氛的策略”，这是论文题目啊。

图图：哦，我以为正文里的四个部分就是四部分。

郭声健：我再说一遍啊，论文的四个部分，就是你在论文中提出的四条策略。明白了吗？重新整理后你再发给我吧。我现在忙得很，这个事情就交给你自己去处理了。

图图：那我是不是就改一个标题就好了？内容上有什么问题吗？

郭声健：目录和正文里的标题都需要改过来。我还没来得及看内容，刚看了你的目录，就发现了这个问题。

图图：嗯嗯，就这个问题是吧？改目录和正文里的标题就好了？

郭声健：肯定还需要修改啊。不说内容，就说你现在的二级和三级标题，都还不像是标题，我都要根据你写的内容重新帮你修改才行的。

图图：哦。

郭声健：我今天忙了一整天了，不能看了。你先把框架调整过来再发给我吧。

图图：好！辛苦老师了。再耽误老师一点点时间，您是要求把目录改成下面这个样子吗？

1. 中文摘要及关键词
2. 英文摘要及关键词
3. 引言
4. 改革教学形式，视听动三者结合激发学生参与
5. 丰富教学内容，尊重爱好贴近生活调动学生兴趣
6. 转变教学观念，课堂语言艺术吸引鼓励学生表达
7. 完善教师素质，专业单向型向教育全能型转变
8. 结语
9. 参考文献

您是这个意思吗？

郭声健：是这个意思。你把文章中的标题也相应地改过来吧。“课堂语言艺术吸引鼓励学生表达”，这话不通。

图图：这不是您拟定的标题吗？

郭声健：“摒弃教师话语霸权鼓励学生表达”，这句话肯定是我说的。

图图：对哦，我搞错了。

郭声健：估计是你自己改的吧？

图图：是是是，我自己搞错了。

郭声健：如果觉得我说的这句话有些太过了的话，也可以考虑改为“师生平等交流鼓励学生大胆表达”。

囡囡：我之前的确是不太理解“摒弃教师话语霸权”，所以改了一下。

郭声健：我估计就是这样的。现在是每一部分下面的小标题，都是你自己写的，还需要我重新改才行啊。

囡囡：“师生平等交流鼓励学生大胆表达”这个标题就与我下面写的内容相符合了。

郭声健：其实就是一回事。教师话语霸权就是指师生之间的交流是不平等的，话语权在老师这一边，学生没有平等交流的权力。

囡囡：嗯，但是我表达不出那个“霸权”的意思。所以自己稍改了一下。

郭声健：可以改，但别改得不通顺了。

囡囡：嗯嗯！老师您真的很厉害，就这个标题我想了很久都没想出更好的来。

郭声健：估计让你自己修改每个部分下面的标题，也不容易。我也需要看了你的文章内容之后才能够提炼出来。所以，改你们的文章，真的是要花我很多脑筋的。

囡囡：老师真的辛苦您了，我之前又没写过论文，很多东西都不知道，请多多包涵。

郭声健：今天就算了吧，我实在坚持不下去了。你把改好的再发给我一次，正文里面的标题也一定要相应地改过来啊。我当然知道你们不是故意的，所以有问题没关系，只要态度认真就好。

囡囡：嗯嗯！您快休息吧，身体重要。我先自己改改，稍后给您发，您今晚就歇一会儿吧。

郭声健：是的，不能拼命。

(两天后又收到论文修改稿)

郭声健：你在吗?

囡囡：在的，老师。

郭声健：那好。刚看了你的论文，由于我有些担心，所以通读了全文，做了必要的修改，另外把目录及各级标题都整理修改了。

囡囡：哦，写得很不好吗?

郭声健：不是，我是说我当初有些担心，所以才一句一句地通读了你的文章。现在看来，大问题没有了，有两个地方需要加点内容。

囡囡：呼……吓一大跳！嗯嗯，您说。

郭声健：一个地方是第一部分中，只谈到了“视听”，还有“动”没谈到。传统的欣赏教学只是让学生坐着听，而缺少活动，学生很难真正获得音乐体验。请加一段，强调一下“动”对高中音乐鉴赏教学的重要性。你这一节论述的是视听动三者结合，而不只是视听两者结合。

囡囡：嗯，好的。我让学生们“K 歌”不算吗？

郭声健：你那个是教学案例分析部分了。你等会看了我修改的标题就清楚了。

囡囡：好的。

郭声健：另一个地方是第二部分中的第一小节，就五行字，内容太单薄了，需要再加一段，请写具体一点，到底在高中音乐鉴赏教学内容中如何去将高雅音乐与流行音乐进行对接，最好是举一举例子，哪些高雅音乐是与流行音乐有联系的。其余的地方，我基本上都帮你修改了。你就重点写好新加的这两段。

囡囡：嗯，好的。其他地方还有什么问题吗？

郭声健：应该没什么问题了。你先看看我发回来的稿子吧。今天就先这样，有问题请给我留言。

囡囡：谢谢老师，我改好后再发给您看吧。

郭声健：好的。

（第二天收到了论文修改稿，论文对需要加强的两个小节充实了内容，终于可以定稿了。）

6. 关于高中识谱教学的思考

飞飞囀：郭老师，你好！我想请问一下，我们写的论文没有具体数据的支撑会不会不是很好啊？

郭声健：那要看是什么方面的选题啊。你准备写的是什么呢？

飞飞囀：合唱中的识谱教学。

郭声健：这样的选题就不一定需要什么数据支撑了。

飞飞囀：另外，现在我发现自己的观点好像出现了点偏差。

郭声健：噢？你跟我说说看。

飞飞囀：我在实习的时候，有一次帮学校排合唱，其中一首是校歌，主任叫我帮他们听一下哪里唱得不对。我听了，发现他们好多音都有点偏离。

郭声健：然后呢？

飞飞囀：所以我叫他们唱了一下谱，但是走音走得更厉害。所以我就觉得，现在的老师都是喜欢直接教唱，不会教唱谱子。虽然说，先教唱然后认谱是很好，但是很多的时候，我们教唱后，觉得学生唱会了，教谱也就没意义了，所以都不教了。

郭声健：其实，识谱教学方法有很多的。先学唱谱再唱歌是一种方法，先唱歌然后再唱谱也是一种方法，聆听模唱也是一种方法。每种方法都有自己的优势和局限，必须要根据当时的教学情境和教学内容来加以选择。不能一味地评价哪种方法好、哪种方法不好。

飞飞囀：所以我认为这样的教学模式在高中应该改一下了，不要再像小学那样。另外，从小学到初中，再到高中都是以一样的方式教，让学生觉得有点厌烦了，自己又没学到什么具体的知识技能，只有老师教过的歌才会，其他的，就算给了你一个谱，自己还是没有能力去唱。

郭声健：那这个问题要追溯小学和初中的责任了。嗯，可以考虑写写这个问题，但好像不一定要局限于在合唱教学中吧？而且，高中现在主要是上“音乐鉴赏”，能够解决识谱的问题吗？如果你想写这个方面的问题，那么，“关于高中识谱教学的思考”怎么样？或者是“有感于高中识谱教学”、“如何在高中进行识谱教学”、“由高中学生不会识谱引发的思考”……

飞飞嘚：好像还不错哦。但是我觉得如果我这样写的话，似乎有点偏激了。有些高中就是选修合唱模块的，所以我才考虑在合唱教学中识谱啊。

郭声健：偏激倒不怕，只要讲得有道理。问题是，绝大多数高中的音乐课堂教学并不是合唱，而是“音乐鉴赏”啊！

飞飞嘚：我去实习的学校，其实没开“鉴赏”模块。不过也是，我现在觉得，我要写开题报告，但自己都不知道应该从何入手。

郭声健：既然这样的话，你就应该考虑在高中音乐课程现有的六个模块的基础上，探讨如何进行识谱教学。至于开题报告，好入手啊。

飞飞嘚：不是很懂你上面那句话的意思。

郭声健：好，我解释一下。你发现，现在高中生的识谱能力比较差，这是问题，也是你写这篇文章的缘由。这个问题引发了你的思考，即如何提高高中学生的识谱能力。在目前高中音乐教学实施模块教学的前提下，没有专门的识谱教学，怎么办？然后，你提出自己的解决办法，这就是你这篇文章的重点内容。

飞飞嘚：喔喔，明白了。谢谢老师！

郭声健：那如何解决这个问题呢，这方面你需要静下心来好好思考了，而且要提炼出几条思路来。打个比方：①通过歌唱教学提高学生的识谱能力（或：在歌唱模块中渗透识谱教学）；②通过演奏教学提高学生的识谱能力（或：在演奏模块中渗透识谱教学）；③通过鉴赏教学提高学生的识谱能力（或：在鉴赏模块中渗透识谱教学）……**开题报告其实就是要解决两个问题，一个是讲清楚为什么要选这个题；第二个是说说怎样进行写作，**那么我上面实际上就是在谈写作的思路，这是写开题报告必须要弄清楚的。

飞飞嘚：要分别从这六个模块去谈吗？只选一两个行不？因为我觉得音乐与戏剧表演好像对识谱没有什么可以提高的吧？

郭声健：是的，没有必要六个模块都讲。但是，歌唱和演奏模块是肯定可以讲的，不过你也可以重点探讨其中一个方面。戏剧表演、舞蹈这两个模块可能就跟识谱关系不大了。有了这个大致的思路，然后就需要你去思考具体怎么做了。当然啦，现在还只是选题。

飞飞嘚：嗯嗯，我得好好再想一下。谢谢你啦，其实我真的是鼓足了勇气才跟你在 QQ 上聊天的，因为我怕我表达不清。

郭声健：怕什么啊？你主要是担心我的理解能力有问题吧！哈哈。

飒飒嘞：你真幽默！

郭声健：没问题的，只要认真对待，一定能够写好的。我会尽力帮助你们的。写开题报告，才只是论文写作的第一步呢。

飒飒嘞：我的表达真的是挺有问题的，特别是急了的时候。嗯嗯，我很相信你啊。当然，我也相信我自己。

郭声健：那就刚好通过这次的论文写作，好好锻炼一下自己的表达能力。加油！

飒飒嘞：那你先忙去，我就不打扰了！

郭声健：嗯。明天上课见。

（数天后收到开题报告）

郭声健：你好！看了你的开题报告，感觉你对要写的内容并不是很清楚啊。记得上次跟你聊开题报告的时候，我们谈到了"关于高中识谱教学的思考"、"有感于高中识谱教学"、"如何在高中进行识谱教学"、"由高中学生不会识谱引发的思考"等几个题目。其实，最具有开放性的题目就是最后一个，也就是你现在开题报告所写的这一个。但我看了你的开题报告之后，发现"高中学生不会识谱"并没有引发你的多少思考。我想一般人由此都可能引发诸如下面这样的思考：高中学生到底需不需要学会识谱；如果需要学会识谱，那么应该怎样进行教学；高中学生不会识谱意味着在小学和初中的时候没有学会，那到底教了没教，如果教识谱了，为什么到高中了还不会识谱；高中学生不会识谱这样的后果是不是受到了"淡化知识技能"理念的影响；等等。这些都是由"高中学生不会识谱"所"引发"的思考，但好像这些方面你基本上没有涉及。

基于你现在所写的开题报告的基础，如果还是写"由高中学生不会识谱引发的思考"这个题目，我觉得可能有些难度。不如就写"关于高中识谱教学的思考"，这个题目难度肯定要小一些。如果确定下来了，你还要明确的是，你是基于两个前提来写这个题目的：一个是目前许多高中学生不会识谱；一个是目前高中实施模块教学，并没有专门设置识谱教学的内容。我个人认为，在这样的背景下探讨高中识谱教学，还是挺有意义的。

那么，关于高中识谱教学的思考，主要应该思考哪些方面的问题呢？我想至少应该有这么三个方面：第一，识谱在高中音乐教学中的重要性；第二，高中生识谱基础差的原因分析；第三，在高中多模块教学的背景下如何进行识谱教学。这三个方面也可以成为你这篇论文的基本框架，不过每一个方面都需要细化一下，如重要性体现在哪几个方面？导致高中生不会识谱的原因有哪些？多模块教学条件下进行识谱教学的基本途径或方法有哪些？

请看到我的上述留言之后，重新写一份开题报告，再发给我。

（第二天）

郭声健：上面是我昨天给你的留言，你根据我上面讲的，再重新写一下吧。如果觉得写得差不多，就不用给我看了，如果觉得没把握，那你就再发给我看看。

飞飞嘞：其实我有思考高中生到底需不需要学会识谱，但这个问题我觉得不是要重点思考的问题，所以只会在鉴赏课的开课那里稍微提一下。

郭声健：当然是学会识谱好啊。这个问题是不需要讨论的。

飞飞嘞：哦，明白！嘻嘻，那我去修改一下。

郭声健：好的。

飞飞嘞：第二部分高中生识谱基础差的原因分析，关于这一点，我不知道应该如何去深入分析，应该怎么办啊？

郭声健：什么怎么办啊，思考思考再思考！高中生识谱基础差是什么原因呢？首先，肯定是在小学和初中阶段没有打好基础；其次，高中阶段因为模块教学而没有了专门的识谱教学，导致了不重视识谱教学，甚至都不教了；再次，可能也重视了识谱教学，但教学方法有问题，突出表现在识谱教学过分地专业化了，非常枯燥，学生不喜欢，教学效果不好，所以，学了等于没学，学过之后还是不会识谱，或者是基础依然很差。

飞飞嘞：还有就是我们在平常的音乐教育中没有意识到要把识谱教学渗透到音乐课中去。

郭声健：其实在小学和初中，识谱教学不是渗不渗透的问题，它是一个专门的教学内容。

飞飞嘞：也要从高中阶段去解释这个问题吗？

郭声健：当然，因为我们不能把所有的责任都推给小学和初中。

飞飞嘞：但是我觉得识谱（特别是简谱）应该是在初中、小学就要学会的。

郭声健：道理是这样的。可是，现在的问题是学生在初中、小学并没有学好啊。如果学好了，那还要你写这篇文章干吗呢？那你就要换题目了。你说对不对？

飞飞嘞：嗯，那就需要想办法让他们在高中阶段学会。

郭声健：对啊。如果你觉得识谱重要，必须学会，而小学和初中又没有学好，那自然就必须在高中阶段让他们学好，这就是你写这篇文章的目的。你可能没认真看我刚给你的留言。我说：你是基于两个前提来写这个题目的，一个是目前许多高中生不会识谱；一个是目前高中实施模块教学，并没有专门设置识谱教学的内容。你在这样一种背景下写这篇文章，才有价值。……你不要期待今天晚上就能把所有的问题都想清楚，论文写作还没有正式开始呢。

飞飞嘞：哦，明白。

郭声健：如果你把原因全都归结为小学和初中没有学好，那这篇文章也就没有写作的价值了。一句话就可以把这篇文章搞定：识谱教学不关高中的事情，在初中和小学就应该做好！

飞飞嘞：是喔。

郭声健：我刚说了，论文还没有正式开始写呢，**开题报告主要是要评估这篇文章是否有写作价值，作者是否能够完成。所以，有些问题没想清楚，这很正常，还有几个月的思考和写作时间呢。**如果论文还没有开始动笔，你就觉得写这篇文章太简单了，那我估计写出来的文章也不会有什么质量。你说呢？

飞飞嘞：其实我也在思考着怎么写这篇论文，也写了接近两千字了，但是我发现，越写越觉得无趣。你上面所说的我也有思考，我在文中也有所提及，但是发现好像很难得出有点深度的结论。

郭声健：好啊。动笔了，这是一个良好的开端。觉得无趣那肯定是因为连你自己都觉得自己的想法没有新意，老调重弹。另外，自己看自己写的东西，评价不一定很准确的。

飞飞嘞：嗯嗯，因为我实在是没什么特别好的方法去教他们学识谱。也就是在学习中，加点小游戏而已。

郭声健：当然你不可能有什么大的发明，小的创新就很好了。还是建议你根据目前高中音乐教学的现状去写。

飞飞嘞：我昨天晚上看到你在群上的留言后，一直在想我的创新点应该在哪里呢？但是我真的还没想出来。

郭声健：因为现在绝大部分学校上的都是音乐鉴赏模块，你就应该思考，到底在上音乐鉴赏课的过程中该如何渗透识谱教学。另外，还有一些学校选择了“歌唱”和“演奏”模块，那么在这两个模块中，又怎么样渗透识谱教学呢？其实，这就是你这篇文章的创新点。因为，据我的了解，目前在多模块教学中如何渗透识谱教学，真还没有什么人去思考和实践这个问题。

飞飞嘞：嗯，我就是想着在鉴赏和歌唱模块中如何渗透识谱教学。

郭声健：可以啊。就着重讲这两个模块也行。

飞飞嘞：因为我觉得高中生不会识谱的情况一般只会出现在二、三线城市，而在这些二、三线城市，开设鉴赏和歌唱模块的可能性最高。

郭声健：我觉得你没有必要强调二、三线城市。那一线城市呢？一线城市现在也主要是开设这两个模块的。

飞飞嘞：哦，在我看来，一线的城市，照现在的发展情况来看，没可能不会识谱吧？他们都有自己学一些乐器什么的。

郭声健：差不多的。好学校会好，差学校就差。二、三线城市也有好学校，一线城市也有差学校。

飞飞嘞：噢，我考虑得有些不全面。

郭声健：因为，识谱教学是整个音乐教学中普遍存在的一个问题，所以，我建议没有必要分什么一线城市和二、三线城市。那你要说最差的，肯定就是县级以下的高中了啊。县级以下的有些高中甚至可能连音乐课都没开呢，更不用说专门的识谱教学了。

飞飞嘞：如果我写"关于高中识谱教学的思考"这个题目，还有没有必要分析高中生不会识谱的原因？

郭声健：当然有必要啊。**你只有分析和了解了问题发生的原因，才能更好地解决问题。**

飞飞嘞：嗯嗯，谢谢老师！

郭声健：打个简单的比方……

飞飞嘞：?

郭声健：比如，我们上面谈到的一个原因是学生在小学、初中阶段的识谱基础没打好。分析这个原因看上去似乎意义不大，但实际上也是很有好处的。因为了解了这个原因，我们在教学中就可能会充分考虑高中学生的音乐基础进行施教。教师就不会带着"高中学生还不会识谱"这样一种埋怨的情绪去进行教学了；就可能更加关心和理解学生，更加能够因材施教，耐心地进行教学。

飞飞嘞：你说的这一点，我很喜欢。我当时去实习就带有这种情绪的。但是，如果你刚刚没提到的话，我就不会想起来这一点。

郭声健：对啊。**你就是要把这样的亲身体验写进去，而不是讲空话、讲套话。**我这只是随便举一个这样的例子。你没有想起这一点，是因为你还没有认真、全面地去思考。还有足够的时间让你去思考呢，不急。而我之所以想到了，是因为我现在脑子在高度运转，帮你解惑答疑。**写文章的时候，要让自己进入你设想的那个教学场景中，可能思维就活跃了。**好吧，你先大胆地、充分地把开题报告写好。

飞飞嚩：我知错了。

郭声健：你没有错啊！不要这么说。我现在就是要你充满自信地去写好开题报告。

飞飞嚩：很多的时候，我觉得还有退路，所以……

郭声健：你这话说对了。估计在想着反正老师会帮自己思考的吧？

飞飞嚩：那我先去修改一下开题报告。

郭声健：好的。

飞飞嚩：谢谢老师！

郭声健：师生之间不讲客气。

（几天后，收到了开题报告修改稿）

郭声健：再来聊聊开题报告吧。开题报告的第一部分比上一稿写得好一些了，但还需要补充文献综述。

飞飞嚩：？

郭声健：因为，这些年对于识谱教学的问题，还是有很多人写过文章的，但估计这些文章大多都侧重小学和初中阶段，对于高中识谱教学可能写的人并不多，特别是在新课改之后，高中实施模块教学，已经没有专门的识谱教学内容了，大家就更容易忽视这个问题了，这些你都要通过收集文献资料来得出结论。如果你发现，目前关于高中识谱教学几乎没有人去研究，这就表明你这个选题的研究价值很大。

飞飞嚩：文献综述？

郭声健：是的。就是我上面讲的，你需要去查找一下关于识谱教学方面的论文。

飞飞嚩：但是我能找到的论文都是网络上发表的，找来找去就是那几篇。

郭声健：到学校图书馆里面的电子图书馆中查找吧。不能只是通过百度和谷歌去搜索的。

飞飞嚩：我不会查，因为我每次去查，都出来一大串什么电子期刊之类的东西。

郭声健：啊？你这样，进入学校图书馆之后，找到“所有数据库列表”，点击进入该列表，然后就会出现若干数据库，**你进入其中的“中国期刊网（CNKI）”**，到里面去查找有关“识谱教学”方面的论文。

飞飞嚩：好的，文献综述是怎么样写的啊，以前好像没写过。

郭声健：其实你把我上面写的那段话具体化一点就可以了。因为我那段话，是自己猜测的，不足为凭。你要通过查找中国期刊网得出结论，到底有多少篇这类的文章，它们主要探讨的是什么问题，有没有人专门写高中识谱教学的……

飞飞噂：哦哦，明白。

郭声健：明白了就好，那我们继续往下走啊。其实我是在今天从北京回广州的飞机上看的你的开题报告，因为这几天在北京一直忙着。但看了你这次修改的开题报告后，感觉有点儿失望。

飞飞噂：好感动喔。其实我也思量了好久要不要再给你发一次的。

郭声健：当时看了你开题报告中的“研究内容”部分，我在想，怎么写得这么简单啊？于是我一回到家，便翻看了我们关于论文选题和开题报告的两次 QQ 交流记录，我感觉到前面聊这么多，对你写开题报告并没有起到什么作用。

飞飞噂：你不是说就写那三部分吗？开题报告中还要对每一部分作进一步细分？

郭声健：对啊。你目前在开题报告的“研究内容”部分，就写了三个小标题，即“1. 识谱在高中音乐教学的重要性；2. 高中生识谱基础差的原因分析；3. 如何在开设度最高的鉴赏与歌唱模块中渗透识谱教学。”这不行啊。这只是一个非常简单的框架，还需要进一步说明和深化，起码还要拿出下一级标题来。包括：识谱教学的重要性有哪几点？高中生识谱基础差的原因有哪几点？采用哪几种方法或途径可以在鉴赏与歌唱教学中渗透识谱教学。如果你暂时实在提炼不出具体的小标题，也没关系，那么，在每个部分也要写几句话，归纳性地加以进一步阐述。换句话说，**其实开题报告写得越详细越好，为什么呢，因为开题报告写得详细，正式写起论文来就容易多了。**

飞飞噂：哦。具体怎么样去渗透，其实我还没有总结出来，所以不知道怎么样去写小标题。

郭声健：没关系。这样的话，你就按照我后面说的那种写法去写。就是在每一个大标题下面，加以进一步说明，告诉大家你准备在这一部分写什么。也就是说不要求你列出具体的标题来，但是至少可以把你现在的一些想法写出来。因为，如果只有三个光秃秃的标题，老师们在开题的时候就会怀疑你是不是真正有能力写这篇文章，或许老师们当场就会问你那几个问题。

飞飞噂：好，明白了。但是老师，我估计做完文献综述，我的开题报告都不够时间写了。

郭声健：怎么会呢?

飞飞嘞：因为我觉得我需要每篇都去看一下啊。

郭声健：不要那么去看的。你大致统计一下有多少篇，都是些什么题目，这样不就清楚啦。懂我的意思了吗?

飞飞嘞：懂了。但是我刚才在检索词里打了“高中识谱教学”，一篇论文都没出来。

郭声健：上网查了，如果没有查到关于高中识谱教学的文章，这就是一个好信息啊。说明你这个选题有价值啊。只键入“识谱教学”呢?

飞飞嘞：显示有 115 篇。有 114 篇是中国期刊网的，有一篇是优秀硕士论文。

郭声健：好，你现在简单浏览一下题目就可以了。等写论文的时候再好好去读其中几篇。至于开题报告中的文献综述，如果来不及阅读文献，你就先这样说吧：“通过查阅中国期刊网，发现有一百多篇关于识谱教学的论文发表，但是尚未发现一篇是关于高中识谱教学的论文。”这样写几句就行。

飞飞嘞：大多数都是讲小学识谱教学的。

郭声健：这个我能够预料到。当然，那一百多篇论文中可能也有高中的，只不过在标题上没体现出来而已。好啦，这个问题不要再纠结了，就按我上面讲的写就行了。

飞飞嘞：喔喔，好的。

郭声健：我只是告诉你们方法。现在的修改重点是补充“研究内容”部分。你去看一下我们前面两次关于开题报告的 QQ 聊天记录，那上面都已经讲得差不多了。你稍微在里面截取一些话就很好了。

飞飞嘞：哦，那我得回家去了。聊天记录在家里的电脑上才有。

郭声健：等一下，我复制给你。我这里留了。

飞飞嘞：不用了。我叫我爸爸复制发给我就行了。

郭声健：有两次的聊天记录啊。

飞飞嘞：两次？哦，那还是麻烦老师你发给我吧。我自己粘贴去 Word 文档里。

郭声健：好的。

（成功发送文件）

郭声健：因为我们前两次聊的时候，都已经把写作思路理清楚了。你再好好看看，应该就差不多了。

飒飒嘞：好的。

郭声健：就是在每一个标题下面进一步说明那一个部分准备写些什么内容就行了。明白我的要求了吧？

飒飒嘞：明白了，谢谢老师！

郭声健：好的。那先这样？我下午四点多回到家里，还一直没休息呢，有点累了，也有点饿了。

飒飒嘞：嘻嘻，那老师你赶紧吃饭，然后休息吧。

郭声健：好的，88。

（数日后收到论文初稿）

郭声健：现在方便吗？

飒飒嘞：嗯嗯。

郭声健：我首先审读了你的目录，对每一级标题都进行了精简，有的标题的确太长、太啰唆了。你要根据我所改的，将论文中的标题做相应的修改，**千万不要出现目录中的标题和正文中的标题不一致的问题，**这个问题是经常出现的，所以特别提醒你一下。我在看你的正文时就没有帮你将标题一一改过来了，还是你自己动手改吧。

飒飒嘞：好的。

郭声健：等会交流完之后，我会把改过的目录发给你的。

飒飒嘞：那标题能不能跟开题报告时的有所不同啊？

郭声健：可以的。**开题报告只是提供写作的思路，即便是确定了标题的，也可以进一步修改。**

飒飒嘞：明白。

郭声健：第一部分“2. 让高中各个模块的教学易于实施”这一小节，你只谈到了识谱对于歌唱模块和演奏模块教学的作用，我觉得你还必须谈谈对于创作模块教学的作用，因为这三个模块是和识谱联系最紧密的，漏掉创作模块不太合适，请加上一段这方面的内容。

飒飒嘞：好的。

郭声健：第二部分“2. 受‘淡化知识技能’教学理念的影响”写得太少，也写得不够到位。应该说，对于音乐教学而言，受“淡化知识技能”这一理念影响至深且首当其冲的就是识谱教学，因为识谱是典型的知识技能，而且是学生和老师都深感畏惧的教学内容，甚至很多人认为，导致学生不喜欢上音乐课的首要原因就是识谱太难，学生不感兴趣。所以，“淡化知识技能”这个口号一提出，在音乐教学中首先被淡化的就是识谱教学。这一点你还需要加强论述，要把我上面的意思写进去。第二部分“4. 高中阶段没有专门的识谱教学”同样也是写得太简单，而且表述得不清楚。其实这一小节应该是很好写的，你要具体说明，目前高中实施模块教学，共分六个模块，这六个模块中都没有专门的识谱教学内容，其中学校普遍开设的是音乐鉴赏模块，但是在鉴赏模块的教学中，基本上都是让学生聆听音乐，而没能有意识地适当融入相关知识技能的教学，识谱教学更是成为被遗忘的角落。

飞飞嘚：哦哦。

郭声健：你现在不要着急改，先跟我交流着。看有什么不懂的地方就及时提出来。

飞飞嘚：其实“受淡化知识技能教学理念的影响”这一点我不是特别明白啦，因为我自己对这个很不熟悉。

郭声健：现在还不明白吗？

飞飞嘚：是不是说要再进一步说明，学生和老师都因为害怕识谱教学这一点呢……

郭声健：这些年不是一直在说，学生喜欢音乐却不喜欢上音乐课吗？人们就把学生不喜欢上音乐课的责任推给了知识技能教学，而在知识技能教学中，识谱教学又是最主要的方面。所以，一听说要淡化知识技能，大家就不教识谱了，刚好就把过去的难题给解决了。

飞飞嘚：趁着这一理念的推出，就更加逃避识谱教学？

郭声健：就是。

飞飞嘚：哦哦，明白了。

郭声健：在第三部分“关于在歌唱模块中渗透识谱教学的建议”的开头，你必须先说明，为什么提出要在歌唱模块中渗透识谱教学，而不是在其他几个模块中渗透识谱教学呢？你不能就这么直接谈建议，必须要先说清楚这个问题。你可以从两个方面加以说明：一方面是因为歌唱模块是除了音乐鉴赏必修模块之外被学校选择最多的模块，也是学生最喜爱的模块；另一方面，是因为相比其他几个模块而言，歌唱模块是最适合渗透识谱教学的，是和识谱教学最贴近的一个模块。所以，你选择了歌唱模块作为研究高中识谱教学的突破口，并作为本文的重点研究内容。

飞飞嘚：你不说，我还真没注意到第三部分的教学建议出现得的确太唐突了。

郭声健：我原来不也跟你说过吗？你可以写在鉴赏模块中渗透识谱教学，在歌唱模块和演奏模块中渗透识谱教学。但既然你只探讨其中一个方面，那也没关系，但是你必须对此加以说明。

飞飞嘞：嗯嗯，我知道了。

郭声健：另外，你的结语写得太简单了。**结语一般的写法是：先总结归纳全文的主要内容，然后再提出论文存在的不足之处或未来进一步研究的方向。**比如，你这篇文章还只是探讨了在歌唱模块中渗透识谱教学，下一步就可以研究如何在其他模块的教学中渗透识谱教学，这便是你在未来需要努力的方向。懂了吗？在结语中，需要有这样的交代。

飞飞嘞：嗯嗯。

郭声健：由于要看的论文太多，我没有时间逐字逐句地审读和修改，只是提出了一些修改意见，**所以，请你在修改论文的时候，一定要反复读读自己的文章，要消灭错别字（你的文章错别字还不少），然后就是一定要尽可能地把句子写通顺，段落之间的过渡要自然，发现拗口或过渡较唐突的地方一定要好好修改。**

飞飞嘞：好的。

郭声健：还有就是我在QQ群里给你们留了言的，**你们一定要严格按照学校规定的格式来写。**

飞飞嘞：嘻嘻，知道了。

郭声健：这些技术层面的问题，不需要老师帮你们解决，我只是把握文章的大方向。我看你的注释都没有按规定要求做。好啦，这些我就不啰唆了，你们自己都可以解决的。

飞飞嘞：我能解决的。

（成功发送文件“关于高中识谱教学的思考”）

郭声健：先把原文发给你，你根据我上面提出的问题，好好修改吧。

飞飞嘞：嗯嗯，明白了！

（几天后收到论文修改稿）

飞飞嘞：郭老师，我发了修改过的论文给你，你能再帮我修改一下吗？

郭声健：好，我先看看吧。

飞飞嘞：谢谢老师！

郭声健：看完了，我觉得可以了。我帮你修改了一些小地方，包括你说的最没有把握的用黄色标示的那一个小节。应该说，你的文章每修改一次就提高了一次，进步是能够看到的。可以定稿了！

飞飞嘞：哦哦，谢谢老师！

7. 走出音乐课教案设计的误区

zi 瑜：郭老师，你好！我定的论文题目是“音乐课堂中真正需要的教案”。

郭声健：好。我理解你的意思了，你提出“音乐课堂中真正需要的教案”这个问题的缘由是什么？能简单跟我说说吗？没关系的，随便说说，想到什么就说什么。

zi 瑜：我原来想的是教案在音乐课堂中的真实应用程度，后来老师您在课堂上给我讲解了一下，我就改成了“音乐课堂中真正需要的教案”。

郭声健：嗯。其实标题我基本上帮你想好了，但我先不说。我想先跟你聊下选题的缘由和写作的思路。你是不是发现其实我们现在写的教案，实际上并不太适应教学实践的需要呢？

zi 瑜：是的，就是这个意思。

郭声健：或者说如果严格按照教案来教学的话，教学效果反而并不理想呢？

zi 瑜：我是在实习中发现的，长篇大论的教案其实也用不上多少，学生不一定能按照教案设计配合老师进行教学。

郭声健：是的，我猜想可能也是。那你想过没有，到底我们设计的教案存在哪些问题？

zi 瑜：无论教案写得详细或者不详细，学生的表现我们并不能完全预计到。

郭声健：如果了解和分析清楚了存在的问题，那么我们就可以针对教案设计存在的问题提出自己的想法了，也就是你所说的能够设计出“真正需要的教案”了。

zi 瑜：其实除了这个问题，我就有点想不到别的了。

郭声健：你说得对。这是问题之一，就是说并没有充分考虑学生在教学实践过程中可能出现的情形。没关系，我跟你一起分析啊。能不能这么说：我们现在许多的音乐教案设计走进了误区？如果能这么说的话，那么，你写这篇文章的目的就是要想办法让我们的教案设计走出误区。对不对？因为，教案设计肯定是要的，关键是要写出真正实用的教案。

zi 瑜：对，我觉得音乐教案不能跟语文、数学等其他学科那样，一板一眼的。

郭声健：嗯，是这样。所以，我建议将你的论文题目改为“走出音乐课教案设计的误区”，你觉得怎么样？

zi 瑜：就是要把误区先罗列出来吗？

郭声健：对的。如果你能够把误区罗列出来，那这篇文章就好写了。这篇文章主要写两个大的方面：一个是陈述现在音乐课教案设计普遍存在的问题，即罗列出误区；另一个方面就是如何走出误区。我们现在来初步罗列一下吧。比方说，误区一：就是你刚才说的，只是从教师教的角度去设计，而不是从学生学的角度去设计。

zi 瑜：上次老师您有提过，拿一个开放式的教案和一个封闭式的教案进行对比，能放在论文里面吗？

郭声健：当然可以啊，而且很有必要。再想想，误区二：是不是现在的教学方案太单一了，也就是只有一种教学的方案，很难随机应变。也就是你刚说的这个意思，太封闭了。

zi 瑜：教学设计上花样太多算不算是一个误区呢？

郭声健：嗯。你说的这一点，其实也算是的。准确说不是花样太多，而是环节太多。这就是下面要谈到的误区三：教学方案的设计太具体了，具体到连师生之间的对话都有了，而这实际上是不现实的，这导致的一个后果就是我们的教学中即兴创造的空间变得很有限了。另外，环环紧扣的教学设计，同样也可能导致一旦教学实际脱离预先设计的轨道，教师就不知道该怎么办了。

如此等等。我们上面分析的这些误区，实际上就是你选这个题目的缘由。教案设计没有发挥出它应有的作用，甚至有可能阻碍了教学的正常进行。如果你把上面这些“误区”，当然还可以再分析是否还有其他方面的误区，好好地整理归类，那么文章的一半内容就出来了。

zi 瑜：我明白老师的意思了。

郭声健：然后，在分析了上述误区，也就是所存在的问题的基础上，再提出你自己设计“真正实用”的或“理想”的教案的基本思路，即针对前面的几个误区，提出解决问题的思路和方法，这也要提炼出几点来才行。那么，在提出自己的思路的时候，要特别强调你前面谈到的音乐课和其他科目的不同之处。

zi 瑜：不写详细教案算是解决问题的思路之一吗？

郭声健：这方面我们可以再慢慢思考。我觉得你这一点也是可以考虑的，就是不一定要写详细教案，不要写得太过具体，应该是教学方案，方案更多的是设计方向的。关于如何“走出误区”，可以下一步再深入思考。因为现在是写开题报告，首先是要证明你这个选题所具有的价值。

zi 瑜：开题报告有一个方面是“本选题的意义及国内外发展状况”，我有点不知道如何入手，网上资料比较少。

郭声健：网上资料比较少，我觉得是好事情。说明这个题目很少有人写，表明文章具有原创性。而且我们也没有必要依赖别人的东西，别人的成果只是作为一种参考。如果说，现在关于音乐课教案设计方面的成果的确比较少的话，**比如你还没有看到这方面的论文发表，其实这本身就是研究的现状啊。**

zi 瑜：哦，这样啊。

郭声健：关于“本选题的意义及国内外的发展现状”，我简单提示一下：先要讲讲教案设计对音乐教学的重要作用，因为没有教案设计肯定是不行的，对吧，所以，它肯定是重要的。但是好的教案设计会起到好的作用，不好的教案设计则反而会对音乐教学起到负面的作用。因此，研究教案设计，无论是对音乐教学实践还是对音乐教育理论研究，都是具有较强意义的。然而，通过查找文献，你发现关于音乐课教案设计方面的研究成果很少。

zi 瑜：对，文献很少。

郭声健：比方说，你通过中国知网，只搜索出了几篇相关的文章，而这些文章主要是介绍了教案设计的一些常规做法，并没有对当前的音乐教案设计所存在的问题进行分析。而你的文章则拟从分析问题入手，提出设计有效实用的教案的思路。我上面讲的大概意思你懂了吗？

zi 瑜：懂了，老师。受益匪浅。

郭声健：意义也写了，现状也写了。对不对？你在我这个基础上充实一下不就很好了吗？所以，我说最好还是要跟你们个别交流一下，这样思路才更清晰一些。

zi 瑜：是的，老师，我现在再好好理清一下你所说的。

郭声健：好的。你这篇文章选题是很有价值的。认真做吧，会写出一篇好文章来的。不要太心急，慢慢来。

zi 瑜：好的。谢谢老师。

郭声健：不客气，应该的。只要你们能受益就好。

（几天后收到开题报告）

郭声健：在吗？聊聊开题报告？

zi 瑜：在的，老师。

郭声健： 好的，一个半小时后你终于出现了。

zi 瑜：我看书去了，没挂在网上，哈哈。

郭声健： 没关系。

zi 瑜：老师吃饭了吗？

郭声健： 没吃，暂时没打算吃。晚上吃零食。

zi 瑜：哦哦。那我们现在可以开始了吗？

郭声健： 可以。你的开题报告，还需要再修改一下啊。

zi 瑜：是啊，我是写得太简单了。

郭声健： 也不是太简单的问题。第一部分“选题意义和研究现状”，还是写得比较到位的，特别是有文献综述，而且通过文献综述还发现了一个问题，就是还没有专门的文章对音乐课教案设计存在的问题进行剖析，这样就较好地体现出你这篇文章的价值了。但这一部分也存在一个问题，就是语言表述不是很精练和流畅，有的话或有的内容太多重复了，建议你再逐字逐句地读一遍，把文字再润色一下。**开题报告跟写论文不同，语言表达需要精练和概括。**

zi 瑜：其实我也觉得有的话和有的内容重复，但是有时候觉得写出来的东西很少，不自觉就重复了。

郭声健： 没关系的，初学写作都是这样。**第二部分的“研究内容”，在文字表述上更应该是提纲挈领的，不能够像具体写文章那样没有提炼和归纳。** 另外，在这一部分，要尽可能地让人看出你这篇文章的基本框架和主要观点，**如果能够提炼出章节的小标题则更好。** 所以，这一部分需要重新写。对了，关于“如何走出误区，设计有效实用的教案的思路”，这也应该是“研究内容”中要写的，但你却写到了“研究方法、手段及步骤”中去了，前面也有一位同学犯了同样的错误。

zi 瑜：是啊，那研究方法如何写，我就有点弄不懂了。

郭声健： 关于“研究方法、手段及步骤”，我跟其他同学已经交流过了，在我的博客里好像也挂出来了，你可以去看看。**研究方法要讲的是你写这篇论文准备采取哪些研究方法和手段，如文献研究法、行动研究法、田野调查法，比较研究法等等；步骤则是关于这篇文章写作的具体安排，分哪几个步骤进行。** 比如，何时选题和开题；何时进行文献整理分析与调查访谈；何时拟定写作提纲并写出初稿；何时进行修改并最终定稿；等等。**开题报告，重点还是在前面两个部分，一个是讲清楚选题的缘由和意义；另一个是讲清楚论文的基本框架和主要观点或内容，也就是第二部分**

的“研究内容”。所以，你这个开题报告，重点还是要修改一下“研究内容部分”。

zi 瑜：好的。还有，老师刚刚说过的研究内容，是要把解决误区的方法写进去是吗？

郭声健：是的。我根据你写的内容，结合我的理解，构思了下面这个框架供你参考。你这篇文章可以分成如下三个部分来写。第一部分：引言。简要论述音乐课教案设计的作用；关于音乐课教案设计相关研究成果的文献综述；陈述本选题的理论与现实意义。第二部分：音乐课教案设计的三大误区。误区一：设计的依据是便利教师的教而非学生的学；误区二：设计的方案是唯一封闭的而非多样开放的；误区三：设计的内容是具体死板的而非机动灵活的。第三部分：有效实用的音乐课教案的设计思路。思路一：设计要以服务学生的学为宗旨；思路二：设计要遵循音乐学科的特殊性；思路三：设计要预设多种可选择的方案；思路四：设计要便于教师的即兴创造。上面的若干标题，其实是我在你写的内容的基础上归纳提炼出来的。这样看上去，整篇文章的框架就一目了然了。

zi 瑜：参考老师的这个框架，然后应该是详细描述还是简单地描述呢？

郭声健：当然，在每一个小标题下面，你可以适当写几句话，进一步陈述自己的观点。作为开题报告，不需要详细描述。

zi 瑜：好的，老师，我明白了。

郭声健：其实有了这个框架也差不多了。不过，我觉得你还是完全可以在这个基础上进一步加以阐述的。

zi 瑜：把选题意义的语言修改一下，然后重写研究内容，再把研究的方法根据老师博客上说的修改，是这样吗？

郭声健：是的。我看了你们大家的开题报告，一个普遍的问题就是不会提炼，有想法，但只是零碎地陈述出来。

zi 瑜：是啊，毕竟很少写文章。

郭声健：按照我上面所讲的，其实改动不大。因为，“研究内容”部分，我基本上帮你写出来了。最后，“参考文献”的呈现方式不规范，要按要求改好。**一类是著作：作者、著作名称、出版社、出版时间；一类是刊物论文：作者、论文题目、报刊名称、出版时间；还有一类是网络论文：作者、论文题目、网站和具体网址。**

zi 瑜：好的，我去修改。老师，要什么时候交给你呢？

郭声健：是开学第一周内交学院吧。如果你觉得没把握，交之前再发给我看看。

zi 瑜：好的，我知道了，老师。

郭声健：应该没什么问题了，放心去改吧。

zi 瑜：好的，老师。

（数日后收到论文初稿）

zi 瑜：老师，下午有时间交流论文吗？

郭声健：好啊。

zi 瑜：现在开始？

郭声健：没问题。你的文章还算可以，再加加工，我觉得应该就没问题了。我有下面的建议，不过你还是主要要听你的论文指导老师王老师的意见啊。你向 20 位音乐教师进行了问卷调查，获得了有价值的第一手资料，这很好！但调查的目的是什么呢？我想主要还是通过调查，了解老师们在教案设计方面存在的问题。因此，调查的统计分析这一部分内容，应该是放在“二、音乐课教案设计的三大误区”这一部分的最开头，也就是说，你是通过问卷调查以及查阅老师们的教案这两个途径来归纳出教案设计的三大误区的，而不仅仅只是你在文中所说的“通过查阅中小学音乐教案，发现以下三大误区”。可你现在是把调查的统计分析结果放在了第二部分的结尾，这样的写作思路不符合逻辑。你觉得呢？

zi 瑜：是的，我当时就是有点糊涂，不知道应该放哪里，就随便放在了那里。因为有点不知道该如何连接。

郭声健：问卷调查以及调查结果，应该是你这篇文章最具有原创性的部分，必须要凸显出来。

zi 瑜：是否应该在文章中多处联系调查结果呢？

郭声健：是的，如果有可能的话，就尽量多地和调查结果联系起来进行论述。能联系上就尽量联系。但这并不影响你在第二部分的开头综合介绍调查的过程和结论。

zi 瑜：我觉得老师您给我概括的那几条思路，我写得有点模糊，您有什么建议？

郭声健：不会吧，我觉得你已经理解了我所归纳的那几个小标题啊。

zi 瑜：会不会写得不够详细清楚呢？

郭声健：对，我正要讲到这个问题。综观全文，我觉得里面不乏你自己的观点，有一定的原创性，但给人的感觉还是停留于一种口头说教的层面，这篇文章其实可以考虑加入一些实例分析的。具体地说，你在分析误区或者阐述设计思路的时候，可以列举几个具体的教案或教案片段来加以分析说明，所选用的例子可以是好的，也可以是不好的。这样的话，文章就比较活了。你说呢？之所以你自己可能感觉有些枯燥，也让我感觉有些口头说教，恐怕主要原因还是没有联系具体的教案来进行分析和论述。所以，我建议你下一步去找几个比较典型的教案来分析一下。

zi 瑜：我当初也有想过加入一个教案进行分析，但就是不知道找怎样的教案或者对教案进行怎样的分析，分析得不好我怕得出来的结果跟我文章所持的观点有出入。

郭声健：这个问题肯定不会出现的啦。因为是你自己写，又不是别人写，你想怎么写就怎么写，你的目的就是要通过实例来证明你自己在文章中提出的观点。当然，并不是说每一点你都要举例，能举多少就举多少。或者就是你自己来设计一个教案或教案片段。

zi 瑜：就是怕有时候把自己都绕晕了。

郭声健：随便打个比方吧，如“思路三：设计要预设多种可选择的方案”，你就可以自己选择一个教学内容来进行设计啊。这怎么可能绕晕了呢？

zi 瑜：我懂了，恍然大悟啊。

郭声健：选择别人的教案来分析，也不存在绕晕的问题，只存在你分析得全面不全面的问题。现在出版了许多关于音乐课教案设计及评析的书，那些书上甚至可能就有你需要的分析。

zi 瑜：如果有我需要的分析，可以直接引用到文章中吗？

郭声健：对啊。完全可以啊。

zi 瑜：好的。

郭声健：还有一个小问题：“误区二：以统一划一设计教案”，这句话的表述不太规范，可考虑改为“以统一的要求设计教案”，这样就与另外两个误区的表述统一了起来。

另外要给你指出一个写作技术层面的问题，你发现没有，你的文章基本上就是一个小节一段，以至于每一段都比较长，这既不利于读者的阅读，也不利于突出重点，所以，**要学会分段，文章的段落有长有短，错落有致，这样给人的视觉效果也会好一些，不至于产生阅读疲劳。**大概就是这几个问题吧。

zi 瑜：好的，老师，您觉得我的摘要会太短吗？

郭声健：这个没什么关系的，不过你还应该把归纳的那几点误区写上去。

zi 瑜：好的。**如果有引入教案，是把教案直接插入文章还是放在文章**

最后面？

郭声健：直接插入文章中，这样便于分析。为了避免教案占用的篇幅太大，最好是摘录其中需要分析的部分。

zi **瑜**：好的。

郭声健：还有什么问题吗？要不先这样吧，有问题随时留言。

zi **瑜**：没有了，老师，那我开始改了。

郭声健：好。祝写作顺利！

zi **瑜**：谢谢老师！

8. 论高中音乐鉴赏模块中融入歌唱教学的必要性与可行性

LOVE∮ ：郭老师，我想做的论文题目是“歌唱在高中音乐鉴赏课中的重要性”。

郭声健：你好！怎么会想到要写这个题目，你能简单跟我说说吗？

LOVE∮ ：因为在实习学校的时候，学生跟我反映不喜欢书本上的器乐曲，但很喜欢唱歌，所以我就想写了，我想从教材内容和教学形式这两个大的方面来写。

郭声健：这的确是个问题啊。不过高中音乐鉴赏模块中也不只是器乐曲吧？其教学内容中也有歌曲赏析吧？

LOVE∮ ：有的，有民歌，还有艺术歌曲。但相对于器乐曲来说还是比较少，还有就是学生喜欢的不多。民歌离学生生活环境太远，他们不喜欢。

郭声健：尽管有歌曲，但更多的是让学生聆听欣赏，而没有可以让学生歌唱的？对吗？

LOVE∮ ：对。

郭声健：我知道了。问题是现在高中音乐教学实施模块教学，一般的学校除了开设音乐鉴赏模块外，还极有可能选择开设了歌唱模块？

LOVE∮ ：没有，我实习的学校只开设了音乐鉴赏模块。

郭声健：那如果某个学校，既开设了鉴赏模块，又开设了歌唱模块，你的这个设想是否有必要呢？所以，你写这篇文章的一个大背景应该是：目前绝大部分学校只开设了音乐鉴赏这个必修模块。要在这个前提之下来探讨你的问题。

LOVE∮ ：哦，那是哦，呵呵。那可能学生就比较喜欢上歌唱模块了哦。

郭声健：对啊。据我所知，的确很多学校只开设了鉴赏模块，所以，你这篇文章还是可以写的。

LOVE∮ ：哦，吓到我了，我还以为要改了，呵呵。

郭声健：但一定要交代清楚我刚说的这个论文选题的现实背景，就是大部分学校并没有开设歌唱模块，而只开设了鉴赏模块。

LOVE∮：是哦，这个前提太重要了。

郭声健：看来你一点就通了，不错。

LOVE∮：那开题报告的现实背景就是这个了咯？

郭声健：嗯，除了这个之外，其实还有一个同样重要的背景：就是据你了解（最好是有调查），目前高中学生最喜欢、最期待的音乐教学内容其实并非是音乐鉴赏，而是歌唱。如果这两个前提都具备的话，那么你这篇文章的价值就马上体现出来了，对不对？

LOVE∮：哦，是的。我也在想要不要调查。

郭声健：如果有条件的话，最好是用调查数据说话，那就很有说服力了。因为，其实你说在音乐鉴赏中加入歌唱，之所以重要，主要是因为学生需要，但这个结论不能是你武断下的，而应是学生自己说的。

LOVE∮：老师，那我还要去我实习的学校进行问卷调查是啵？

郭声健：如果你有条件的话，当然做一下问卷调查好。如果没有条件的话，你可以通过短信啊、邮件啊，找一些同学问问。我觉得这也是不错的。

LOVE∮：这个也可以啊，呵呵。那我就把他们的短信、邮件整理就可以了是吗？

郭声健：其实，就是问问他们是不是在音乐课上期待唱歌。当然如果让他们说出他们最喜欢的是唱歌，或者若让他们在六个模块中间选择，首选的是唱歌，那对你这个论文选题来说就太好了。一定要得出一个基本的结论：现在很多高中音乐课只是鉴赏课，但是学生最喜欢的却是唱歌，在这样的背景下，你就很自然地推出了你的观点。

LOVE∮：哦，那我先跟我实习学校的老师沟通一下，如果可以的话最好就去做问卷调查。

郭声健：当然，你的标题可以适当改一改，谈“重要性”好像有点虚的感觉。我暂时建议你写“论高中音乐鉴赏模块中融入歌唱教学的必要性与可行性”。另外，我觉得你按照我提示的方式，去访谈一下部分学生也可以。

LOVE∮：哈哈哈……好的。

郭声健：访谈，其实比问卷了解得更深入一些。比方说，还可以让他们讲讲理由啊，为什么不喜欢鉴赏，为什么喜欢歌唱，等等。

LOVE∮：那要把他们的话一字不改的记下来是吗？

郭声健：当然不一定了。你可以整理转述的。但是比较经典的、那些很有说服力的话，就需要采用直接引语啦。

LOVE∮：老师，那我可不可以在我的实习学校高一年级的学生里面抽出一部分进行问卷调查，比如说五分之一的人？

郭声健：也可以的，条件不具备的话，问卷调查几十个人也就行了。我们回到你的题目上来吧，如果你觉得我上面的标题可以的话，那么，这篇文章其实主要分两个大的部分。

LOVE∮：我觉得那个标题很好。

郭声健：那你说，必要性怎么论证？可行性又是写什么呢？不要着急回答啊，没关系。

LOVE∮：那我一下子还真不知道怎么回答啊。

郭声健：没关系。我提出来是需要你慢慢去思考的，不过我在这里先简单解释一下。所谓必要性，就是要说明为什么在鉴赏模块中有必要融入歌唱教学。所谓可行性，就是要证明这个想法是可行的，并且能提出几点关于歌唱怎样融入鉴赏模块的方法或思路。对不对？

LOVE∮：哦，很对，一下子有点通了。关于必要性，我只想到了学生喜欢唱歌，但是这个理由是不是太少了哦？

郭声健：必要性其实比较好写啦，就是我们前面谈到的嘛：第一，大部分学校只开设了音乐鉴赏模块；第二，学生呢，又特别期待歌唱；第三，你自己通过分析得出的结论：高中学生需要通过艺术表现来表达自己受压抑的情感，等等。关于这个问题，建议你去看看我写的一篇文章，估计就足够你写的了。

LOVE∮：对哦，老师，你这么一讲条理好清晰哦。是什么题目啊？

郭声健：2009年《课程　教材　教法》第七期“对高中音乐教学要以欣赏为主的质疑”。看了我这篇文章，你的文章的第一部分肯定就没什么问题了。余下你要思考的问题就是：到底如何在鉴赏模块中融入歌唱。你这篇文章的选题缘由和写作思路大致清楚了吗？

LOVE∮：嗯，清楚了。另外老师，“到底如何在鉴赏模块中融入歌唱”这个部分是整篇文章的重点，是吗？

郭声健：这篇文章，我觉得两个部分都是重点。因为前面部分实际上是转变观念的问题，后面部分是如何实践的问题。如果不能转变观念，那么实践也就不太可能。其实，只谈必要性，也可以成为一篇独立的文章的。

LOVE∮：那也可以啊？

郭声健：是啊，像我写的那篇文章，更多地就是谈观念，具体实践谈得少。但考虑到你们的理论思维能力还不是很强，所以最好是有后面的实践部分。你先看看我的文章吧，应该会有些启示的。

LOVE∮ ：哈哈哈，好的。老师，这么跟您交流很轻松就懂了，也很清楚的。

郭声健：就是嘛，所以我说还是要一个一个单独地交流。

LOVE∮ ：呵呵，我也觉得。

郭声健：好啦。那先这样？我还要着急处理点别的事情。有问题随时交流。

LOVE∮ ：好的，呵呵，谢谢老师！

郭声健：对了，我觉得你比较有灵气，跟我交流我能感觉得到这一点。你一定能够写好文章的。

LOVE∮ ：哈哈哈，谢谢老师的夸奖，我一定尽最大努力做好！

（数日后收到开题报告）

LOVE∮ ：老师，不好意思我最近都没上网，今天回学校。刚才看到您的留言，您上线了有空时就 Q 我吧，我想跟您聊一下我的论文开题报告。我这几天几乎随时都在的，只是在潜水。

郭声健：我现在正在跟丘志同学聊着，聊完了就找你啊，先别急。

LOVE∮ ：呵呵，好的。

郭声健：好了，我来了。“论歌唱在高中音乐鉴赏课中的必要性和可行性”，这个标题建议改一个词，“论歌唱融入高中音乐鉴赏课的必要性和可行性”，这样更明确一些。其实上次我跟你聊选题的时候说的“论高中音乐鉴赏模块中融入歌唱教学的必要性与可行性”也行啊。这两个题目你自己选择吧。

LOVE∮ ：好的。我知道，但是我回家后想不起来这个题目了，所以就自己写的。

郭声健：难怪。关于本选题的意义，你归纳了三点，但主要是具体论述歌唱加入高中音乐鉴赏课的意义，实际上是在谈必要性的问题。这里需要探讨的意义应该从论文选题角度来归纳，一方面是本选题对于教学实践的指导意义，另一方面是本选题对于教学理论研究的意义。对啦，你没有把我们上次 QQ 交流的记录整理出来？

LOVE∮ ：整理了，但是回家时忘记带走了。

郭声健：这样啊？没关系。我认为，本选题在教学实践方面的指导意义主要体现在：在目前大多数学校只开设音乐鉴赏课、多模块教学形同虚设的背景下，在音乐鉴赏模块的教学中融入歌唱教学的内容，有利于在一定程度上满足学生的歌唱需求，有利于改进高中音乐教学的单一模式和探索高中音乐多模块教学融合的新模式。而对于音乐教育理论研究的意义，则需要从文献综述的角度来谈。比如说，你通过查阅相关文献资料，发现目前所发表的关于高中音乐教学的论文，虽然大多都是探讨音乐鉴赏模块教学的，却很少有人关注和专门研究如何在鉴赏教学中融入歌唱，因此，你这篇文章，在一定程度上拓展了高中音乐教学研究的视野，丰富了高中音乐教学研究的内容，具有一定的理论研究价值。按照我上面的思路写出来的意义和价值，才是本选题的意义和价值。

LOVE∮ ：哦，原来是这样啊。

郭声健：是啊，就是要讲清楚你写这篇文章的价值，而写这篇文章的价值跟在鉴赏教学中融入歌唱的价值不是完全等同的。这是开题报告的第一部分，没什么问题了吧？你把我上面讲的再充实一下就差不多了。

LOVE∮ ：有一点不清楚哦，呵呵。

郭声健：你说，是什么问题？

LOVE∮ ：就是您刚刚说的“写这篇文章的价值跟在鉴赏教学中融入歌唱的价值不是完全等同的”。这句话有点不清楚。是不是说这里的价值指的是整篇文章的研究价值，所指的范围大些啊？

郭声健：不会不清楚吧？我打个比方啊，按你所写的，歌唱融入鉴赏教学有三点好处，这没有问题。可是，如果关于歌唱融入鉴赏教学这样的文章，早就被别人写过了，你写的这三点好处也被别人写过了，而且写的人有很多，并且都写得很不错。那么，你现在写这篇文章有价值吗？

LOVE∮ ：哦，那就没什么价值了。您说的那大段话我懂，只是我想问的是以后要是再写论文开题报告是不是都要想着两个方面？

郭声健：对啊。**所以，作为开题报告，你必须要交代清楚写这篇文章是否有价值。以后再写开题报告，同样也要从实践和理论两个方面来讲选题的价值。**

LOVE∮ ：哦，我知道了，呵呵。

郭声健：看来还是要我耐心解释才行啊。

LOVE∮ ：哈哈哈，那是哦。老师一下子发了好多文字，我就看得有点摸不着头脑了。

郭声健：虽然文字较多，但我讲的都很通俗易懂吧？

LOVE∮ ：那是。老师的文字都很直白的，不会不懂的。

郭声健：关于“研究内容”，你跟我说是你自己觉得最没有把握的，但我觉得你写得还不错，至少大致的框架和内容看上去一目了然。我在你的基础上再帮你理顺理顺吧。

LOVE♪：呵呵。我当时不知道怎么写，就去了你的网站看看你跟同学们的聊天记录，然后自己就照着写。我觉得我跟冯净的内容框架差不多，就是她写的范围比我的大。

郭声健：哦？看来那些东西还是蛮有用的啊。所以，我准备将来把和你们交流的材料加以整理之后出版，这样，对以后的毕业生写论文，就很有参考价值了。

LOVE♪：嗯，我赞同，这样他们就会学到很多了！

郭声健：是啊，省得我一个一个苦口婆心地聊啊。你刚才说的你的论文框架和冯净的差不多，这没关系的，内容不同就行了。

LOVE♪：哈哈哈。是的，所以我就照着写了啊。其实聊天记录真的挺管用的，可以学到很多东西。

郭声健：继续讲你的开题报告吧。

LOVE♪：好的。

郭声健：第一部分：概述高中音乐教学的实施现状，即大部分学校只开设了音乐鉴赏模块，而其他五个模块形同虚设，学生的多样化音乐兴趣得不到满足，音乐鉴赏模块教学的内容和形式也不丰富。第二部分：歌唱融入高中音乐鉴赏模块教学的必要性分析，前面两点归纳得不错：①落实音乐新课程理念和实施新课标的需要；②满足学生歌唱兴趣和音乐成长的需要。但第三点“适应音乐教育与时俱进发展趋势的需要”就显得比较空了，建议改为“创新高中音乐鉴赏教学模式的需要”，这里要表达的意思就是我前面谈到的，将歌唱融入音乐鉴赏教学，不仅满足了学生的歌唱需求，而且也有利于我们改进音乐鉴赏模块教学的方式，使得该模块的教学不仅在内容上丰富了，而且在形式上也多样了，同时通过亲身演唱也有利于学生对所鉴赏的音乐作品进行审美体验。……你跟得上吗？

LOVE♪：跟得上的。哈哈哈。

郭声健：第三部分：歌唱融入高中音乐鉴赏模块教学的可行性分析。这一部分需要进一步思考，应该要直接回答“将歌唱融入高中音乐鉴赏模块教学的这一设想到底行不行得通，具体怎么做”的问题，而现在你归纳的四点，其实并没有回答这个问题。你对照一下自己写的看看，是不是存在这个问题？

LOVE♪：是的，并没有确切地说行不行。

郭声健：你是直接谈了教学方法，这好像很跳跃啊。所以，需要把你的教学方法具体说出来，那样才算是可行的。

LOVE♪：那要怎么写呢?

郭声健：我只是初步思考了一下这个问题，不一定对，也不一定全面。可以考虑从以下几个方面来归纳：①选择教材中适合演唱的声乐鉴赏作品让学生歌唱；②选择教材中适合演唱的器乐鉴赏作品（片段）让学生歌唱；③选择与教材中鉴赏作品相关的歌曲让学生歌唱；④选择教材中作曲家所创作的歌曲让学生歌唱。……这里只是给你提供一点思路，还需要你再进一步全面地去归纳。我是这样想的，如果依照我上面这样的表述，其实既论证了可行性，也提出了具体的方法。

LOVE♪：哦，我知道了，是不是我的表述不清楚啊。

郭声健：你是这样说的：教材中声乐曲的歌唱教学方法、教材中器乐曲的歌唱教学方法、教材中舞曲的歌唱教学方法。这既没有论证可行性，也没有告诉别人怎么做啊。

LOVE♪：哦，确实是这样。

郭声健：当然，也不完全是这样啰，实际上也间接地表达了让学生演唱声乐曲、器乐曲、舞曲。不过，鉴赏曲目中的声乐曲、器乐曲、舞曲并不都是适合学生演唱的。

LOVE♪：那是，这里就要写我的教学方法来证明是不是?

郭声健：所以，我特别强调了要“选择教材中适合演唱的……作品”。

LOVE♪：哦，原来是这样。

郭声健：说实话，很难有什么教学方法，其实就是做法。

LOVE♪：做法跟教学方法有什么不同吗?

郭声健：我认为，所谓教学方法，严谨地说是有体系的，相对稳定的；做法则比较灵活宽松，没有什么条条框框，比较即兴。

LOVE♪：哦，我一直都认为教学生怎么唱就是教学方法，呵呵。

郭声健：另外，教学方法，总有一个叫法吧?

LOVE♪：那也是哦。老师，是不是跟我们聊天特费劲啊?

郭声健：没关系。教学相长，互相学习。我也是抱着时刻向你们学习、交流的态度来跟你们聊的。

LOVE♪：哈哈哈……互相学习，好!

郭声健：你提到了三个方面的教学方法，那你能不能用一句话来概括一下，其中某一个方面的教学方法到底是怎么一回事?比如，“教材中声乐曲的歌唱教学方法”，你具体跟我说说看?……对了，要不这样，把第三部分的“可行性分析”改成“基本思路”。

LOVE∮ ：啊？

郭声健：哦，不合适。因为你的题目就是提的“必要性和可行性”。那还是不改了。

LOVE∮ ：好的，我现在感觉那些方法好凌乱，都不知道怎么说。

郭声健：其实，我帮你草拟的第三部分那几个小点，还是可以的。所以，我建议你最好回避谈方法。

LOVE∮ ：哦，原来是这样啊。

郭声健：我再具体跟你解释一下吧。比如：①选择教材中适合演唱的声乐鉴赏作品让学生歌唱。你可以具体探讨一下，哪些声乐鉴赏作品是适合学生演唱的？然后，你可以对教材进行具体分析，举例说明。同样的道理，什么样的器乐作品（片段）是适合学生演唱的呢？再在教材中找出几个例子加以举例说明。

LOVE∮ ：那整本教材都要分析吗？

郭声健：举例说明啊。肯定地，不可能整本教材里的所有作品都适合演唱。

LOVE∮ ：哦，我基本上知道怎么做了。

郭声健：所以，你在分析的时候，也可以举例说明哪些作品是不适合演唱的。那第三部分的第三小点和第四小点，你大致理解我的意思了吗？

LOVE∮ ：哦，那对于这个作品我是不是也要说明怎么教，或者说因为它不适合课堂教学而找新的课外作品代替呢？

郭声健：是的。

LOVE∮ ：我理解了，标题以及怎么写基本上我都知道了，等下我再整理一下就应该可以了。

郭声健：嗯。差不多了。另外，你的“参考文献”做得还是像模像样的，有两个小问题提一下，一个是**著作类需要加上出版日期**；另一个是有一些错别字，请改过来。

LOVE∮ ：哦，呵呵，好的。

郭声健：下午聊了三个同学，眼睛都花了，就到这里结束吧？

LOVE∮ ：老师辛苦了！

郭声健：关键是你们要受益，我的辛苦才值得。

LOVE∮ ：您这么耐心地说，我们怎么会不受益呢？

郭声健：我希望通过写这篇文章，让你们毕业之后写文章不畏难，有点基础。

LOVE∮ ：而且您说的我都明白，都懂的。

郭声健：那就好！

LOVE∮ ：其实都有以后应该多写写论文的想法，因为这样看也不难嘛，呵呵。

郭声健：是的啊，其实写论文并不难，当然写好论文比较难啊。

LOVE∮ ：哈哈哈，那是。好的，您休息吧，谢谢老师！

郭声健：不客气。那我先休息下，你也累了，也要休息下。我还有一个同学在等着要交流的，估计只能到晚上了。

（数日后）

LOVE∮ ：郭老师，我想请您看看我设计的调查问卷，看有什么地方要改的，您现在有时间吗？

郭声健：好的。

LOVE∮ ：哈哈哈哈……谢谢老师！

郭声健：你准备到哪里做调查？

LOVE∮ ：江门长师中学。

郭声健：联系好了吗？

（成功接收文件）

LOVE∮ ：还没有，先把问卷编好后再联系吧。

郭声健：好，我现在就看。

LOVE∮ ：好的，谢谢！

郭声健：总的感觉，你设计的题目和你要写的文章联系不是很紧密。就是说，你通过这个问卷调查，得出的结果对你写这篇文章没有起到明显的作用。

LOVE∮ ：哦，我就是不知道要调查一些什么问题才有利于我的论文写作。

郭声健：你要通过问卷调查了解学生对你提出的在鉴赏模块中融入歌唱教学这一观点的态度啊。学生对此是赞同还是反对，如果赞同的话，那是因为什么，学生希望怎么个融入法。当然啦，你肯定是希望得到学生的赞同的，否则这个问卷调查就只能起到负面作用了。

LOVE∮ ：那是。这方面我想过，但是不知道要出些什么题。老师，是不是要从鉴赏课的内容和上课的方式上来出题啊？

郭声健：不好意思，刚才接电话去了。你最好是层层地问学生：高中音乐课有六个模块，你们开了几个？如果让你们自己选择，你们最喜欢哪一个？如果只是开了音乐鉴赏的话，你们最希望在音乐鉴赏课里加入哪个模块的内容？你认为在音乐鉴赏课里加入歌唱怎么样？……当然，你可以采用不同的方式或从不同的角度去问学生。目的只有一个，就是要想办法让学生自己说出这句话——希望在音乐鉴赏课上唱歌！这才是你的目的，通过问卷调查说明你的观点是充分考虑了学生的需要的，是对的，是必要的。

LOVE𝄞：哦，是哦。

郭声健：当问到学生希望在鉴赏课上唱歌的时候，你还可以进一步问，他们希望唱什么样的歌？是鉴赏曲目本身，还是和鉴赏内容有关的歌曲，还是课本之外的歌曲，等等。

LOVE𝄞：嗯，这样思路就清楚了。

郭声健：至于具体设计哪些问题、如何表述，还是你自己去思考和设计吧。我只是告诉你：**你做问卷的目的，就是要想办法让学生说出你自己想说的话。**

LOVE𝄞：好的，我就是不知道从哪里问起，现在我知道了。

郭声健：问题的设计一定要围绕音乐鉴赏、歌唱这两个方面进行。这么反着想吧：你希望学生说什么，你就去问什么，懂我这句话的意思吗？

LOVE𝄞：好的，哈哈哈……懂了。

郭声健：因为你在论文中是要提出在鉴赏模块中融入歌唱，所以你就绝对不能问学生是否反对这种做法之类的问题，这个问题可能会误导学生答题，以为你的观点是倾向于反对的，他们可能也就跟着你臆想中的态度走了，那就坏事了。

LOVE𝄞：哈哈哈，这个我知道的，呵呵。

郭声健：要想办法让学生说出他们很希望在鉴赏课堂上歌唱，而且要尽可能了解他们之所以有这种愿望的原因。比方说，你也可以问你们最喜欢什么：歌唱、乐器、识谱……估计大家都会说是歌唱的。那好，这样你就可以继续问：如果现在只开设了音乐鉴赏模块，怎么办呢？很自然，他们就可能会说出：那就要在鉴赏教学中加入歌唱，而不只是在音乐鉴赏课堂上一味地让他们聆听，整堂课都听，那一点意思都没有。

LOVE𝄞：看来设计一份问卷也要花好多心思哦。

郭声健：是的。**你要诱导他们说出你想说的话。这样就能够证明你这篇文章的观点是对的，你的想法是必要的和可行的，其实这有点像俗话说的“带笼子”的味道。**具体我就不说了，你自己好好去设计吧。

LOVE𝄞：哈哈哈，好的，我大概知道怎么设计了。

郭声健：另外，问卷前面的导语我帮你改了一下，这是修改过的：

亲爱的同学，您好！我是华南师范大学音乐学院大四的学生，正在撰写毕业论文，希望了解同学们关于音乐课的想法。现在耽误您一点点时间，请您阅读问卷上的每一道题目，并根据自己的真实感受作答。本次问卷调查是以匿名的方式进行的，您的回答不会对您产生任何不好的影响，但对于我的论文写作非常重要，因此期待得到您的支持。非常感谢！

LOVE∮ ：哇，谢谢老师！老师，跟您聊天感觉好好哦，可以给我们很多想法。

郭声健： 好啊。有启发就好。

LOVE∮ ：真的很有启发的，而且很轻松的。

郭声健： 哈哈，别不停地拍马屁了。你们不鼓励我，我也会乐意指导你们的，因为这是我做老师的责任。

LOVE∮ ：我从不拍马屁的，也不会啦。

郭声健： 那谢谢了，先这样吧？我还要做点别的事情。

LOVE∮ ：好的，老师再见！

（几天后）

LOVE∮ ：郭老师，“音乐鉴赏模块的形式和内容”要怎么理解啊？

郭声健： 我不太明白你这句话的意思啊！

LOVE∮ ：哦，我不知道“音乐鉴赏模块的形式和内容不丰富”这个小标题要怎么写，从哪些方面来写。这里的“音乐鉴赏模块的形式”，我不理解是什么意思。

郭声健： 这里的形式是指教学形式，所谓的形式不丰富，意思是我们一般所采用的鉴赏模块教学形式就是让学生听、老师讲。而一味地让学生听，形式很单调，没有让学生参与到音乐之中的其他形式，学生肯定是不会喜欢的。懂了吗？

LOVE∮ ：哦，懂了。

郭声健： 所以，鉴赏模块的教学，既要让学生听，也要让学生动，还要让学生适当地演唱和演奏。另外，不光是老师讲，而且还要尽可能地让学生讲，让他们充分表达自己对音乐的感受。形式是指教学形式，内容是指教学内容。

LOVE∮ ：我懂了，呵呵，谢谢老师！

郭声健： 不客气。

（几天后收到论文初稿）

LOVE𝄞：郭老师，我昨天把我的论文发到您的邮箱了，我是王老师指导的，但是我还想您给我看一下，您在空余的时间可以给我看一看啵？

郭声健：没问题，我正在排着队看你们的文章呢，争取今天下午看你的。

LOVE𝄞：哈哈，太好了，谢谢老师，辛苦老师了！

郭声健：没问题。

（第二天）

LOVE𝄞：郭老师，你上线了啊？

郭声健：是啊，打开你的论文吧？

LOVE𝄞：我打开了。

郭声健：第一部分“高中音乐教学的实施现状”中的第一个标题“大部分学校只开设了音乐鉴赏模块，其他五个模块形同虚设”太长了，且“形同虚设”作为标题有些太扎眼、太绝对了，在文章中用这个词倒没什么问题，建议改为“多模块设置难以真正落实”，另外两个标题也可以相应地改为字数相同的“学生多样兴趣得不到满足”，“鉴赏教学内容与形式单调”。

LOVE𝄞：好的！

郭声健：第二部分“高中生对音乐鉴赏模块学习需求的调查”这一表述容易引起歧义，以为是高中生去做的调查，应改为“对高中生音乐鉴赏模块学习需求的调查”。另外，我看了一下这一部分的内容，发现第一小节的“问卷设计”实际上并不是在谈问卷设计的问题，建议把“问卷设计”这个标题删除，让那一段作本部分的开头。然后，第二个标题“学生调查问卷分析”也删除，并分解为若干能够直接体现调查内容的标题。如：（一）学生最喜欢的教学模块；（二）学生最喜欢的音乐表达方式；（三）学生最喜欢的音乐课堂；（四）学生在鉴赏课堂上最喜欢演唱的歌；（五）学生心目中理想的音乐课，等等。这些标题便是第二部分中的二级标题。清楚了吗？

LOVE𝄞：清楚了。

郭声健：那就好。注意啊，你不要照抄我的这几个标题，我只是举例告诉你，把你的调查结果分类并加以统计分析，这一部分是很有价值的，你的文章一定要将它们突出，你制作的十个图表让你的论文增色不少，但还需要对图表内容进一步作具体的描述和分析，不要怕讲多了，不会“言

多必失”的，放心。

LOVE∮ ：哦，哈哈，好的。

郭声健：第三部分和第四部分写得挺不错的，但两部分的大标题都有点小问题，跟论文题目不统一。论文题目是“论高中音乐鉴赏模块中融入歌唱教学的必要性和可行性”，所以，第三部分的标题“高中音乐鉴赏模块教学中融入歌唱教学的必要性分析”多了一个“教学”，而第四部分的标题“歌唱实施在高中音乐鉴赏模块教学中融入歌唱教学的可行性分析”是不是写错了啊？可能是笔误吧。应该是“高中音乐鉴赏模块中融入歌唱教学的可行性分析”。

LOVE∮ ：哦，应该是的，有时候写糊涂了。

郭声健：你们也有糊涂的时候啊，我以为只有我才老糊涂了呢。

LOVE∮ ：没有啊，老师可年轻了，怎么会老呢？

郭声健：谢谢鼓励，一定努力，永葆年轻。在第四部分的可行性分析中，“（四）选择教材中作曲家所创作的歌曲让学生歌唱”相比前面三点，则显得弱很多，你应该再举几个例子，别让人感觉这篇文章虎头蛇尾，刚起了个好头便匆匆结束了。

LOVE∮ ：好的，最后一部分我是一次性写完的，所以后来就没有想法了。

郭声健：你在最后一部分就只列举了施光南啊，教材中有那么多的音乐家，多举几个例子吧。

LOVE∮ ：行。

郭声健：你的文字表达能力还不错，文章结构也比较清晰，你再根据我上面的几点建议，好好修改和充实一下论文，应该会写出一篇比较好的论文的。

LOVE∮ ：哈哈，谢谢老师夸奖，我会继续努力的！

郭声健：那先这样？我手头上还压了好多的论文要看。

LOVE∮ ：好的，谢谢老师！

9. 美妙音符与个性色彩

——论音乐教育与小学生良好个性的培养

哈尼兒：老师在吗？

郭声健：你好！刚才不在，不好意思。

哈尼兒：呵呵，没事，我就想问问：我觉得我那个论文主题“怎样的音乐教学才有利于培养学生的良好性格”好多人已经写过了。我在纠结到底要不要换一个题目呢？

郭声健：“论音乐教学与学生良好个性的培养”，**虽然这样的选题有人写过，但也不是不可以写，关键是看能不能写出新意。**先要从理论上论述清楚到底什么才算是良好个性（或良好性格），然后再谈如何通过音乐教育来培养学生的良好个性，也就是你说的，怎样的音乐教学才有利于培养学生的良好个性。所以，要先查找一下文献，看别人是怎么理解良好个性的。

哈尼兒：如果要写出新意的话，是不是论述的内容除了如何通过音乐课堂教学来培养之外，还要谈谈我们老师在课外要关注学生、要多去了解关心学生的内容？

郭声健：课堂教学之外关注学生、了解和关心学生，本身也就是音乐教学的范畴。只不过是从课内延伸到了课外。当然，如果要严谨一点的话，或者可以考虑将题目中的“音乐教学”改成“音乐教育”，这样研究的范围就拓展到课堂之外了。

哈尼兒：哦。另外啊，我其实还想到一个新的题材，不知道会不会好一点，是论述小学竖笛教学的规范性。具体是这样的，因为我去实习的时候，虽然学校要求我们都要教竖笛，不过那里的老师和我们实习老师其实都不太愿意教，第一是因为，如果要教的话，课堂纪律太混乱；第二，学生人数多，不便于老师去每个人每个人地听他到底吹对了没。所以老师都不是很喜欢教。还有，有些六年级的学生竖笛水平还没有四年级的高。

郭声健：器乐进课堂的问题，你可能还没有太多实践经验，估计不是很好写啊。

哈尼兒：好，那我知道啦。我还是安安分分写之前那个题目吧。哈哈哈。

郭声健：告诉你一个办法。你先到百度或谷歌里面随便搜索一下“学生良好个性的培养”这几个词，一定会有各个学科的文章冒出来的。

哈尼兒：我就是搜索了，然后看见已经有好多篇这类的论文了……所以有点怕怕。

郭声健：不用怕啊，**就是要借鉴别的学科的成果。你看看别的学科是怎么写的。**对“学生良好个性的培养”这个问题的论述，你这篇文章不太可能有什么新创造的，所以，你的写作重点是在于论述如何通过音乐教育来培养学生的良好个性。要论证较之别的学科，音乐教育在培养学生良好个性方面所具有的独特优势和作用。

哈尼兒：哦，好！我知道了，谢谢老师。我会多看看其他学科的论文是怎么写的。

郭声健：我前面也谈到的，要先弄清楚“学生良好个性”到底具体体现在哪些方面，然后一点一点地分析音乐教育在这些方面所具有的优势及其做法。

哈尼兒：好的，清楚！

郭声健：那就好。加油！

（数日后收到开题报告）

郭声健：哈尼兒同学，你发给我的开题报告我已经看过了，你什么时候有时间，我跟你交流一下。

哈尼兒：老师，我现在可以啊，您方便么？

郭声健：先问一句，你工作找得怎么样了？

哈尼兒：正在准备明年开学初的教育局招考呢，所以这段时间都在做准备，看行测题和练琴。

郭声健：祝你成功！现在把你的开题报告文档打开吧，交流时可以对着看一下。你还要复习应考，不耽误你太多时间。

哈尼兒：没事！也没耽误多少时间，何况写毕业论文也是大事情啊。

郭声健：那我们从标题谈起。

哈尼兒：嗯！

郭声健：你现在采用的是正标题加副标题的形式，但正标题就四个字——“性格色彩”，这个词表达的意思太不明确了。为此，我有两个建议，一个是只用副标题，另一个是把正标题再改一下。

哈尼兒：其实我只是觉得“性格色彩”这个词比较好听。好，如果不合适的话，那就直接用副标题吧，比较简单些。

郭声健：如果你喜欢这样的表达方式，则可以考虑用我改的："美妙音符与个性色彩——论音乐教育与小学生良好个性的培养"。这个正标题至少暗含着个性与音乐教育的关系，对吧？

哈尼兒：好！这样具体多了，让人一看见标题就迅速直接地明白下面写的是什么了。

郭声健：至于为什么将原标题里的"学生"改为"小学生"，等会儿我再加以说明。

哈尼兒：好的。

郭声健：还有一个重要的问题要提醒你：这篇文章主要是谈学生良好个性的培养，而"个性"与"性格"是不同的，不能把这两个词混用。现在的开题报告和将来要写的论文都要注意这个问题，要统一提"个性"。个性是一个更大的概念，它包含着性格。

哈尼兒：是的！那老师您是觉得用"个性"会好一点吗？会不会用"性格"更妥当呢？因为范围小一点也会更好写嘛。

郭声健：光写"性格"的话，文章写起来难度相对要大些，因为"性格"原本是一个心理学的概念，跟我们平常理解的性格含义不一样，要论述清楚不容易，所以，我建议还是写"个性"。好，关于标题就谈这些吧。下面看开题报告的第一部分——"本选题的意义及国内外发展状况"。

哈尼兒：哦，那好，按您的意见办！那现在就看第一部分吧。

郭声健：不好意思，刚走开了，没吃晚饭，在煮鸡蛋吃。

哈尼兒：要不就老师您的方便，换个时间谈也行。

郭声健：没事。我后天就回长沙了，今天正是时候。

哈尼兒：哦，那辛苦老师了！

郭声健：第一部分的第一段，你谈到了"个性"一词的定义，我觉得这里不需要，如果要说，也可以放在第二部分的"研究内容"里面去谈，这个等会儿再具体跟你说。所以，关于个性定义的这一小段请删除。考虑到你关于本选题意义的表述还不是很明确，建议你在第一段加上类似下面的这样一段话：音乐教育与其他学科比较起来，对培养学生良好个性究竟会有什么独特而重要的作用；为什么能够产生这样的作用；什么样的音乐教育才能够有效地培养学生的良好个性，等等，这些问题都需要我们认真研究与解答。因此，本课题的研究，无论对音乐教育实践还是对音乐教育理论，都有比较重要的意义。

哈尼兒：嗯嗯！

郭声健：第二段中，你说“而且目前国内外也有针对这个选题所发表的论文”，这句话实际上是讲的研究现状，这很好，但需要再具体一些，这些论文主要探讨了哪些问题呢？是不是你发现现有的论文大多只是笼统地谈中小学，或者更多的是关注中学生而忽视了小学生呢？是不是你认为培养小学生的良好个性从某种意义上讲更为重要呢？为此，你的文章的创新点是不是就在于专门来探讨音乐教育对小学生良好个性的培养呢？

哈尼兒：噢，原来如此！这就可能会变成我这篇文章的一个创新点了。

郭声健：是的。那么我问你，在你所看到的相关文章中，专门以小学生为研究对象的是不是的确比较少呢？如果是的话，上面这段话就可以写了。

哈尼兒：是的是的！关注小学生的真的比较少，一般都是写中学生的。

郭声健：稍等啊，我去把鸡蛋拿来，边吃边聊。你先把我上面讲的复制或整理一下，我马上就来。

哈尼兒：好的。

郭声健：我来了。我们再来看“研究内容”部分。这一部分需要进一步充实，不能就只有三个标题，每个标题下面要有进一步说明的文字或设立下一级标题。你所写的还只是一个论文的大致框架，还没有具体的研究内容、主要观点，以及写作思路的说明。再者，论文内容都用“性格”替换“个性”了，内容与标题不一致。

哈尼兒：嗯，所以要在下面添加具体内容。

郭声健：是的。这样吧，我先给你拟定了一个大致的框架，你可以在这个框架的基础上再充实一些内容，那样就比较丰满了。

哈尼兒：好，那我私底下再补充！在这一部分里就可以把对“个性”一词的理解补充进去？

郭声健：可以。我拟的框架是这样的：本课题拟分四个部分来写。第一部分：主要概念界定。本文的核心概念包括音乐教育、个性、良好个性，拟从教育学与心理学的角度对这些概念作出科学界定。第二部分：现状描述与分析。主要有两个方面的现状，一个是当下小学生的个性特点，特别是存在着哪些问题；一个是音乐教育的现状，比如它是否关注学生良好个性的培养。第三部分：理论论证。本部分提出的主要观点是，音乐教育能够有效地培养小学生的良好个性，并且相比其他学科更具有优势，并解释为什么会具有这样的作用与优势。第四部分：实践思考。本部分将提出通过音乐教育培养小学生良好个性的若干思路或建议。

哈尼兒：好！

郭声健：关于第一部分的概念界定，可以简单补充一点内容。如“个性”在心理学中的解释是：一个区别于他人的、在不同环境中显现出来的、相对稳定的、影响人的外显和内隐性行为模式的心理特征的总和。而对于“良好个性”，一般认为，其应具有崇高的理想，广博而精通的兴趣爱好，自信、自强、自主、自持的性格，活泼、开朗、灵活、平稳的气质，等等。良好的个性素质不是自发形成的，而是需要通过教育去熏陶、培养，作为教育者，要善于了解学生的个性，优化学生的个性发展，这是学校教育的功能所在，也是教师担负的职责和义务。

哈尼兒：嗯嗯。

郭声健：我是边吃边聊，而且还有人在顺带聊着，怠慢了啊。

哈尼兒：哎哟，老师你不用这么客气的啊，呵呵。正好我可以再整理一下。

郭声健：第三部分的“研究方法、手段及步骤”，你们可能都是仿照我此前发给你们的开题报告写的，所以也有点小问题。其实这篇文章主要的研究方法还不是问卷调查或访谈，而是文献研究，所以在“研究步骤”中，应该强调通过对相关文献的收集、整理和分析，厘清音乐教育与学生良好个性养成之间的关系。对了，你这篇文章需要做问卷调查吗？准备做吗？

哈尼兒：那问卷和录音访谈就可以不用写在上面了么？

郭声健：当然，如果不做的话，就不要写啦。

哈尼兒：现在，我脑海中正想着几个关于问卷的问题。我想还是有必要做一下。

郭声健：调查对象是谁呢？小学生还是老师？

哈尼兒：主要是小学生，老师的话，就从侧面进行个别了解。

郭声健：哦。好的，如果有条件的话，当然做调查访谈好。听听小学生和老师谈他们对这个问题的感受和认识，比只是纸上谈兵更有说服力。

哈尼兒：嗯嗯，我有十足的信心把调查访谈做好！而且像您说的，这样比较有说服力！

郭声健：好。我对你也有十足的信心！那你看，开题报告还有别的什么问题吗？

哈尼兒：研究步骤可以吗？

郭声健：研究步骤中，就是要加上我上面说到的文献研究的内容，可以放在第三阶段。就是说，第三阶段要做的事情是文献的整理和分析、问卷调查和访谈结果的整理归纳、拟出论文写作提纲、写出论文初稿。第四阶段就是提交初稿，按照指导老师的意见修改论文，然后定稿。

哈尼兒：那如果我要做问卷调查的话，也是要写在上面的吧，不过重点还是文献的收集、整理和分析，对吧？

郭声健：是的。大概是我上面讲的这个意思吧，你去组织下语言。

哈尼兒：好的，完全明白！谢谢老师指点迷津，呵呵。老师，那我修改完了再发到你的邮箱去吧？

郭声健：行！另外，春节快到了，代问你家里人好啊。祝你们春节快乐！

哈尼兒：老师我也祝你新年快乐、阖家欢乐！

郭声健：谢谢！

（数日后）

哈尼兒：郭老师在吗？

郭声健：在的。

哈尼兒：老师，我给你发过去的两份调查问卷，一份是我设计的，一份是网上测试气质的题，你说我都拿去做调查好不好？

（成功接收文件）

郭声健：我觉得不需要测试气质的问卷。

哈尼兒：那我要怎样问才能知道他们属于什么气质类型啊？

郭声健：你这篇文章好像不需要问这个问题吧。个性、性格、气质并不是一回事。而且通过问卷调查，你不仅要了解学生的个性特征，更要了解音乐对学生个性的影响。你的问卷中缺少了解学生对音乐和音乐课的感受或看法方面的问题。

哈尼兒：那我是不是该问：你上完音乐课后会不会感到轻松愉快之类的呢？

郭声健：对啊！这样吧，我明天上午再帮你看看你设计的问卷，然后再跟你交流，好吗？因为我现在正在看一篇研究生论文。

哈尼兒：好的，那我先自己想想，设计一下问题。我设计完发邮件给您。

郭声健：也行，你先设计一下再发给我，我明天看了之后再约你，好吗？其实，问卷调查的主要目的还不是了解学生的个性特征状况，因为这些其实我们基本上都清楚，主要目的是要了解音乐究竟对他们的良好个性培养有没有产生积极的影响。就是说，你在论文中需要提出的观点，最好是通过调查让学生亲口说出来，这样就很有说服力了。

哈尼兒：就是说，不是让学生来选择我的答案，而是让学生自己说出他们的看法？

郭声健：也不是这个意思。是**你设计的问题和答案选项要符合你调查的意图**。比方说，当你情绪低落的时候，你会听音乐吗？当你开心的时候，你会唱歌吗？我想学生一般都会说“会”的。听音乐让你感觉怎么样啊？你会设计几个答案，如开心、放松、痛苦等，你肯定知道学生不会选“痛苦”吧。

哈尼兒：对啊，那问这个问题不就没意义了吗？

郭声健：怎么没有意义呢？你通过学生的答案，可以得出听音乐可以缓解不良情绪这样的结论啊。但如果你不调查，就自己说这句话，那就没有说服力了。学生自己说出来，那说服力就强了。

哈尼兒：对喔，有意义。就是要让学生说出我自己想要的答案！

郭声健：终于明白我的意思了啊！

哈尼兒：是的，老师我懂了！哈哈。

郭声健：总之一句话，你想说的话，想表达的观点，要想办法让学生说出来。另一个方面就是，**在论文中还要想办法引用专家的话，或者某个理论依据来证明你的观点，这就是理论论证。而问卷调查则是实践论证。**

哈尼兒：懂了。老师你先忙其他的事吧，我先自己来设计。

（第二天）

郭声健：斯洁你好！通过昨晚的简单交流，你重新设计后发给我的问卷，我觉得还是不错的。我在你的基础上修改、删除、增加了一些问题，包括前言部分，你要考虑你的调查对象是小学生，无论是前言的提示或是问题的表述，都不要太成人化，有些小学生不太理解的词就不要用。另外特别需要指出的是，那道“你曾经想到过自杀吗”的题目不能要，你在两个地方谈到了“自杀”的问题，这两处都要删除，这毕竟是小学生的问卷，这个词太敏感，会对学生产生负面的影响。

我想，你设计这个学生问卷，主要有三个方面的目的，一个是了解目前小学生的个性表现究竟怎么样，关于这个问题，我昨天也说了，它还不是你这个问卷调查最主要的目的，因为这方面有大量文献可以参考的；而且，靠几个问卷选择题，也很难真正全面了解小学生的个性究竟如何。不过，这方面也需要设计一些问题，以便为论文写作提供第一手材料。第二个目的是要了解学生对于音乐在个性方面产生积极影响的亲身感受，音乐是不是对学生的生理、心理、情绪状态、自信心、人际交往、生活学习态度等方面产生了积极影响呢？这应该是调查的重点。如果能够得到学生积极的回应，那么就能够充分证明音乐教育对学生良好个性的培养是有独特作用的。第三个目的，我觉得是要了解学生目前所接受的音乐教育是否真正发挥出了音乐的这种独特作用，为此，我增加了几个关于音乐课堂教学的问题。因为，如果我们从前面的问题中得出结论，学生是喜欢听音乐和唱歌的，音乐让他们感到快乐、感到自信、感到温暖、感到学生之间和师生之间关系更融洽，等等，那么，我们的音乐课是否让学生获得了这样的快乐、自信和温暖呢？就是说，你这篇文章既需要论证音乐教育对学生的良好个性培养是有很大作用的，同时也要反思我们的音乐教育到底有没有发挥出这样的一个作用。

我把问卷发回给你，上面有我加的或改的题目，你再好好地去整理一下吧。我只是给你提供一点思路。

哈尼兒：谢谢老师的指导！

郭声健：不客气。

（数天后收到论文初稿）

郭声健：你现在有时间吗，聊聊论文？

哈尼兒：老师，我现在有时间。

郭声健：好的。那你打开论文吧。

哈尼兒：好！

郭声健：先看结语吧。结语部分，你对全文内容做了一个归纳，很好，但不需要将文章的结构也写出来。**在结语部分，你需要传递的信息不是论文的结构，而是论文的主要观点。论文摘要则可以按照论文章节结构来写**，你现在的论文摘要写得太长了些。之所以先说结语，是因为其跟论文摘要的写作有关。

哈尼兒：哦，好的！

郭声健：第一部分“小学生个性现状调查”，你做了300余份学生调查问卷，不容易。而且在写作中，你既陈述了具体的调查数据和答案，在最后也有对调查的总结和得出的结论，很好。但我认为，通过自己的调查获得第一手资料并得出相关结论是一个方面，其实在后面你还可以引用一些在报纸杂志上看到的关于小学生个性心理方面的问题，这样就更加凸显这个问题的严重性了，当然内容也更丰富一些。

哈尼兒：好。

郭声健：第二部分“音乐教育对小学生良好个性培养的作用”，以“让我们通过数据来说话”开始是可以的，但是这一部分我还是建议你在陈述完调查数据后，最好先列出几个小标题，归纳一下音乐教育对小学生良好个性培养的作用具体体现在哪几个方面。之所以这样，有两个方面的原因，一个是从论文的整体框架上看，这样做可以使之比较协调，因为现在论文分了三个部分，但前面两个部分下面都没有下一级的标题，而第三部分则不仅有四个二级标题，还有七个三级标题，从目录上看，文章的框架就让人感觉不平衡，头轻脚重。另一个原因是，列出小标题，对于“音乐教育对小学生良好个性培养的作用”的论述也会更清晰、更丰满、更全面、更有说服力。比如，音乐教育让小学生更自信大胆，音乐教育让小学生更快乐活泼，音乐教育让小学生更乐于参与人际交往，等等。

另外，在第二部分的结尾，你一定要谈谈目前音乐教育的状况，以便顺利过渡到论文的第三部分。尽管音乐教育对小学生良好个性的培养具有很重要的作用，但目前，我们的音乐教育其实并没有很好地发挥出这样的作用，一方面是因为音乐教师没有这方面的意识和观念，只是为教音乐而教音乐，忽视了学生的全面发展，特别是个性品质的培养；另一方面是因为即便音乐教师有这方面的意识，却不知道如何入手，该怎样具体操作。这样的话，论文就很自然地过渡到第三部分——“如何通过音乐教育培养小学生的良好个性”了。

哈尼兒：好的，我懂了。

郭声健：第三部分的四个标题可改为比较对仗和精炼的表述：营造愉悦的音乐视听氛围、实施师生互动式教学模式、开展丰富多彩的音乐活动、因材施教走进学生的心灵。其中第三个方面“开展丰富多彩的音乐活动”下面的七个小标题，不要列入目录之中，以保持目录及框架的协调和平衡。在论文中，这七个小标题也不要用1、2、3……这样的序号标示，可以采用“活动形式一：节奏游戏……”这样的表述方式。另外，在这七个方面活动的写作中，一定要紧扣培养学生良好个性这一主题，不能只是纯粹地介绍活动，要让读者很容易地体会到，开展这样的活动，的确能够有效培养学生的良好个性。

大概就是上面这几个问题吧，供你修改时参考啊。

哈尼兒：哈哈！老师提到的问题我都十分认可，有一种恍然大悟的感觉！谢谢老师的指导，辛苦了老师！

郭声健： 不辛苦，对你有点儿启发就好！

哈尼兒： 嗯，很有启发呢！

郭声健： 那就好！没有白费我的心思。

哈尼兒： 那老师赶紧去吃饭吧。

10. 浅议音乐教学中的细节处理

邱邱：郭老师，您好！关于论文的撰写，想请教一下您！最近我看了您的《音乐教育书简——中小学音乐教师入职读本》这本书，受益颇深，特别是对我要做的课题提供了很大的帮助。不知道老师还记不记得，在上课的时候我跟您说过，我想写的论文选题是“如何处理音乐教学中的细节”，您觉得这个题目可以吗？虽然我觉得有很多方面可以写，但是大的方面还定不下来，不知道标题如何措辞才是最好的。还需要再思考思考……有时间的话，希望老师多多指教，让您费心啦！

郭声健：你好！这个选题挺好的。我觉得标题可以初步定为“浅议音乐教学中的细节处理”。文章可以分为两个大的部分来写，而在论文的开头可以先简要陈述一下在中小学音乐教学中存在的不注重细节处理的现状和问题。

第一个部分要论述在中小学音乐教学中细节处理的重要性，这方面你可以去找一些相关文献看看，各个学科的教学都是差不多的，因为教学是一种人与人的交往活动，细节往往决定成败。然后，在此基础上强调音乐教学尤其要重视细节的处理，因为音乐教学是一种情感教学，学生对音乐的情感体验丰富而细腻，更是要求老师的教学要注重细节。

文章的第二部分要探讨音乐教学中细节处理的基本方法或思路。在这一部分里，需要你好好归纳一下，就如何在音乐教学中进行细节处理提出几个方面的具体内容来。比方说，备课的细节处理；师生对话的细节处理（或提问的细节处理）；音乐知识传授的细节处理；学生聆听、表现音乐的细节处理（或参与音乐活动的细节处理）；教学评价的细节处理（或表扬与批评的细节处理）；等等。这个部分当然是文章的重点部分，需要你自己好好思考、好好总结，你可以回顾一下你实习过程中所碰到过的情况，或你在实习过程中观察到的情况，想想哪些课例是细节处理得比较好的，哪些课例是处理得不够好的。

我觉得先要确定大的框架，具体内容可以再慢慢思考。那么我再重复一下大的框架，文章两个部分为：一、音乐教学中细节处理的重要性；二、音乐教学中细节处理的基本思路（或基本方法、基本策略）。

邱邱：好的，谢谢老师。我会好好去思考的。那开题报告的写作要注意哪些问题呢？

郭声健：关于开题报告的写作，其实就是要解决两个大的问题，一个是阐明为什么要写这篇文章，另一个是陈述怎样写这篇文章。而我在上面谈到的实际上就是第二个问题。关于为什么要写这篇文章，我想你应该先去搜集一下相关文献资料，看此前有没有关于音乐教学中细节处理方面的文章发表过，不管有没有这类文章发表，你都要对有关这个选题的研究现状做一个概述。然后你再简要论述一下这个选题的理论与实践价值。我认为，这个题目虽然比较小，但还是很有价值的。从实践层面上看，细节处理的确关乎音乐教学的质量，甚至可以说，音乐教学就是由无数个细节处理所构成的，好的音乐教学就是由无数个好的细节处理来完成的。而从理论层面上看，在我们中小学音乐教育领域，专门研究这个问题的文章还真不多，也需要在理论上对这个问题进行深入研究。这样吧，你先试着写，写好了我帮你看看，然后再进一步交流。

邱邱：老师，您真的很负责任、很细心。我要向您好好学习！

郭声健：别客气，我是老师，这都是我应该做的。能够帮助你们，我也很高兴。

邱邱：您布置写读后感的作业，因为书还没有看完，所以我还没有开始写。不过我在看书的时候，就把觉得有用的、好的内容都标记下来了。

郭声健：这个习惯好。

邱邱：我的写作水平不高，但看了您这本书，我觉得应该先从简单的东西开始写起，慢慢培养自己的写作兴趣，这样一来，自己应该会进步的。

郭声健：的确是这样。其实本科生有谁写作水平高啊，都是差不多的，因为平常都不习惯多写作。所以，只要大家认真对待论文写作，保持兴趣，坚持练笔，一定会有明显收获的。

邱邱：嗯嗯，我会记住您的话的。老师，您知道吗，您很受欢迎呢！

郭声健：是真的？听你这么说，我非常高兴。我也想对你们说：你们也很受老师欢迎。

邱邱：您看，您刚在QQ群里跟我们聊天，把我们大家都逗乐了……谢谢老师带给我们的欢乐！哈哈哈……

郭声健：谢谢鼓励！也谢谢你们给老师带来了快乐！大家共同努力。让我们的生活更加充满快乐和阳光。让困扰我们的论文在轻快的欢笑声中不知不觉地完成。

邱邱：嗯嗯……回头就去奋斗！

郭声健：OK。

（数日后收到开题报告）

邱邱：不好意思啊！老师，我下午出去了！您在吗？

郭声健：在，稍等一下。我先处理点别的事情。

邱邱：好的，您先忙！

（片刻后）

郭声健：你好，现在可以开始了。

邱邱：好的。

郭声健：你们是下周四和下周五开题。

邱邱：哦哦。

郭声健：所以，开题报告一开学就要交了。

邱邱：好快哦。

郭声健：没关系啊，你们都已经准备好了。来具体谈谈你写的开题报告吧。“本选题的意义及国内外发展状况”一栏中，你其实主要谈的是音乐教学中细节处理的重要性，当然这也在一定程度上表明了此**选题的意义**。但是，**比较理想的写法是要分别谈谈本选题的教学实践指导意义和理论探讨价值。**

邱邱：还请老师帮忙指导一下，让我能好好地把选题意义写出来。

郭声健：比如说，在实践指导意义方面，你可以谈谈目前在音乐教学的实践中存在着不注重细节处理的问题，有的是因为教师没有这方面的意识，有的则是有这方面的意识，却不知道如何进行细节处理，这使得音乐教学效果在一定程度上受到了影响，甚至有可能在不知不觉中伤害了学生。因此，本选题能够唤醒音乐教师关注教学细节的意识，同时能够给予方法上的指导，具有较强的实践启示意义。

邱邱：嗯嗯，这个部分我确实不知道如何写才好！

郭声健：现在根据我的提示，再写就没问题了。

邱邱：好的。

郭声健：在理论探讨方面，通过文献的收集和分析，你可能发现，目前在音乐教育领域，专门探讨教学细节处理的文章还寥寥无几，还没有人对这个问题进行专门地、系统地研究。所以，本选题对音乐教学中的细节处理这个问题进行初步探讨，也具有一定的理论研究价值。当然，你在谈理论价值的时候，必须是真正进行过文献收集和综述的，你到底有没有看到过类似的论文，如果有看到过，它们又是怎么写的，这些你必须去了解清楚，这实际上也就是描述了所谓的国内外发展状况，因为国内外音乐教育领域是否关注细节处理的问题，你主要是通过阅读文献而得知的。但不管有没有人写过，只要你这篇文章能够写出与别人文章不同的东西，写出一定的新意，那就证明是有价值的。看了我上面所讲的，开题报告的第一部分，应该没什么问题了吧？

邱邱：我看过的写教学细节的有几篇，音乐教学就几乎没有。嗯嗯，清晰很多了。

郭声健：是啊，这就是文献综述，你必须写上去。这一部分，将我上面讲的稍微整理一下就可以了。

邱邱：好的。

郭声健：要充分陈述自己写这篇文章的理由，也就是研究这个问题是很有意义的。

邱邱：嗯嗯！

郭声健：你开题报告的主要问题恐怕还是在“研究内容”部分。在“研究内容”一栏中，你只是写了“音乐教学中的细节处理的基本方法”，文章的框架还没有体现出来，这只是文章的一个部分。所以，你要先陈述一下文章大致分为几个部分，每个部分准备写什么内容。细节处理的基本方法只是整篇文章的一个部分而已，所以，光写这个方面还是远远不够的。

邱邱：嗯嗯，是不是应该写写存在的问题？

郭声健：是的。我给你一些建议吧。我建议你分三个部分来写。

邱邱：好的。

郭声健：第一部分：引言。概述音乐教学中细节处理的重要性；陈述本选题的实践和理论意义，说明本论文的基本框架和写作思路。这第一部分，在开题报告中按照我的这几句话写就差不多了，不一定要写得很具体。

邱邱：哦哦，好的！

郭声健：你刚才说得对，还要有一个部分来专门写存在的问题。

邱邱：我以为要展开呢。

郭声健：别理解错误啊。这第一部分，我指的是“引言”。

邱邱：好的，知道了。

郭声健：第二部分：音乐教学中忽视细节处理的表现及后果。在第二部分中，不仅要归纳出存在的问题，还要分析下这些问题可能导致的后果。

邱邱：好的！

郭声健：我根据自己的理解，帮你归纳了下面几个方面的问题，你看行不行：①忽视学生的情感表现；②忽视音乐的细腻体验；③忽视师生的心灵交流；④忽视教学的即兴处理；⑤忽视课后的评价反馈。上面的几个问题，我也没有深入地思考，不知道是否抓得准，给你提供参考吧。但是这一部分不能没有，这是体现选题价值的重要方面。**写一篇文章就是要提出问题、分析问题、解决问题。不先把问题找出来并分析其前因后果，就不可能提出解决问题的办法。**即便提出了解决办法，那也极有可能是脱离音乐教学实践的、想当然的、摸着脑子想出来的。

邱邱：嗯嗯，老师您归纳得很全面，我知道了！

郭声健：你可以在我归纳的这几点的基础上再加上别的问题，或将我的表述根据你自己的想法进行修改。

邱邱：好的！

郭声健：另外，如果有可能的话，每一个问题下面，你可以写几句话做进一步的说明。

邱邱：嗯嗯，这样就会更详细些。

郭声健：那样的话，“研究内容”部分就不仅仅是一个论文框架或写作提纲了。接下来是第三部分：音乐教学中细节处理的基本方法。在这一部分，你根据我们上次的交流，归纳了如下几个方面：备课的细节处理；师生对话的细节处理；音乐知识传授的细节处理；学生聆听和表现音乐的细节处理；教学评价的细节处理等等。这种思路是可以的，另外，也可以根据我上面提出的五个问题有针对性地提出解决的办法。至于到底选择哪种思路，你自己决定。主要是看好不好写，有没有东西写。

邱邱：嗯嗯，我再研究研究。

郭声健：要提醒的一句就是，你提出的方法是不是真正属于“细节处理”的方法。“细节”一词是你这篇文章的关键词，文章中一定要围绕这个关键词来写。突出了这个关键词，那么这篇文章就很有价值了，如果没有突出“细节处理”，写的都是大家一般都能做、都会做、都习惯做的东西，可能意义就不大了，甚至可能就名不副实了。因为，所谓的细节，大抵是不被大家关注，容易被人们所忽视的一些方面。

邱邱：嗯嗯，其实有些方法我不知道如何组织语言来说，不知道怎么归纳才好。

郭声健：你现在归纳了好些方面的细节处理方法，建议你再好好看看，确定那些方面是不是细节，是不是一般的老师都有可能忽视的。

邱邱：嗯嗯。

郭声健：比方说，备课的细节处理。是不是大家忽视了学生的音乐知识基础和能力，以及情感因素？这是你写的。

邱邱：学生的反应？

郭声健：像第二个方面，你在师生对话的细节处理中谈到了“提问的难易度”，我觉得这可能是通常被老师所忽视的细节。我只是给你提示一下，你要自己去思考和判断。

邱邱：嗯嗯，我应该再好好地反思一下。

郭声健：其实，我一直觉得这个题目是挺好的，关键是能不能真正地抓住“细节”。如果抓得准、抓得多，那么对老师的教学来说，真的很有指导意义。

邱邱：嗯嗯，我也觉得自己有些地方没有抓准，或者说我自己觉得的细节只是一部分，还有一些是我不知道的，所以我就不能很好地写出来。

郭声健：不要急。现在还只是写开题报告，不可能思考得很深入和全面，开题报告只要有一个大致的写作思路就好啦。

邱邱：那开题报告里，我可以先不写那些小点吗？

郭声健：写上没关系啊，在开题的时候，也好听听老师们的意见和建议。

邱邱：嗯嗯，好的。我再好好地思考一下，或者跟同学交流一下，然后再总结。

郭声健：好的。你看还有什么问题吗？

邱邱：“研究方法、手段及步骤”那一部分，您觉得我写得可以吗？有什么地方要改一下吗？

郭声健：那个基本上是一种形式上的要求。我看你们都讲要搞问卷调查，你这里也是的。真的要做吗？

邱邱：因为我真的有问过人，哈哈，所以不知道算不算。

郭声健：实地考察与访谈可能更现实。你问过人，那算是访谈吧。在步骤中，建议要强调一下文献的学习与研究。

邱邱：那就不是问卷调查了，就写访谈就可以，对吧？好的，把文献研究强调一下。

郭声健：而且**写一篇文章，的确需要多学习别人写的相关文章**。光靠自己想象，恐怕还是不行的。

邱邱：嗯嗯，我应该再多看看书和文章。

郭声健：是的。争取把这篇文章写好啊，这个题目的确是蛮有价值的。真的是细节决定成败，音乐教学尤其如此！

邱邱：嗯嗯，我会努力的！还请老师多多指教，多多帮助我把它写好！

郭声健：好。一起努力！

邱邱：谢谢老师！我现在就去研究研究。

郭声健：好！加油！

（几天后）

邱邱：老师，您好！在吗？

郭声健：你好！

邱邱：我是邱丽华！我想问一下你有关论文方面的东西。

郭声健：好的，你说。

邱邱：之前的开题报告我改了，好像还没给您看过。我想让您看看内容方面有没有问题。

郭声健：好。你发过来吧。

邱邱：好的。

第二部分：音乐教学中忽视细节处理的表现及后果

1. 忽视导入环节的细节
2. 忽视提问环节的细节
3. 忽视演示环节的细节
4. 忽视讲解环节的细节

第三部分：音乐教学中细节处理的基本方法

1. 导入环节的细节处理方法
    （1）掌握好时间，恰当地导入
    （2）语言清晰、情感充沛地导入
2. 提问环节的细节处理方法
    （1）问题设计层次明显，难易适度
    （2）给予学生充分的时间思考
3. 演示环节的细节处理方法
    （1）演示效果明显、直观性好
    （2）选择正确的媒体传递教学信息

4. 讲解环节的细节处理方法

(1) 语速适中，富有感染力地讲解

(2) 注意反馈和调控，师生间有效地交流

郭声健：你不急吧，我还没吃晚饭，晚上要去看朋友。争取明天上午和你交流，好吗？

邱邱：可以，老师您先忙！

（第二天）

郭声健：你好！看了你的这个提纲，感觉比开题报告时要好多了。原来我们交流的时候，我提到的那五个方面，即忽视学生的情感表现、忽视音乐的细腻体验、忽视师生的心灵交流、忽视教学的即兴处理、忽视课后的评价反馈，对你来说可能在写作上的确有难度，所以，开题的时候我提出来从教学环节的角度来寻找细节，这应该好写很多。你现在考虑从导入、提问、演示、讲解四个方面来寻找细节，我觉得不错。问题是，除了导入属于教学环节之外，其他三个方面并不是教学的环节，所以，建议不要说是“环节”。这样，第二部分的四个小标题可以改为：

1. 忽视课堂导入的细节处理；
2. 忽视师生问答的细节处理；
3. 忽视课件演示的细节处理；
4. 忽视教师讲解的细节处理。

第三部分针对第二部分的四个方面，具体提出细节处理的方法，还可以进一步思考，以真正寻找到细节及其处理的方法。我在这里补充一点想法，供你参考。

我认为，课堂导入的目的是营造教学气氛，让学生尽快进入音乐学习的情境之中，为随后正式的教学服务。所以，首先要注意把握的细节是“营造的气氛与教学内容吻合”；其次是“占用的时间必须适中”。在教学实践中，有些教师的导入就像八股文，一成不变，而不能够随教学内容的变化而变化，这样的导入便失去了导入的意义。另外就是要不导入的时间太长，影响了随后的正式教学环节，要不就是导入的时间太短，学生还来不及进入学习的情境之中。

关于师生问答的细节处理，除了你谈到的难易适度之外，还有两个问题我觉得是需要注意的：一个是问答是形式还是启示？很多时候，老师问学生问题，往往都是为了营造一种热烈的气氛而已，而不是为了启发学生

去思考、理解、享受、表现音乐，为了形式需要的师生问答是没什么意义的。另一个是当学生回答不出老师的问题时，老师应该如何让学生不感到尴尬，即回答问题遭遇尴尬怎么办？这很显然是一个容易被老师忽视的细节。

关于课件演示的细节处理，我觉得有两个问题需要注意：一个是课件质量是否精良，音乐本身是很美的，但如果播放的音频效果差，那就很倒胃口了；一个是课件演示是否适时，这有两个方面的意思，一方面是演示的时间长短要合适，另一方面是要在恰到好处的时候演示。

最后是关于教师讲解的细节处理。不仅要做到你所说的语速适中，还要做到抑扬顿挫，这样才富有感染力；另外，就是要控制讲多讲少的问题，老师在讲解的过程中要注意对学生察言观色，讲解要适可而止，若看到学生已经分心，没有在听了，就应该停顿下来或转换话题。我觉得这也是特别需要注意的细节。

上面这些，都是给你的适当提示，目的是拓宽你的思路，而不是要求你就写这样一些东西。大胆写吧，没问题的！

邱邱：看了老师的留言了，谢谢老师啊！这些提示让我觉得写起来更有把握些了！

郭声健：好，下面就全靠你自己了。

邱邱：对了，老师，到时候第三个部分的处理方法，要列出小标题吗？

郭声健：肯定要列出啊。有内容了，小标题可以慢慢提炼和琢磨的。

邱邱：那我可以对一个问题，提出两个或更多的解决方法，是不是？

郭声健：是的。

邱邱：嗯嗯，我知道了！我会好好地去总结一下，看怎么列出来会更好。到时候和老师及时沟通。

郭声健：其实也不是方法，而是要注意的问题。因为，我们现在谈到的这些，并不是具体的方法，而是在细节处理的时候要考虑的方面和要注意的问题。你说呢？

邱邱：嗯嗯，那要改成“音乐教学中细节处理要注意的问题”？

郭声健：可以啊。

邱邱：好的！对了，老师，我们写论文是不是要按照你发在群上的那两篇范例的格式来写？

郭声健：你们不是统一发了学校的有关论文写作的规范要求吗？**按学校的规定办。字体字号、标题目录、中英文摘要、关键词、注释，全都有**

明确规定的。请严格按照上面的要求来做。好像还规定了必须有五个以上的注释呢。

邱邱：哦……这样啊，我不知道！真惭愧……老师，那摘要要怎么写呢？

郭声健：你文章都没出来，写什么摘要啊？**摘要就是文章的中心思想，**到时再说吧。

邱邱：哦哦，好的，先写好文章再说。

郭声健：是的。

（几天后）

邱邱：老师，我有事要请教一下您！我在写论文的时候，想了一下，我想可不可以加上两点：一点是忽视教态变化的细节处理。例如，声音（语调、节奏、速度等）的变化、眼神的变化、表情的变化，还有身体位置的变化（根据教学的实际情况，在讲台周围的移动变化，还有就是学生进行讨论或者分组的时候，走到学生的中间去进行辅导）。二是忽视教师弹唱的细节处理。例如，教师要做到弹唱自如（有些老师能弹不能唱，有些能唱不能弹，或者在弹唱的时候只能盯着手和谱子，不能观察学生的状态）；合理运用伴奏（如使用的和弦选择不恰当，或者千篇一律，每首歌都是用同样的几个和弦，不能因歌曲的变化而变化，又或者不能根据歌曲的变化，采取“旋律”或者“不带旋律”的伴奏形式等）。

郭声健：可以的，**有什么想法尽管加进去，不要受开题报告的束缚。**忽视教态的细节处理，这一点的确是细节。

邱邱：好的，那样我就放心写啦！

郭声健：标题上不要有“变化”二字，“变化”就意味着细节处理。你说呢？

邱邱：哦，好的，那就写“忽视教态的细节处理”？

郭声健：可以。但是你说的弹唱的细节处理，好像有些勉强。那是弹唱能力的问题。至少我认为弹唱自不自如，并不是细节处理的问题。

邱邱：嗯，那应该算是能力的问题！那伴奏的问题算不算是细节？

郭声健：至于伴奏的细节处理，我觉得也只是有点挨边。

邱邱：其实这个是我去听课时自己感觉到的一个问题，就是很多时候老师为学生伴奏，但是伴奏很难听，搞得学生的情绪都有变化，不知道是不是只有我一个人有这种感觉？

郭声健：伴奏的问题，既有能力的问题，也有细节的问题。很多老师不能够根据歌曲的风格与特点，选择不同的伴奏，一方面是因为他只会弹那几个和弦，另一方面可能也的确是不考虑音乐的细节处理。

邱邱：嗯，那这个就不能完完全全算是细节的问题，是不是啊，老师？

郭声健：其实就是忽视对音乐本身的细节处理。

邱邱：这样写的话，话题会不会很大呢？

郭声健：所以，如果觉得不好驾驭的话，可以考虑不写这个话题。因为，一般而言，如果老师有良好的伴奏能力和水平，他是不可能那么死板地去伴奏的。这更多还是一个能力问题吧，我是这么认为的。

邱邱：嗯嗯，好的，我认同老师的看法！

郭声健：行。还是你自己拿主意吧。总而言之，细节就是老师能够做到的，却忽视了的那种很细小的方面，是在老师自身能力所及范围之内的东西。

邱邱：好的，我会注意这个问题的，那我就继续研究啦！有什么问题就及时和您沟通。辛苦老师啦！

郭声健：别客气。

（几天后收到论文初稿）

郭声健：你刚好在啊，我今天差不多花了一个上午的时间在看你的文章。来交流一下吧？

邱邱：好的。

郭声健：我对你的各级标题进行了打磨，主要解决了两个问题，**一个是每个部分的标题字数尽量统一，另一个是标题的语言表达形式统一。**比如说，第二部分“音乐教学中细节处理要注意的问题”中，你的大部分标题都是明确表述为“应该怎么做”，这是对的，但是也有几个标题则表述为“是否怎么样”。如“课件演示的细节处理要注意的问题”下面的两个标题是“课件质量是否精良”、“课件演示是否适时”，这样的话，表述形式就不统一了，所以，这些小标题应该改为“课件质量确保精良”、“演示时机恰到好处”。还有其他几个标题也存在这样的问题，我都修改了。经过打磨之后的各级标题，一定给论文增色不少，等会我发给你看看。

邱邱：嗯嗯，好的，其实我最大的困惑就是总结性的东西，不知道要怎样提炼小标题！

郭声健：第一部分“音乐教学中忽视细节处理的表现及后果”，总结了五个方面的问题，包括导入、问答、课件、讲解、教态，这些方面的确都是教学中容易被忽视的细节。应该说问题还是抓准了，但美中不足的是，你的文章在谈这些表现及后果的时候，并没有突出音乐学科的特点，或者说还没有紧扣音乐教学来论述。好像论文的这一部分，搬到其他任何学科的论文上去都合适。因此，请你对这一部分再充实一些音乐教学方面的内容，目的就是要突出音乐学科的特点，要让读者看出，这的确是一篇音乐教育方向的论文。

邱邱：嗯嗯，老师，里面可以加进一些例子吗？

郭声健：当然可以加一些例子啊，不过应该是加一些存在这些问题的音乐教学例子。第二部分中的某些小节也存在这样的问题。

邱邱：嗯嗯，好的，我再好好想想！

郭声健：比如第二部分中“别让学生因回答问题而尴尬”这一点写得很长，却没有看到音乐教学的只言片语，这不行啊！一定要紧扣音乐教学来写，或者是加入一些音乐教学的实例才行。

邱邱：对啊……我之前自己都有说过的，却忘了写进去！

郭声健：在“课件质量确保精良”这一个小节，本来是最能够体现音乐教学特色的，但也没有很好地联系音乐教学来写，照样是强调图片视频方面，对于音乐教学来说，课件质量显然更多地体现在音频、音乐视频的质量上。这方面一定要加强一些。越读到后面，我越担心你这篇文章借鉴别人的研究成果多了一些，你可得保证能通过抄袭软件的测试啊。

邱邱：好的，这肯定没问题的，老师放心。

郭声健：在“仪容仪表得体”那一小节，甚至没有提及音乐教师，而这方面刚好是最能够突出音乐学科特色的。因为音乐教师相比其他学科的教师有可能会表现出相对夸张一点的仪容仪表。另外，在教态的细节处理中，你谈到了“声音的变化”，我觉得相比而言，声音更应该放到“教师讲解的细节处理”那一小节中去写，在那里，你写到了“抑扬顿挫”的话题，其实这就是声音的变化。刚好“抑扬顿挫”那一段你写得也太简单了。为此，可将你原来写的“声音、眼神的交流”改为专门写“眼神交流默契”。

邱邱：好的。

郭声健：你这篇文章，如果解决了突出音乐教育特点这个问题，我觉得就不错了。加油啊，争取写出一篇好文章来！

邱邱：我记得我看过一个课例，就是老师在上京剧课的时候，穿了一件饰有很多脸谱的衣服，吸引了学生的注意力，与课堂的内容吻合，而且还让学生辨认了一些脸谱，这算不算是仪容仪表的内容？

郭声健：这不能算仪容仪表吧，只能算是运用教学用具比较好。

邱邱：还有一个就是，在上江苏民歌的时候，老师穿着一件旗袍和着伴奏唱着歌进入课室，把学生带到情境中。那这算不算仪容仪表呢？

郭声健：这个还勉强沾上边。不过你在文章中谈的仪容仪表并不包括这方面的内容。我们所谈论的是自然状态下的仪容仪表。

邱邱：那我应该怎么写，才能更好地突出音乐教师的仪容仪表特点呢？

郭声健：你去找找我的《艺术教育论》看看，在那本书的第237～239页上写了相关的内容。

邱邱：好的。

郭声健：其实这个问题也挺简单啊，你就是谈音乐教师的仪容仪表要得体，因为搞艺术的人往往这方面都比较夸张一些、吸引眼球一些的。或许老师的出发点是好的，想给学生展示美感和魅力，但产生的效果有可能并不好。

邱邱：嗯。老师，我的文章是不是有很大的问题？

郭声健：没有啊，如果解决了我上面提出的问题，我觉得会是一篇比较好的文章。

邱邱：好吧，看来我还是没有注意到音乐教育这个重点，我得再好好想想。

郭声健：好的。

邱邱：我会继续努力的，老师！我马上就去改……

郭声健：好。哦，不好意思，我还没有把我修改过的稿子发给你呢，你必须在我改过的基础上再修改。我把文章及目录发到你的邮箱去吧。

（几天后收到论文修改稿）

郭声健：你好！修改的论文我看过了，重点看了我上次给你提出的那几个问题，特别是有些章节没有突出音乐学科特点的问题。我感觉你在修改时对这个问题是很用心的，所以，现在这个问题应该说已经比较好地解决了。另外，个别地方我也帮你充实了一点，摘要和结语也帮你做了适当的修饰。你的文章可以定稿了！现把论文发回给你，请查收，并按时提交学院。

邱邱：太感谢老师了，每次您都很快地帮我们修改完论文！

郭声健：我在家里基本上是不休息的，一直坐在电脑前面。

邱邱：辛苦老师了，您还是要注意休息！希望我们的论文都不会让您失望!

郭声健： 大家都有进步，真的很让人高兴。我相信你们这一班的论文，要比别的同学的论文高一个档次呢。

邱邱： 听到您这样说，我们也很高兴！真想不到自己真的能写出这样的论文。刚开始的时候，连下笔都不知道怎么下呢。

郭声健： 我相信你说的是真话，所以我特别为你们高兴啊。

（注：论文见本书附录）

11. 论家长在幼儿钢琴启蒙教学中的角色定位与作用

丫丫：郭老师，我是区丽雅，真不好意思，最近这段时间一直在忙着找工作，因为这边教育局的时间掐得比较紧，平时很少上 QQ，所以很多群上的信息都没有及时收到。我现在可以大概地说一下我的论文题目吗？

郭声健：好啊。你手机上网不太方便吧？

丫丫：因为我在家，家里没装网络，刚刚正好看到你说接下来几天都没空。

郭声健：没关系，要不就晚几天再聊，反正还来得及。我是怕你手机上网不方便。因为这几天和同学们交流，大家都很有收获，聊的时间比较长，聊得比较具体。

丫丫：哦，好吧，那要不晚几天再跟您详细聊，今天主要是想跟您说说我大概的一个想法。我想写幼儿钢琴教学方面的题材。

郭声健：好的，到时详细聊，让我了解你的想法，这很重要。嗯，为什么呢？是不是发现目前幼儿钢琴教学方面存在什么问题？

丫丫：我主要是觉得个别琴行之类的教学存在一些问题，还有家长的心态、老师在教学上的引导技巧等方面也都有问题。

郭声健：也就是说，其实你已经发现了幼儿钢琴教学中存在的好些问题了，这些问题如果不加以解决，会导致怎样的后果？这些问题又是因为什么原因产生的？你觉得应该采取什么措施去解决这些问题？你先思考一下这几个方面的问题吧，这样的话，你的开题报告其实就出来了。

丫丫：嗯，好的，谢谢老师。那我这段时间就往这一方面多想想，等您回来我们再详细聊聊吧，好吗？

郭声健：好的。

（几天后）

郭声健：我看了你写的开题报告了，因老约不上你交流，那我就把感受写下来留给你查阅吧。“浅谈幼儿钢琴启蒙教学的若干问题”这个题目，我总觉得还是太泛了一些。关于钢琴启蒙教学的论文，现在有很多人写，要写出自己的新意并不容易。不过，如果你自己在这方面比较有心得，还是可以写的。问题是你想研究的问题比较多，是“若干”问题，是不是想面面俱到呢？如果面面俱到的话，可能自己的能力有些达不到，因而导致这个选题写出来会泛泛而谈，写不出什么新意，那么这篇论文的写作价值就不大了。

你目前拟定的研究内容中所写的三个方面是：一、调查钢琴启蒙学习的基本途径及教学意图；二、调查家长对子女学习钢琴的用意，对子女的引导与对钢琴老师的看法；三、探究教师与学生钢琴课上教与学的活动。我觉得还需要再好好明确一下选题的重心，这三个方面，本身的逻辑关系也不强，三个方面之间没有什么内在的联系，而且重点也不突出。

所以，我建议，你能不能具体探讨你所认为的、目前幼儿钢琴启蒙教学中所存在的、最为严重且最迫切需要解决的某一个问题？**这是一种思路，就是专门探讨一个问题。**

另外，在写作方法上，是不是应该明确一下是否就是以调查为主？如果以调查为主的话，那么题目就可以改为“幼儿钢琴启蒙教学的现状调查与对策研究——以……（某个城市或地区）为例”，这里的某个城市或地区，是你决定要去进行调查的地方。

当然，也可以考虑还是按现在的题目去写，那么，我的建议就是，你要紧扣你的题目来写，具体归纳一下目前幼儿钢琴启蒙教学到底存在哪些问题，把这些问题好好归纳一下，作为文章的一个部分，如问题一：……；问题二：……；问题三：……；等等。然后再写一个部分陈述如何一一解决这些问题，如解决途径一：……；解决途径二：……；解决途径三：……；等等。而如果按照这种框架来写的话，题目也可以改成“论幼儿钢琴启蒙教学的问题与解决途径”。

还有一种思路，鉴于目前幼儿钢琴启蒙教学存在的问题比较多，面面俱到则不太可能写得深入，所以我还是建议就写其中的某一个问题。比如，我发现现在幼儿学习钢琴，很多家长是比较盲目的，都是在随大溜儿，见到别的家长送孩子学琴，自己也跟风，也不管孩子是不是喜欢。同时，家长把孩子送去练琴之后，就什么都不管了，在教学过程中没有起到家长应该起到的作用。所以，你也可以写这样的一个题目——“论家长在幼儿钢琴启蒙教学中的角色定位与作用”。

为此，我建议你**先明确选题，即到底打算写什么，然后再进一步写开题报告。**

（数日后收到论文初稿）

郭声健：什么时候有时间，跟你说说论文吧。你的文章问题还很大啊。

丫丫：哦哦，现在有时间啊。

郭声健：首先，必须把原文中第一部分的第一段调整到引言中，作为引言部分的最后一段比较合适。因为这一段还没有谈到问卷调查的情况。第一部分“对学琴儿童家长的问卷调查”（新改的标题）应该从一开始就描述问卷调查的过程和结果。第二部分“对学琴儿童家长的访谈分析”（新改的标题），应该是先有“家长访谈实录”，然后才有“家长访谈分析”，所以，这两个小节的顺序应该颠倒过来。文章第三部分“家长在儿童钢琴学习中的角色定位”（新改的标题）应该是你这篇文章的重点内容和重点章节，可是现在却只有一段，那肯定不行的。一定要充实内容，而且下面还要分几节。

如果你觉得没办法增加内容、改不好的话，那还有一个补救办法就是改你这篇文章的标题，把文章的重点放到调查访谈上。可考虑改为“关于学琴儿童家长角色定位的调查与分析”，但如果是这样一个标题的话，你前面两个部分的问卷调查和访谈，就要紧扣家长的角色定位来分析才行，而不能笼统地描述儿童学琴的现状。

我现在把修改的框架和原文发给你，供你参考。

丫丫：好的，谢谢老师！第三部分我也是觉得太简单了点，可能是写的时候遇到了瓶颈吧。我想现在再写写，可是就不知道从何入手。

郭声健：你必须要提炼出几个小标题，到底家长在儿童学琴这方面应该扮演什么样的角色。

丫丫：嗯嗯，那如果我列举一些情境说明一些角色呢？比如上课的时候、课后、考级、比赛等场景，可以吗？

郭声健：在举例之前，你也必须先要界定家长的角色定位到底有哪些，要具体归纳一下有哪几种角色定位，而且每一种定位都应该有单独的一节来论述。

丫丫：哦，那我今晚再想想吧。谢谢郭老师，改好了明天再跟您聊聊？

郭声健：好的。

12. 从流行到传统
——一条引导学生走进传统音乐世界的途径

xiao **坤**：郭老师，我的题目就是上次跟您说的那个——把流行音乐元素引入传统音乐。您觉得可以吗？我的想法是，现在的学生大多都是喜欢流行音乐的，如果我们一味地讲传统音乐的好，恐怕会有反作用，怕学生会有抗拒的心理，那样的话，他们就无法理解传统音乐美在哪里。如果我们能够把流行音乐元素与传统音乐元素结合起来讲，从他们喜欢的东西入手，这样是否会好点呢？

郭声健：不好意思，刚才离开了。你现在有时间吗，简单聊聊？

xiao **坤**：好的。老师能给我提点意见吗？

郭声健：嗯，没问题，我觉得你的想法不错。具体题目想好了吗？

xiao **坤**：没有噢。我不知道论文的题目怎么样才算是合格呢！

郭声健：哦，那没关系，题目我们可以慢慢确定。只要把选题的大方向确定下来就好了，那就是研究如何在音乐教学中把学生喜欢的流行音乐元素引入传统音乐的教学之中。

xiao **坤**：您觉得我这个题目会不会大呢？

郭声健：这个题目不大啊。你有没有掌握学生具体的情况呢？比如他们对传统音乐有些排斥，这个结论你是从哪里得出的？是不是看别人的文章得出的，还是通过实习自己得出的感受？

xiao **坤**：我在实习时上的大多是合唱课，指导老师让我们先介绍合唱，再让他们唱。我教的是高一 7 个班，发现这 7 个班都有相同的地方，那就是我播放合唱的视频时，只要是传统音乐，而且形式上比较普通的，学生就会开小差。而如果我播放的合唱视频是流行音乐的，几乎所有的学生都很喜欢。

郭声健：哦，这是你自己从实习中获得的感受。所以，这篇文章的写作应该建立在这样一种背景之下：学生不太喜欢传统音乐，只喜欢流行音乐。

xiao **坤**：嗯。我想能不能想些办法让他们也喜欢传统音乐，哪怕不去钻研，只是沾点边，喜欢一点，能够了解一点也好。

郭声健：嗯。完全是可以的。但是对于写这篇论文，我们首先要理清写作思路。

xiao **坤：**那老师您觉得，我从哪个方面切入比较好呢？是从备课还是从老师的教学语言切入呢？

郭声健：先不忙，你跟着我的思路走。这篇文章要解决三个问题：第一个问题是目前学生喜欢流行音乐而不喜欢传统音乐的现状描述。你可以引用别人的文献资料来说明这个问题，也可以用自己调查、访谈、考察获得的结论来进行描述。

第二个问题是，要阐述一下你想利用学生喜欢流行音乐这一点来引导他们喜欢传统音乐的理由。我想，理由至少应该有两点吧，一点是学生喜欢流行音乐是现实，我们不能强制性地去堵，本来学生喜欢流行音乐就没有错，因此只能是疏导，想办法提升他们的审美趣味和审美的多样性；另一点是传统音乐是必须要学习的，但硬性地、不讲究方法地逼学生学，那肯定是行不通的，因此，我们可以甚至必须要借流行音乐之力来引导学生走进传统音乐世界。这个问题，往往我们音乐专家们很不认同，认为传统音乐还要借流行音乐之力，那岂不成了笑话。但我个人认为，当然有很多办法来让学生喜欢传统音乐，我们这篇文章只是方法或途径之一，并没有贬低传统音乐的意思。

xiao **坤：**哇，太好了，老师您都帮我总结出来了。我就是想不到用什么词、什么语言来表达这样的想法。

郭声健：第三个要解决的问题是：究竟如何利用学生对流行音乐的喜爱和兴趣来引导他们走进传统音乐世界。在这方面，就需要你自己提出几点思路或做法。关于这个问题，你现在有没有什么想法呢？我们该采用什么样的方式？没关系，随便说说。

xiao **坤：**首先是比较式。

郭声健：好的。是传统音乐和流行音乐比较，对吧？那比较的目的是什么？是不是想启发学生去发现：其实许多流行音乐是借鉴了传统音乐的元素的？

xiao **坤：**对。比如我在讲丝竹音乐的时候，我可以运用王力宏的《伤口是爱的笔记》、《十八般武艺》等歌曲导入，让学生知道，我们今天讲的课跟他们喜欢的歌曲是有关联的，一样是很美的。

郭声健：嗯，你说的这个例子好，**但首先要提炼出几个观点，再举具体的实例来加以说明。**

xiao **坤：**也可以从问题入手。问学生为什么会喜欢流行音乐，喜欢流行音乐的什么元素？然后再引到传统音乐上，因为流行音乐和传统音乐也有相像的地方。

郭声健： 对的。从学生喜欢的流行音乐入手，来分析音乐的美，然后再给学生分析传统音乐也同样具有这些美的要素，甚至可能比流行音乐更多。我想，这是从教学内容的角度来说的，即从音乐作品的角度来分析，让学生理解，传统音乐其实也是当时的流行音乐，同样也蕴含着同学们所喜欢的流行音乐的美的元素。另外，有没有可能从学生喜欢的流行音乐家或歌手出发来进行分析呢？

xiao **坤：** 这个……不太理解老师的意思。

郭声健： 比方说，学生喜欢的某个流行歌手对传统音乐也是非常热爱的，而且他的传统音乐水平也是非常高的，他在流行音乐方面所取得的成就很大程度上就是得益于传统音乐。我们利用爱屋及乌的原理来迁移学生的音乐兴趣，他们喜欢某个歌星，而这个歌星喜欢传统音乐，那么学生也会慢慢对传统音乐感兴趣。学生崇拜的歌星喜欢什么，他们也会跟着喜欢什么。

xiao **坤：** 周杰伦。他是一个能够作曲、填词的好歌手，他在学校主修的音乐专业是古典音乐，主修的科目是古典钢琴与作曲。

郭声健： 是啊，你说的这些都很好啊。学生喜爱周杰伦，就会爱周杰伦的一切。所以，老师就要想办法挖掘并了解周杰伦在传统音乐方面的造诣。让学生体会到，周杰伦之所以能成为周杰伦，原来是有深厚的传统音乐功底做后盾的。我想，当学生了解了这些之后，一定会对传统音乐另眼相看的。

xiao **坤：** 噢，明白了。太好了！

郭声健： 还有啊，要尽量寻找我们教学内容中的传统音乐可能的对应物。

xiao **坤：** 对应物？

郭声健： 哪个传统音乐作品，可能直接对应着流行音乐的，或者说哪个传统音乐作品直接衍生出了哪个流行音乐作品。

xiao **坤：** 是吗？噢，比如莫扎特的第40号交响曲第一乐章，后来被改编成S. H. E的《不想长大》。

郭声健： 对啊，你这个例子就是传统与流行作品的对应物。还有传统音乐作品与现代表现形式之间的一种对应，如同样的民族传统音乐作品，女子十二乐坊的表演形式可能就会受到学生的欢迎。

xiao **坤：** 明白。就是从形式上讲，哪种比较受学生的欢迎。

郭声健：我的意思是，老师在备课的时候，一定要想办法把要教给学生的传统音乐好好进行分析、搜索、整理，看有什么样的流行音乐作品或流行音乐的表现形式与之有关系。

xiao **坤：**嗯，我明白了。

郭声健：还有，要让学生充分发表自己的见解。比如，让学生大胆地说：到底流行音乐有哪些方面吸引他们？然后，老师有没有可能拿出一个传统音乐作品来进行针对性地分析，进而得出结论，同学们所喜欢的流行音乐元素其实同样蕴含在传统音乐之中。正如我前面所讲的，许多传统音乐本来就是当初的流行音乐，因此，传统音乐也必然会有流行音乐的元素存在。

xiao **坤：**对啊，只不过是流行的年代不一样罢了。

郭声健：在这个基础上还可以进一步让学生明白：现在他们喜欢的某些流行音乐，可能就是将来的传统音乐。要让他们懂得这样的一个道理：其实传统音乐和流行音乐并非是截然不同的，不要让他们对传统音乐有一种天然的排斥感。其实，我觉得之所以学生不喜欢传统音乐，的确与他们并不了解传统音乐有关。还没有接触，他们就已经在心底里排斥了。

xiao **坤：**他们认为，传统音乐离他们太远了，所以就会有先入为主的思想。

郭声健：是的，你说得对，就是先入为主。所以，作为老师，我们应该想办法解开学生这个心结，要设法拉近学生与传统音乐之间的距离，这就需要我们的老师充分利用流行音乐。好啦，因为我没有专门去思考过这个问题，只是即兴地随便跟你聊聊这个话题，看能否打开一点你的思路。你可以再进一步思考，也可以把我上面讲的加以整理。

xiao **坤：**好的，谢谢老师！

郭声健：按照我们上面所讨论的思路去做，我想文章的第三个问题，即如何利用流行音乐让学生走进传统音乐世界，就比较好写了。至于论文的题目如何表述，再想想看，我也帮你想想。因为你现在还只有选题方向，具体的题目没有确定下来。不过这不是一件难事情，所以也不要着急。

xiao **坤：**是的，只要把方向和提纲都列好了，题目就可以定下来了。

郭声健：是这样。怎么样，跟我聊了一下，写作思路会明确一些了吧？

xiao **坤：**对啊，比较明确了。原来只是有这一方面的想法，也很想整理出一些东西，但就是停留于感觉上，不知从何入手。现在好了，思路清晰了很多。谢谢老师！

郭声健：不客气。你们都不敢主动找我交流，看来只好我主动出击了。

xiao **坤：**哈哈，您真是一位好老师。这么认真负责，这么为学生着想。

郭声健：因为我知道大家对论文写作是比较害怕的。我是老师，应该给你们提供帮助，消除你们的恐惧心理。

xiao **坤：**哈哈……对啊，说到论文，俨然就是我们的敌人了。

郭声健：所以，我准备给你们打个广告啊！“免费辅导论文写作，QQ 24 小时恭候光临”。

xiao **坤：**哈哈，那您一定忙死了，一天 24 小时工作。

郭声健：开个玩笑。好啦，不聊了。有什么需要随时联系。

xiao **坤：**好的。

（数日后收到开题报告）

xiao **坤：**老师，您现在有空吗？

郭声健：有空。你把发给我的开题报告文档打开好吗？

xiao **坤：**噢，好的。就是原来那个格式？

郭声健：是的，就是你昨晚发给我的开题报告表格。这样我们可以对照看看，你只要自己能够看到就行了。

xiao **坤：**好的。打开了。

郭声健：我今天看了你发来的开题报告表，总的感觉是你没有把我们上次在 QQ 上讨论的成果充分地体现出来啊！我记得上次我们在交流选题的时候聊得很好的，澄清了很多问题，并且理清了写作的思路。

xiao **坤：**那些不是论文的内容吗？在开题报告上也得体现？我还以为那些内容是要到写论文的时候才能用上的呢。

郭声健：上次交流的还只是选题的意义和大致的写作思路，并没有涉及具体内容，**开题报告上就是要把选题意义和写作思路讲清楚**，这样，在开题报告会上，老师们才知道你能不能把这篇文章写出来。可能这是你们的通病，平常交流的时候思维都是很活跃的，可一旦开始正式写开题报告或写论文时，思维就迟钝了，原来的好多想法都表达不出来了。所以，你也不是个别的情况。没关系的，今天我们聊过之后，应该就没什么问题了。

xiao **坤：**难怪我觉得“研究内容”部分那么少，看上去都有点不对头啊。

郭声健：哈哈，那是你自己写得少啊。自己都感觉有点不像吧？

xiao **坤**：对啊，研究内容那部分，我是最后才写上去的。

郭声健：这样吧，我们从标题开始讨论。

xiao **坤**：好的。

郭声健：现在的标题是“如何把流行音乐的元素引入传统音乐”，你发现一个问题没有，看你这个标题，不知道你这篇文章写的是音乐教育方面的内容，还是音乐创作或音乐表演方面的内容。所以，现在的问题是标题上要明确这是关于音乐教育的论文。

xiao **坤**：是噢。那要加上“在课堂教学中”吗？

郭声健：如果在原标题的基础上再加上“在课堂教学中”，那么，标题就有20多个字，太冗长，缺乏提炼。所以，我帮你想了一个题目，以正副标题的形式出现：“从流行到传统——一条引导学生走进传统音乐世界的途径”，你看行不行？

xiao **坤**：好啊……哈哈。

郭声健：好，那就暂定这个题目吧。我们再往下看，开题报告的第一部分是“本选题的意义及国内外发展状况”。在这一部分里，你现在所写的只谈到了学生喜欢流行音乐不喜欢传统音乐的现状，而没有进一步归纳总结出研究这个课题的意义所在，所以需要加上这样一句话：……因此，探讨通过学生喜爱的流行音乐将他们引入陌生的传统音乐世界的途径，对于当今的中小学音乐教学实践具有较强的现实意义。

另外，关于国内外的发展状况，你也没有谈到，要有所归纳、加以补充。比如：近年来在我国，随着流行音乐正式编入中小学教材，流行音乐名正言顺地走进中小学课堂，很多老师在音乐教学实践中都积极尝试着利用流行音乐来引导学生走进传统音乐世界，并积累了很多很好的经验，也公开发表了一些相关的文章；而在国外，学校音乐教育对流行音乐的态度则更为宽容，如在美国，流行音乐不仅是音乐教学的一个重要内容，而且像“美国偶像”这样的流行音乐品牌活动都成为音乐教学中鼓励学生热爱音乐的一条重要途径。但是，以上所述，更多的只是停留于教学实践的层面，迄今为止还很少有人专门系统地从理论的高度研究如何通过流行音乐引导学生走进传统音乐世界的问题。因此，本选题也具有一定的理论探讨价值。

xiao **坤**：好，这样写就体现出了这篇文章的价值。

郭声健：上面这些话都可以加到你的开题报告里面去。这样的话，开题报告的第一部分就比较充实了，有一定的说服力了。

xiao 坤：老师，我直接把你上面说的粘贴到我的开题报告里行吗？

郭声健：没问题，只是你在粘贴之后，还是要从头到尾好好把这一部分整个都梳理一下啊，看是否通顺，看能否再加点自己的想法，你当然可以更好地充实啊。

xiao 坤：好的。

郭声健：我主要是想告诉你如何写，不是要你完全按照我说的去写。

xiao 坤：嗯，我明白。

郭声健：像本**选题的意义，不外乎就是两个方面嘛，一个是对教学实践的指导和启示意义，一个就是理论探讨意义。你可以分别从这两个方面去扩展，特别是理论意义，需要你去好好分析一下现有的相关研究成果，表明你这篇文章和别人的同类选题的文章相比较之下有哪些创新之处。**现在主要的问题是开题报告的第二部分“研究内容”。

xiao 坤：好的。我正看着，太简单了吧？

郭声健：是啊，你在“研究内容”一栏里就写了两个小标题，那怎么算是研究内容啊，顶多就是个论文框架，而且也太简练了。**研究内容主要陈述的应该是论文的主要观点、写作思路、基本框架。可以有两种写法，一种写法是描述写作思路，结合陈述基本内容和主要观点，如：论文将分成几个部分，第一部分写什么？第二部分写什么？……另一种写法是列出详细写作提纲或论文框架，而且要有几级标题。**我刚才还特意去看了上次我们在 QQ 上聊选题的记录，发现其实关于“研究内容”要写的东西，我们都已经谈到过了，你只要将它们归纳整理一下就行。我上次讲了你这篇文章要解决的三个问题，那实际上就可以理解为文章的三个部分。因为我已经很详细地谈过了，这里就不再重复。你自己去好好归纳一下，重新把“研究内容”这个部分写好！再好的老师也不能够越俎代庖，是吧？

xiao 坤：好的。我把这一部分重新写好再给您看。

郭声健：那你认为你现在采用哪种方式写“研究内容”这部分比较合适呢？是按几个部分来归纳，还是列出详细的各级标题？

xiao 坤：第一种方式吧？按几个部分来归纳。

郭声健：行。另外，“研究内容”这一部分，我要求不能少于 500 字。

xiao 坤：好的。

郭声健：我再啰唆解释一下啊：**开题报告的第一栏“本选题的意义及国内外发展状况”是要解释清楚为什么要写这篇文章；开题报告的第二栏“研究内容”和第三栏“研究方法、手段和步骤”是陈述怎么样去写这篇文章。也就是说，你下一步正式写论文，就可以按照开题报告中的“研究**

内容”去具体写作了，这一部分已经有了一个比较具体的写作思路。

xiao **坤**：好。记住了。

郭声健：好的，我们再往下面看。第三部分“研究方法、手段和步骤”中的研究步骤只提到了问卷调查，还有一个十分重要的文献资料的分析研究这个步骤没有提到。实际上，写论文时这个步骤是必不可少的，**所有的论文都是建立在一定的文献研究基础之上的，请加上。文献整理和分析应该是在正式写作之前进行的，是可以和问卷调查和访谈同步的。**开题报告的最后一栏是“参考文献”，你现在只列了三本书，不够。起码要在十本以上才行。除了书之外，还要列出一些与本选题相关的论文，这方面的论文，你可以在网上或到图书馆的现刊阅览室去查找。

xiao **坤**：嗯，我知道，这部分我还会再加上去的。

郭声健：另外，**参考文献的表述要规范，著作要有作者、书名、出版社及出版年份，论文要有作者、论文标题、刊物名称和发表日期。**其实，这篇文章的参考文献中，可加入我写的《美国音乐教育考察报告》（湖南师范大学出版社 2008 年版），那里面就有介绍美国中小学课堂中流行音乐教育的话题。

xiao **坤**：好的。**那如果是网上的论文呢？**

郭声健：也是啊。**也要包括作者、论文标题以及刊发文章的网址和网页。**

xiao **坤**：好的。

郭声健：你看还有什么不清楚的问题吗？

xiao **坤**：老师，那个文献资料研究，放在问卷调查前面还是后面好？

郭声健：就放在你现在写的研究步骤的第二阶段吧，加在这一阶段就可以了。那么，第三阶段，除了整理和归纳调查结果外，也要加上文献分析哦。这也意味着，你在正式动笔写论文之前，实际上已经对与本课题相关的现有研究成果都了解和掌握了。

xiao **坤**：明白了，老师。

郭声健：没什么问题了，那我就撤了啊？

xiao **坤**：嗯，我写好了再发给老师噢。

郭声健：好的。快过年了，向你家里人问个好，祝你们春节愉快！

xiao **坤**：哈哈，谢谢老师！也祝您春节快乐、万事顺意！

郭声健：谢谢！88。

（数天后收到论文初稿）

xiao **坤**：老师，我把论文发给您，写得不太完整，想让您帮我看看，看还缺点什么。

郭声健：不好意思啊，可能要晚两天才有时间看，因为我手头上有多篇硕士论文要修改。不要着急啊。

xiao 坤：好的，谢谢老师。

郭声健：等等，刚保存你的论文文档时，我顺便瞄了一眼，你写的好像还不太像论文啊。主要就是列出的曲目，还没有成文章啊。

xiao 坤：啊？我所有列出的曲目都是和开题报告中的小标题相对应的哦。

郭声健：你看到过像你这样的论文吗？你随便去找一篇文章看看，哪有这样的文章啊！前面部分如此简单，后面就只有曲目。你应该在列出曲目的基础上再进行分析啊。

xiao 坤：列出来，再分析？

郭声健：是的，现在只是有了文章的写作素材，还没有将素材变成文章呢。

xiao 坤：好的，我再写详细点。

郭声健：过两天我再跟你具体聊吧，我现在着急要处理几篇硕士论文。时间还来得及，你不要急啊。

xiao 坤：好的，谢谢老师。不打扰您了。

郭声健：不过，你先去看看别人写的文章，没有你这样的形式的啊。我还是有点不放心，随便给你举个例子吧：

以下介绍陶喆的带有传统音乐元素的流行音乐作品：①《susan 说》，改编自京剧《苏三起解》的流水快板。②《望春风》，带有 R&B 和爵士风。③《孙子兵法》、《今天没回家》、《小镇姑娘》都是加入了传统音乐元素的作品。

上面这一段，是你全篇文章的最后一段。你觉得文章有可能就这么结束吗？

xiao 坤：对噢。

郭声健：你现在只是积累了素材，你必须在这个基础上进行写作。也就是说你已经有东西可写了，但需要把它们变成一段一段的文字啊！

xiao 坤：好的，我再努力。

郭声健：你要进一步讲清楚，你找出来这些曲目之后，是怎么运用到教学中的。你辛辛苦苦把这些曲目找出来究竟是要做什么啊？是要让读者明白什么呢？你必须把你心里想的那些话都说出来才行。比如说：陶喆是学生很喜欢的流行歌手，他的这些作品学生都很喜欢演唱，那么，我们就可以让学生在课堂上演唱这些歌曲，在此基础上，教师再进一步给学生进行分析，让学生了解到，这些他们喜爱的流行歌曲其实都是加入了传统音乐元素的，有些甚至就是由传统音乐改编而成的。这样，学生就会对传统音乐产生亲近感，就会有想进一步了解传统音乐、走进传统音乐的兴趣和愿望。然后，教师就可以进一步介绍与陶喆这些歌曲相对应和相联系的传统音乐作品，并组织学生欣赏这些作品。通过这样一种“从流行到传统”的教学方式，学生就在教师的引导下，不知不觉地走进了传统音乐世界……像我这样写，文章是不是就有话可说了呢？你就不用发愁写不出东西了。

xiao **坤：** 啊？明白了！

（几天后收到论文修改稿）

xiao **坤：** 老师，我现在有空，您有空吗？

郭声健： 刚才在午睡。没事，你稍等啊。

xiao **坤：** 好的。

郭声健： 开始吧。你是交稿最早的人，所以还有足够的时间来完善论文。

xiao **坤：** 好的。我已经打开论文了。

郭声健： 先看论文摘要，**在论文摘要中出现了注释，这不行，那个注释可以在正文中出现。另外，注释的标号必须是放在引文之后（也就是引号之后），而不是放在引文之前，**你弄反了。其实《音乐鉴赏》这个书名并不需要注释的，你在文章中具体说是哪家出版社编写出版的就行了，一**般来说，是引文才注明出处的。**

xiao **坤：** 前面那句话，我不太懂。

郭声健： 我举个例子吧。你的论文中不是有一段话引自于《学校音乐教育与流行歌曲》这篇文章吗？

xiao **坤：** 对。

郭声健： 你的注释却标示在这个题目之后，而不是在引文之后啊。

xiao **坤：** 噢，就是要标在内容后面，而不是题目后面？

郭声健： 是啊。这个你随便去找一篇文章或一本书看看就知道了。

xiao **坤：** 好的，谢谢老师。

郭声健： 看正文吧。考虑到目前论文前两个部分（一、现状描述；二、理论论证）篇幅太小，不足以和第三部分（三、寻找途径）的内容和篇幅相匹配，建议将文章分两个部分来写，即把现在的第一部分和第二部分合并。这也是因为，你现在所写的“理论论证”，实际上并不是理论论证，和第一部分的内容没有什么太大区别，基本上也是一种现状的描述。将前面两个部分合并之后，全文就只有两大部分了，那么，需要重新表述两个标题：一、学生喜爱流行音乐的现状及成因分析；二、引导学生从流行音乐走进传统音乐世界的途径探析。从现在的文章看，第一部分比较弱，我建议你去看看《音乐教育新概念》一书中的第二章（这本书如果你没有，我上课时带给你），从中可以借鉴一些观点和内容，相信对你写这篇文章会有启示作用。而且，学校要求是每篇论文不少于五个注释，可你现在还只有一个，还需要引用相关的文献资料，增加几个注释。

xiao 坤：好的，那我是不是直接把第一部分和第二部分合并，把题目改过来？

郭声健：我上面不是讲清楚了吗？

xiao 坤：我知道。我的意思是，还需要加什么内容吗？

郭声健：看来是我的表达能力太有限了。我刚才不是跟你说了吗？从现在的文章看，第一部分比较弱，我建议你去看看《音乐教育新概念》一书中的第二章，从中可以借鉴一些观点和内容，相信对你写这篇文章会有启示作用。

xiao 坤：我知道。

郭声健：既然知道，怎么老问呢？你现在需要去看看书才能充实第一部分的内容。

xiao 坤：好吧。

郭声健：文中的问卷调查，是你自己所做的调查还是引用了别人的调查结果？**如果是自己做的调查，则需要具体描述一下调查的过程；如果是引用了别人的结果，则需要注明这个调查结果来自何处。否则的话，这些调查数据是不可信的。**另外，你现在在文中的第一部分和第二部分都有问卷调查的结果描述，这两方面的调查结果是同一个调查得出的还是不同的调查所得出的？不管是什么情况，我建议，都得把两个部分的调查结果合在一起写。

xiao 坤：是**引用别人的调查结果**。

郭声健：那**必须把这个调查结果的出处用注释的形式标明出来**。

xiao 坤：好的。

郭声健：第二部分“引导学生从流行音乐走进传统音乐世界的途径探析”下面的三个小标题改为：从作品的表演形式入手；从作品的表现内容入手；从学生熟悉喜爱的歌星入手。

xiao 坤：OK。

郭声健：你的论文在资料的收集和分析上花了很多工夫，而且非常有价值，值得肯定和表扬，但在写作上还显得太简单和稚嫩。我举个例子，你在第一点的开头是这样过渡的：

“以下是以《音乐鉴赏》（人民音乐出版社）中的传统音乐为例，找出不同版本的音乐作品……”

像这样过渡性的段落，你写得不流畅，读起来很拗口，不像是在写论文。这段话，你可以改写为：

在人民音乐出版社编写出版的《音乐鉴赏》教材中，我们就可以找出许多传统音乐作品是由流行形式进行表演的，而这种流行音乐的表演形式，会让学生更容易接受和产生兴趣，因此，我们就可以先让学生聆听流行形式表演的传统音乐作品，进而让学生走进传统音乐世界。具体来说，在这本教材中有下面若干作品是有流行表演版本的……

我这里只是举一个简单的例子，其他部分也都可以按照我这样的表述方式来写，当然不是要你重复。就是我上次说的，你要把你心里想的话都说出来，而不是要让读者再去慢慢独自理解，能说明白的就要尽量说明白。你为什么要收集这些作品啊，你的目的是什么呢？老师们拿到这些你收集的东西之后又该怎么做呢？等等，这些问题，你不要吝啬，要充分地告诉读者和老师们。当然，在写作的时候，你并不是直接回答这些问题，而是要让读者了解你辛辛苦苦收集这些资料的意图和这些资料对教学实践的用处。

另外，在论文中你介绍了三位流行歌手：周杰伦、王力宏、陶喆。在介绍他们的个人简历的时候，你对他们喜爱的音乐做了全面的介绍，这没有必要。你应该是重点介绍他们除了流行音乐之外，所喜欢或擅长的那些传统音乐。还有，你可以具体以他们三个人的作品为例，但在开头部分还可以多介绍一些流行歌手，只要他们有传统音乐修养的，都可以说一说。

xiao 坤：好的。

郭声健：我总的感觉是，你这篇文章除了收集和分析的作品之外，其他的文字论述太单薄了。你一定要大胆地表达出自己的想法。

xiao 坤：就是不知道哪些是该说的，也不知道该怎么说。

郭声健：比方说，现在请你给音乐教师做一个这方面的讲座，你总不能是就给他们看看你收集到的作品吧？

xiao **坤：** 噢，好像明白一点了。

郭声健： 或者你想象一下，我给你们上课，除了告诉你们在教材中有些什么传统音乐作品是跟流行音乐有关外，还会跟你们好好解释为什么和怎么办吧？如果有些问题我不解释，你们是不是会感觉到不过瘾？

xiao **坤：** 对。要尽可能地告诉他们，这些素材可以用在哪里，怎么用，虽然不一定是绝对的。是吗？

郭声健： 对，当然不是绝对的，但至少可以给他们以启示。

xiao **坤：** 好。

郭声健： 就好像这篇文章，只有骨架没有肉似的。你现在的骨架是搭好了，但还需要让文章更丰满一些。**不要怕说错了什么，我跟你们讲过，论文的观点没什么绝对的对错，每个人的看法和做法可能都不一样，你只不过是表达自己的意思而已。**更何况你真说了什么出格或幼稚的话，还有我把关啊。所以，你现在关键的问题就是要大胆表达，就像平常跟同学聊天一样的。

xiao **坤：** 好的。我会再把文章充实一点。

郭声健： 好。那先就这样吧？

xiao **坤：** 好的，谢谢老师。我修改后再给您看。

郭声健： 好。

（几天后收到论文修改稿）

郭声健： 你在不在呢？看了你修改的文章，感觉比原来有进步了。但又发现了一个大问题，即没有"引言"部分。而现在的第一部分"学生喜爱流行音乐的现状及成因分析"实际上已经把"引言"该说的话都说了，所以，再要你重新加上一个"引言"估计不现实，而且这样一来第一部分的内容就更少了。另外，按照目前两个部分的结构来看，显然第一部分并没有像我建议的那样扩充内容和篇幅，与第二部分的篇幅形成了强烈反差，我统计了一下，第一部分只有 1 600 字，而第二部分"引导学生从流行音乐走进传统音乐世界的途径探析"则有 4 200 多字。基于上述情况，我不得不提出这样的一个修改方案：把原来文章的第一部分改成"引言"，把第二部分下面的三个小节改为三个部分，即"一、从作品的表演形式入手；二、从作品的表现内容入手；三、从学生喜爱的歌星入手"。原来文章中那两个部分的标题都删除。

另外，还可以考虑把文章的题目改为"引导学生从流行音乐走进传统音乐世界的途径探析"。当然，原来的标题也不是不可以，相比之下原来的标题“从流行到传统——一条引导学生走进传统音乐世界的途径”比较新颖和吸引人，但与文章内容的吻合程度则没有后面这个标题好，两个标题各有优劣吧。这个问题，还是由你自己决定。

（第二天）

xiao **坤**：老师，我的论文是不是可以直接上交了？

郭声健：你后来又改了吗？

xiao **坤**：照您发给我的，没改动。

郭声健：没改动啊，那我给你提出的那些问题，你是怎么处理的呢？

xiao **坤**：您都已经帮我改好了啊，包括引言部分以及正文改成的三个部分。你发回给我的文章是都已经改好了的。

郭声健：是这样的？我都记不清楚了，最近看的文章太多。那你把文章再发回给我看看。

xiao **坤**：好的。

（成功接收文件）

郭声健：我还说你可以选择改题目，你是怎么决定的？

xiao **坤**：我不改题目了。

郭声健：我刚浏览了一遍。这样吧，你自己再好好读一读，看有没有什么错别字或文字不通顺的地方，然后上交吧。

xiao **坤**：好的，谢谢老师！

13. 让高中学生在音乐课堂上活跃起来

郭声健： 你好！什么时候有时间，我想跟你聊聊开题报告。

提拉米苏： 现在就有时间啊，老师。

郭声健： 好的。我刚看了你发给我的开题报告，有必要和你详细交流一下，因为，此前我们还没有关于选题的问题进行过交流呢，大部分同学都聊过一次了。

提拉米苏： 嗯嗯，好的啊。

郭声健： 首先要给予肯定的是，你这个**开题报告**正如你自己所说的，都是你自己写的，**是你自己的感受与思考**，这很好！但需要重新理清一下思路。

提拉米苏： 哦，谢谢老师鼓励。那老师觉得我写的内容会不会太多了，而且不太具体啊？

郭声健： 内容不怕多，也不怕不具体啊，**关键的问题是要明确写作的思路**。记得冯净同学的论文题目是“论高中音乐鉴赏教学中良好课堂气氛的营造”，你这篇文章与她的有些类似，因为高中音乐鉴赏教学存在的一个突出问题就是课堂气氛沉闷不活跃。所以我看到你这个标题并读过开题报告之后，**首先考虑的是要确定你这篇文章的研究重心，要找一个写作的切入点。**

提拉米苏： 哦，这样啊，可别与我同学的重复了啊。

郭声健： 看得出来，你是很强调音乐教师在营造活跃的课堂中所起的决定性作用的，这是对的。因为，课堂气氛是沉闷还是活跃，完全取决于教师的教学，也正因为如此，在标题“从自身因素出发——音乐教师如何使高中音乐课堂活跃起来”中，没有必要强调“音乐教师从自身出发”，这本来就是理所当然的事情。我们总不能看到课堂气氛不活跃，就给学生下命令说，你们一定要在课堂中活跃一点啊！你说呢？

提拉米苏： 老师，我刚换了一台电脑。我们继续。

郭声健： 好的。那我刚说的话你看到了吗？就是关于题目的问题。

提拉米苏： 看到了。你说得对，我也觉得题目很怪。

郭声健： 在开题报告中，你着重指出了高中学生的身心发展特点以及他们所承受的学习压力，使得他们在音乐课堂上表现不积极，不能够投入到音乐学习之中去，这一点我觉得你抓得很准。那么通过教师自身的努力来改变这一状况，让学生积极主动地参与到音乐教学活动之中，自然就成了你写这篇文章的出发点和目的。

提拉米苏：是的是的。

郭声健：应该说这个选题是很有写作价值的，由此，我暂时想到了这样一个题目："让高中学生在音乐课堂上活跃起来"。很显然，要让高中学生在音乐课堂上活跃起来，教师肯定不能只对学生提出硬性的要求，而是要想尽一切办法来激发学生参与音乐教学活动的欲望和兴趣，这也就回到你的观点上了，音乐教师应该怎么办呢？

提拉米苏：嗯嗯，我也想过这个题目，不过那个时候觉得这个题目没有明确指出是从教师自身出发的，后来就没往这个方向写了。呵呵。

郭声健：可不能这么理解啊，因为教学本就是从教师自身出发的。

提拉米苏：哦哦，这样啊，我以为题目是要点得非常明白的。

郭声健：你不强调教师自身，别人也知道这篇文章是写给教师看的。让高中学生在音乐课堂上活跃起来，这前面肯定就是省去了主语"教师"啊，对吧？

提拉米苏：哈哈，对对。

郭声健：如果决定写这个题目的话，根据你在开题报告中所写的内容，可以考虑以下的写作框架，即分三个部分来写。第一部分：描述高中音乐教学的基本现状，提出高中音乐课堂不活跃的问题；第二部分：分析高中音乐课堂不活跃的原因。

提拉米苏：是老师先说完框架我再提问，还是一个个来？

郭声健：我先说完吧。

提拉米苏：好的。

郭声健：关于高中音乐课堂不活跃的原因，我综合了你写的内容，具体归纳如下：

一、学生方面的原因。

1. 高中学生的身心发展特点；

2. 高中学生面临的巨大应试压力。

二、教师方面的原因。

1. 教学内容与形式陈旧，不能引起学生的学习兴趣；

2. 责任感不强，工作不投入，缺乏工作激情；

3. 自身素质不高，缺乏人格魅力，不被学生尊重；

4. 人际交往能力弱，不能成为学生的知心朋友。

三、课程方面的原因：

音乐在高中课程体系中所处的无足轻重的地位，致使学生、学校、教师都不重视。

提拉米苏：嗯嗯。

郭声健：上面第三点关于课程方面的原因，也不一定要单独写，在前面两点中附带提及也行。

提拉米苏：哦哦。

郭声健：第三部分：提出激发高中学生积极参与音乐教学活动的若干思路。这一部分，是全文的重点部分，可以根据第二部分所分析的原因有针对性地提出几点。在你的开题报告中也有这方面的叙述，在那个基础上好好归纳一下就行了。这一部分当然是对教师提出的要求。我想下面的这几点意思可以考虑：

一、尊重高中学生的身心特点，关心体贴学生的应试压力；

二、改进教学形式和内容，为学生提供参与和表现的机会；

三、与学生交朋友，不失时机地给予学生积极评价和表扬；

四、积极投入和享受工作，用自己的热情点燃学生的激情。

……

我帮你归纳了上面四点，字数都是一样的。你可以再补充你觉得需要讲的。

提拉米苏：哦哦，好的。

郭声健：其实说白了，为什么学生在课堂上打不起精神，死气沉沉啊？就是老师没有提供让学生活跃起来的机会，或者提供的机会不对高中学生的路。

提拉米苏：嗯嗯，对对。

郭声健：这就是我上面谈到的第二点，关键还是要改进教学形式和丰富教学内容，让学生有机会参与和表现。

提拉米苏：嗯嗯。

郭声健：当然，你在写这篇文章的时候，可以更全面地考虑这个问题。但你也看到了，上面四点，实际上都是对教师自身提出的要求。

提拉米苏：嗯嗯，是的。

郭声健：这也就是我前面谈到的，我们不可能去硬性要求学生活跃，而只能通过老师营造气氛和提供机会来让学生活跃起来。

提拉米苏：嗯嗯，是的，所以的确不需要在标题的前面加上“从教师自身出发”了，这句话是多余的。

郭声健：我也是这么认为的。上面我们谈的其实是开题报告的第二部分“研究内容”。关于这一部分，你还有什么疑问吗？

提拉米苏：老师看过我写的研究内容，觉得有什么地方不太对路的吗？

郭声健：主要问题就是比较零碎，没有归纳。

提拉米苏：哦哦，那内容上，主要写那些东西可以吗？

郭声健：啊？怎么提这个问题啊？我上面归纳的四点，基本上就是你写的那些内容啊。我只是给你归纳出来了几个小标题。

提拉米苏：哦哦，我知道了，就是说，**“研究内容”部分是要提炼出具体的标题的。**哈哈。

郭声健：这实际上就是论文框架或者是写作提纲。

提拉米苏：我知道了，我之前写得比较细、比较零碎，没有把它们归纳总结出来。

郭声健：是的，我就是这个意思，因为**开题报告不太可能也没有必要在内容上写得太具体**。

提拉米苏：知道了。那要不要在列出论文的各个部分的标题之后，每个部分再进行分析呢？还是说，就只要列出几个部分就可以了啊？

郭声健：我想，你把我上面讲的整理一下，开题报告的第二部分“研究内容”就差不多了。当然，如果你觉得在每个部分的标题下有必要做进一步的说明，那更好。

提拉米苏：好的。但是不能太细，是吧？

郭声健：对，没必要太细，也不可能太细，毕竟还不是正式写论文。

提拉米苏：好的，知道了。就是观点上我写的没什么错误的地方，关键就是要进一步归纳、总结一下。

郭声健：嗯。没什么错。到具体写论文的时候，你可以把你的观点和想法尽情地表达出来。**开题报告，主要是要理清写作框架和思路。**

提拉米苏：我刚开始写的时候还怕没东西写，结果写完了，发现还是有很多东西可写的，主要都是自己思考的，这就不怕没东西写。

郭声健：包括你所谈到的职业幸福感、职业道德感什么的，都可以融入论文中的某个相应部分去。是的，你说得对，写论文还是自己靠得住。如果一味地去依赖别人的，自己没想法，但又怕抄袭太多出问题，那就没东西可写了。

提拉米苏：是的是的，自己其实可以想出很多东西来，边写边想更加是这样，根本不用担心没东西写。

郭声健：是的，我就有这方面的深切感受，为此我还写过一篇小博文，题目叫“许多思想是写出来的”。不过，这并不意味着我们就不需要看别人的文章啊，下面我就要谈到这个问题。

提拉米苏：是啊，我这个开题报告都是自己写的，所以“参考文献”方面就不知道怎么写了。

郭声健：我还不是要讲“参考文献”的问题。我想说的是，作为开题报告，你还缺少最起码的文献综述，没有文献综述，你就没法说明你这篇文章的选题意义。

提拉米苏：选题意义？

郭声健：关于第一部分的选题意义，你还需要进一步地去归纳一下，说说你这篇文章对教学实践有没有指导意义，主要体现在哪方面。例如，对高中音乐课程改革，特别是如何改进教学气氛、提高教学效率方面，对音乐教师是有些启示作用的吧？

提拉米苏：我是没有写选题的意义啊，我写的都是现状偏多。

郭声健：你还需要说说你这篇文章对音乐教育理论研究有没有什么价值，有的话又体现在哪方面？如：此前有没有人研究过这个问题？如果没有人研究过，那你这个论文的价值就比较大了，属于填补空白了；如果有人研究过这个问题，那你在哪些方面又可能有所创新呢？不管是填补空白还是创新，都体现出了本选题的理论研究价值。当然，到底有没有人写过这方面的文章，你必须要去看文献才知道，所以，**探讨到底有没有理论价值，这必须要先进行文献综述和分析**。

提拉米苏：那，要知道有没有人研究过，是不是就是要去查阅相关的资料啊？

郭声健：就是啊，你在开题报告的第一部分中，主要是描述了现状，实际上谈的是选题的缘由，而没有说选题的意义。

提拉米苏：是的是的。这样，查阅的论文书籍，就可以作为“参考文献”了，对吗？

郭声健：对的。所以，开题报告的第一部分，你还要再充实一下。

提拉米苏：哦哦，知道了。

郭声健：参考文献是必须要列出的，与本选题相关的著作、论文都要有，起码要有十条以上吧。其实，现在发表的关于高中音乐教学的文章有很多很多啊。当然，**列入参考文献的论文与著作，不见得就一定是现在你已经看过的，你在写这篇文章的过程中可能会要看的文章，都应该列上。**

照常理，既然你已经确定了写这个题目，就应该有一定的文献研究基础了，因为，**选题并不是自己摸着头脑就能出来了的，如果你不看别人写过什么，你怎么知道你写的这个题目有意义呢？**或许别人早就写过了啊。所以，不要为了参考文献发愁，作为开题报告里面的一项，这也是开题报告形式体例的需要，就尽管列吧。但是，在接下来正式写作的时候，你肯定是需要看相关的文献的。否则，这篇文章就很难写出质量的，毕竟你一个脑袋想出来的东西，不可能比多个脑袋想出来的东西丰富。

提拉米苏：哦哦，好的。

郭声健：另外，关于开题报告中的“研究方法、手段及步骤”，我想问问你：你写这篇文章，还打算去做问卷调查吗？调查什么呢？如果没有这个打算，那么，在“研究方法、手段及步骤”中就不要写这项工作了。我想，这篇文章主要还是运用文献研究法和经验总结法吧。

提拉米苏：开始的时候，有想过调查一下学生们到底喜欢什么样的音乐课，但是，我自己都不是很确定这样的问卷有没有意义。

郭声健：如果有可能的话，能调查一下学生当然好啊。你可以直接问他们，为什么在课堂上不活跃？其实如果你跟高中实习学校的学生还有联系的话，还不如就通过电子邮件之类的通信方式去问问他们。

提拉米苏：我是想从学生的答案里面，找到教师自身应该怎么去做的办法。调查问卷是起到一个举例子的作用，然后在文章里面会提到，问卷的答案比例，然后每个答案对应出教师从哪方面提高自己可以达到这个答案代表的状态，获得学生喜欢的效果。这样想可以吗？

郭声健：你说的是什么？我没明白。什么问卷的答案比例？

提拉米苏：就是统计完调查问卷以后，总结一下几个学生喜欢什么样的音乐课。

郭声健：哦。你的意思是还是要去做问卷调查。

提拉米苏：您觉得可行吗？

郭声健：我不清楚你有没有这个条件啊，如果有条件的话，当然做好啊。

提拉米苏：我想问问老师，调查问卷要多少份才行啊？

郭声健：这是多多益善的事情，不过起码得有一两个班吧。

提拉米苏：哦哦，好的。我先去试试，有这个数的话，我就去做。

郭声健：问卷调查的事情等开题之后再做不迟。如果要做的话，到时设计了问卷，给我看看。

提拉米苏：好的。不过，如果没有调查问卷，应该怎么写呢？

郭声健：没有调查，就要靠你自己论证，或者是采用别人的调查结果，或者要引用别人写的东西来证明你的观点是正确的。

提拉米苏：哦哦，那写本选题的研究方法和手段的时候，应该怎么写？就写文献资料研究吗？

郭声健：如果不做问卷调查的话，也还是可以做下访谈的。而且实际上你了解的情况也是你在实习期间调查访谈所得，不是自己捏造的。所以，还是可以写文献研究与实地考察相结合的。

提拉米苏：哦哦，访谈学生？要访谈几个呢？还是说要访谈老师？访谈的内容可以是调查问卷的内容吗？

郭声健：哎呀，访谈就更随意了，你想问什么就问什么，想问谁就问谁啊，嘴巴长在你身上，你有充分的自由。

提拉米苏：哦哦，呵呵，知道了。

郭声健：比如你问高中学生，你们为什么上音乐课提不起精神啊？你也可以问老师，为什么音乐课总是那么死气沉沉啊？

提拉米苏：嗯嗯，然后就可以搜集问题和答案了。

郭声健：对啊。他们都会有自己的解释的。

提拉米苏：嗯嗯，好的。

郭声健：你看还有什么不明白的地方吗？

提拉米苏：那么，论文到时候要不要提供这些访谈的记录呢？

郭声健：就是在论文中需要的。既可以有选择性地写进论文，也可以完整地将访谈过程都呈现出来。这取决于你写论文的时候是否需要这些材料来作为你观点的佐证，也取决于你访谈的内容价值到底有多大。

提拉米苏：好的，知道了。

郭声健：那还有什么问题吗？

提拉米苏：老师，“研究方法、手段及步骤”这一部分，我还有其他什么地方需要改进和注意的吗？

郭声健：这个部分其实无关紧要的，只不过是开题报告形式的需要。你就别太花心思了。

提拉米苏：哦哦，主要是研究内容吧。

郭声健：主要是前面两个部分，即第一部分的选题意义和第二部分的研究内容。

提拉米苏：好的。老师我还想问问您，您觉得我选的这个课题有没有实际意义啊？可不可以写这个呢？会不会有很多人写呢？

郭声健：当然是有意义的。**有很多人写也不怕啊，你写你的，别人写**

别人的，只要不抄袭别人的，写出自己的新意就行了。现在很难找到一个题目是别人没写过的，关键是要有创新。

提拉米苏：我就觉得自己写得有点乱，想到哪里就写到哪里，也不知道用语是不是准确。

郭声健：现在是开题报告。到时候写论文，我会一句一句给你们看的。

提拉米苏：啊？一句一句看，哈哈，好的，这下我可放心了。

郭声健：那你以为我会怎么看啊？一目十行？

提拉米苏：那老师会很辛苦啊！老师，我还想问您，给我这个修改之前的开题报告打多少分啊？

郭声健：都没有给分的。别在乎老师的印象，自己尽力了就好！

提拉米苏：哈哈，我是想知道一下，自己写的东西，老师觉得怎么样。

郭声健：如果从开题报告的角度看，还是有些问题的，但我前面说了，那是因为此前我们没有交流过。而其他一些同学是有过一次交流之后再写的，自然会好点。所以，要对自己充满信心。

提拉米苏：哦哦，好的。那我改过之后再拿给老师看。

郭声健：好的。

提拉米苏：是开学之前给你发过去吧？可是我在家里，文献资料要怎么查阅呢？这里的书毕竟没有学校图书馆多哦。

郭声健：那就等开学的时候吧，不是说开学第一周交吗，到时还来得及的。

提拉米苏：第一周交的也不是最后定稿的吧，之后还是要修改的吧？

郭声健：开题报告就是最后定稿的。

提拉米苏：那我修改之后给老师看，老师还要不要再让我修改呢？

郭声健：看情况吧，要修改也只是小改，不碍事的。

提拉米苏：好的。那我就去修改，回头给老师您发过去。

郭声健：好的。

提拉米苏：嗯嗯，谢谢老师。我现在就去写，趁热打铁。

郭声健：好。支持！

（数天后收到论文初稿）

提拉米苏：老师，这是我的论文，由于不太懂目录怎么弄，就只有目录部分没有弄好了，其他的地方还要麻烦老师多给点意见了。我的英文摘要还在翻译，回头您看好了，我弄好再给您发过去。

郭声健：你还是把目录整理发给我吧，先不一定是按照学校的格式写，因为我要先从目录看起，这样才能够把握论文的整体框架和全局。

提拉米苏：好的，那我马上整理一下啊。

郭声健：好。

提拉米苏：老师，搞定了。回头还要修改，好像格式有点问题。

（成功接收文件）

郭声健：我一下子还不可能看完，想先跟你讨论一个问题。

提拉米苏：噢噢，好啊。

郭声健：从你的标题上看，你的正文分为三个部分。第一部分是关于高中音乐课堂不活跃的原因分析，第二部分是调查访谈分析，第三部分是让音乐课堂活跃起来的思路。

提拉米苏：是的。

郭声健：我现在有一个疑问，第一部分和第二部分之间是什么关系呢？

提拉米苏：这个？

郭声健：高中音乐课堂不活跃的原因，是你自己想出来的，还是通过调查访谈而得出的？

提拉米苏：对哦，那我是不是顺序弄反了呀？

郭声健：对啊。如果是通过调查访谈得出的，那么，肯定第一部分应该是关于调查访谈的描述，然后才能有第二部分的原因分析。

提拉米苏：是的是的。那我就换过来再修改一下。

郭声健：因为我还没有看你的文章，所以不知道这两个部分的内容到底有多大的关系。

提拉米苏：呵呵，我自己写的时候对照了开题报告，也感觉好像跟开题报告的顺序不太一样。

郭声健：是吧？

提拉米苏：我当时只是觉得，如果一开始就是访谈实录，会不会太口语化了。所以就把访谈实录放在中间的第二部分了。

郭声健：那没问题的。

提拉米苏：那就好了，那就跟我的开题报告一致了。

郭声健：本来就应该和开题报告一致啊，否则开题就没什么意义了。

提拉米苏：呵呵。

郭声健：如果把第一部分和第二部分调换的话，你在写第二部分原因分析的时候，一定要尽量地与第一部分的调查访谈联系起来。否则的话，这两个部分之间就没有内在联系了。

提拉米苏：联系？是要在第二部分中经常提到访谈的内容吗？

郭声健：可以这么理解。

提拉米苏：好的。

郭声健：那你先调整吧，弄好之后再发给我。另外，你的小标题都太长了，不精练，到时我再帮你修改。

提拉米苏：噢噢，好的。那我先去给它们换位了啊，估计弄好时间比较晚了，弄好以后我发您邮箱啊。

郭声健：不光是换位啊，第二部分一定要尽可能结合着第一部分来分析。

提拉米苏：嗯嗯，知道了。

郭声健：明天再发给我吧，不急。我今天也看了一整天了，不能再看了，眼睛已经严重吃不消了。

提拉米苏：哈哈，好的。

（第二天收到论文修改稿）

郭声健：刚看完了你的论文。你在不在？

提拉米苏：在。

郭声健：那就好！

提拉米苏：呵呵，老师，论文很多地方不行吗？

郭声健：我觉得还可以啊。现在把访谈部分提前了，逻辑上就顺了，而且你在分析原因的时候，尽量地联系了访谈内容，这点做得不错。我把你的目录进行了整理，特别是对太长的标题进行了提炼，并删除了几个不需要的标题。后来我索性把文章中相应的标题都帮你改过来了。

提拉米苏：哦哦，那就好，还以为写得不够好。那还有什么地方要改的呢？

郭声健：当然还是有的，你的引言写得不太好。**引言引言，就是要引出论文要探讨的话题，**但你的引言部分好像并没有把“活跃音乐课堂”这个话题明确地引出来啊！我对照了一下你的开题报告，你就是把开题报告的那一段搬了过来，空话比较多，甚至没有明确提出“目前高中音乐课堂不活跃”的问题，我希望你再改改，要通过引言让读者知道：目前高中音乐课堂并不活跃，学生参与音乐教学活动的积极性差，和别的学科的课堂差不多，没有了音乐课堂所应该具有的愉悦品质，以至于音乐教学效果不理想，而关于营造音乐课堂活跃气氛这个问题又往往被我们的音乐教师和音乐教育理论工作者所忽视，因此，本论文对这个问题的研究是有实践启示意义和理论探讨价值的。

提拉米苏：哦哦，知道了。

郭声健：第一部分的访谈实录，建议换一种字体，用楷体，我帮你改过来了。

提拉米苏：那内容方面还有什么问题吗？

郭声健：整个文章读下来，感觉还像那么回事。文字表述比较通顺，内容方面基本上也都说到点子上了，没有那种文不对题的地方。

提拉米苏：哈哈，那就好。我还怕自己写得不够好，觉得会不会太通俗了。

郭声健：当然，不能是高标准、严要求啦。我没有什么具体的修改意见了，如果说要想有进一步的提高，我建议你自己再好好读一读，想一想，是否每个方面都紧扣“活跃课堂气氛”这个论题了。**在文字表达方面，通俗没有不好的啊，深入浅出才是大学问家的境界呢。**

提拉米苏：好的，哈哈。

郭声健：关于结语，请删除按照论文框架详细介绍论文内容的那一部分，那部分内容刚好可以作为你论文的摘要。**结语的最后要再加上一小段文字，简要说说本论文还有哪些不足之处或者是需要继续进一步研究的地方，表明自己在未来的音乐教学工作实践中或研究中的态度。**

提拉米苏：哦哦。

郭声健：你好像还没有写摘要的，我就在删除的那一部分基础上帮你改了一个摘要。

提拉米苏：写了啊！我发了一个文件夹给您，里面有三个文件，没收到吗？要不要我再发一次给您啊？

郭声健：哦，那我没注意。没关系，你结合我改的自己再调整一下吧。

提拉米苏：好的。

郭声健：我看到你们还是在“致谢”中写了我啊？

提拉米苏：是啊是啊，哈哈。

郭声健：能够体谅，也不能强制性规定不准写我。写就写吧，只要不夸张就行，实事求是，别看得我脸上发烧、心里发虚。不过我的名字你都写错了啊。

提拉米苏：对不起，我经常打错字，是郭声健老师。

郭声健：是我。刚看到了你写的摘要，我觉得也可以。关键词要加上一个“音乐课堂”。

提拉米苏：好的。有没有规定说关键词只能写 4 个的啊？

郭声健：3 ~5 个吧。

提拉米苏：哦哦。红色字的部分就是老师改过的吧？

郭声健：是的。

提拉米苏：好的，我等会儿就好好看看，再改改。改好还要再给您看看的吧？

郭声健：好。尽量做好一点。

提拉米苏：好的。谢谢老师了啊，哈哈……

郭声健：不客气。你算过关了。

提拉米苏：哈哈，那老师，我去修改了哈？

郭声健：好。88。

14. 论在高中推广班级合唱教学的必要性与可行性

Echizen：郭老师您好！我是2007级音乐教育的霍志斌。我基本上确定了毕业论文的选题，但是没有想好如何措词，恳请老师指导我一下。选题的大概内容就是：在高中教学歌唱模块中推广以合唱形式给学生上课。还有另外一个问题就是：因为对这个选题只有实习时的一些体会和经验，我在图书馆里面尝试去查阅相关的资料，但是没有找到合适的。所以在开题报告的第一栏，无从下手。也请郭老师给我这头迷路的小驴指明一下方向吧！

郭声健：你好！今天一天在外面，刚回来，没及时回复请原谅。《音乐教育书简》一书的第209～210页，我也谈到了班级合唱教学的问题，你可以去看看，看能否参考一下。其实，没查到合适的相关文献也不一定是坏事情，这就意味着现在还没有人关注和研究高中音乐课堂教学中的合唱问题。一般讲合唱教学都是说课外活动中的合唱团，所以，你这个选题就具有较强的理论意义和实践意义。这不就可以写了吗？**开题报告的第一部分，实际上就是要交代清楚为什么你要写这篇文章。**“论在高中推广班级合唱教学的必要性与可行性”，我觉得写这个题目比较好。必要性，就是谈为什么要在高中推广班级合唱教学；可行性就是谈怎么样在高中推广班级合唱教学。这里讲班级合唱教学，实际上就是谈课堂教学。因为课外活动中的合唱团，肯定不是班级性质的，不是全班都参与的，它是在全校挑选出来的。

Echizen：昨晚校园网一直都连不上，今天才收到老师的提示，谢谢老师！我会尽快把开题报告写好给老师您过目的。

（几天后收到开题报告）

郭声健：你好！在吗？跟你聊聊开题报告？

Echizen：在在，老师。我刚吃完饭，打开电脑就看到你的留言了，老师回广州了吗？

郭声健：嗯，我回广州了。你还在家里吧？

Echizen：是啊，过几天回学校。

郭声健： 那就耽误你休息了，聊下你的开题报告？

Echizen： 好的，早搞掂早休息，呵呵。

郭声健： 就是。首先要提醒的是有些错别字啊，请认真读一遍，把它们改正过来。

Echizen： 回头看了下我写的东西，发现是有不少错字。刚想跟你说这事的。

郭声健： 还不错，能够发现自己的问题。在开题报告的第一部分，你着重描述了班级合唱教学的国内外现状，这很好。但关于选题的意义，还没有充分地论述清楚，还需要再进一步归纳说明。为什么要在高中推广班级合唱教学呢？一方面是你在实习中感受到了开展班级合唱教学的种种好处，并且也了解到开展班级合唱教学是完全可行的；另一方面是基于目前我国中小学中合唱还只是在课外活动中面向少数学生开展的这样一个现实，所以，写这篇文章是有很强的现实意义的。与此同时，你通过文献综述，发现目前关于课外活动中开展合唱的文章比较多，但专门探讨班级合唱教学的论文则很少看到，这方面的问题还未被理论工作者关注，所以，这个选题也是具有一定的理论研究价值的。

Echizen： 小问题还是能发现的，大问题还是要老师帮忙发现。

郭声健： 是的，我就是帮你发现大问题的。我讲的大概意思明白了吧？第一部分再根据我讲的适当改改。

Echizen： 哦哦，明白，就是我现在表述得不够给力是不？

郭声健： **你要让人看了你写的开题报告，觉得这篇文章很有必要写。**对，就是理由还不是很给力。

Echizen： 哦哦，OK，记住了。

郭声健： 不过，主要问题还是“研究内容”部分。

Echizen： 哦？是不是不够详细？

郭声健： 关于“研究内容”，你设计的框架是两个部分，一个是高中推广班级合唱教学的必要性，一个是高中推广班级合唱教学的可行性，应该说是比较清晰的。不过，前面还需要加上一个“引言”部分，陈述选题的缘由和意义。关于必要性和可行性的归纳还需要进一步推敲和提炼，你虽然归纳了好几点，但好像都还没有说到点子上。基本思路应该是这样的：高中推广班级合唱为什么有必要啊，因为它有种种好处，或者是现实需要；为什么可行啊，因为它有基础，也深受学生喜爱。

Echizen： “引言”？跟第一部分一样么？

郭声健： 嗯。不过不需要在开题报告中重复了。

Echizen：那开题报告里面要有这个部分吗？

郭声健：实际上，现在**开题报告的第一部分“本选题的意义及国内外发展状况”，将来正式写文章的时候，在此基础上扩充一下，就是文章的“引言”**了。开题报告中简单写一两句话就行了。如：本论文将分三个部分来写。第一部分：引言。概述高中音乐教学的现状，陈述本选题的缘由和意义。第二部分：……第三部分：……我上面讲的意思你懂了吧？

Echizen：噢噢！其实开题报告的研究内容就是整篇论文大的结构？

郭声健：嗯，也可以这么理解。所以，现在关键的问题是，如何把这个框架中的各级小标题表述清楚。当然，如果在框架的基础上有进一步的观点阐述，当然更好啊！

Echizen：哦哦！那我现在讲出的那几点是不是还不够详细？

郭声健：不是不够详细，而是没有谈到点子上。

Echizen：这样啊！

郭声健：我跟你一起来分析一下这个问题吧。先看必要性。

Echizen：好的。

郭声健：我认为，之所以要在高中推广合唱教学，也就是说必要性，至少有这样几个方面的原因：第一个是音乐教育是面向全体学生的，而现在的合唱只是面向少数学生的。

Echizen：噢！这下很给力了。

郭声健：所以，推广班级合唱教学，让学生都能参与合唱，这充分体现了面向全体的理念。第二个是高中音乐课现在主要以鉴赏课为主，其他模块学生都没有机会享受到，因此，推广班级合唱教学，也是音乐课堂教学改革的需要。第三个理由是，高中学生有音乐表现、情感表现的需求，我们的音乐教育应该提供给学生充分表现自我的机会，而合唱是最理想的途径。第四个理由是，合唱教学本身，对于提高高中学生的音乐素养，其实也是最有效的。所以，我暂时归纳出了第二部分的框架：

第二部分：高中推广班级合唱教学的必要性。

1. 音乐教育面向全体的必然要求；
2. 课堂教学改革创新的现实需要；
3. 满足学生音乐表现的理想途径；
4. 提高学生音乐素养的最佳选择。

Echizen：啊……老师你这个不是即兴想出来的吧？

郭声健：哪里啊！我看你们的开题报告，都是很认真的，是要花脑筋的。

Echizen：真是辛苦老师了！不过老师想得的确很全面。

郭声健：所以，在约你们聊之前，基本上都有想法了，有些甚至都写好了。只不过觉得应该跟你们交流，给你们解释才更有效果。如果把我修改的意见直接发给你们，可能你们也不一定能够完全理解。这就是我要约你们一个一个交流的原因。

Echizen：是啊！毕竟我们肚子里头没那么多墨水。

郭声健：再继续看第三部分"高中推广班级合唱教学的可行性"。什么叫可行性呢？就是要说明搞班级合唱行不行得通。

Echizen：哦哦，你觉得我写的第一个方面可以吧？

郭声健：是的，你说的是学生有歌唱的欲望。也就是说学生肯定有兴趣进行合唱，这当然是最好的理由。

Echizen：第二个好像就扯不上了。

郭声健：哈哈。对，你先对照着看一下。

Echizen：看了老师刚才的解释，好像可行性的对象要以学生为主，而不是老师主观想学生怎么样对吧？

郭声健：你说的有一定的道理吧，可行不可行要考虑各方面的因素，当然其中学生是最重要的因素。换句话说，能不能开展班级合唱教学，首先应该具备客观条件，这里面当然就包括了学生的条件，同时也必须有老师主观的努力，但老师的主观努力必须是建立在可行性基础之上才是有意义的。打个比方吧，我决定在你们同学中推广报考研究生，并且希望大家都能考上，这是我的主观意向。但客观条件是否具备呢？就很难说了。这里就包括了你们同学自身的因素，也有学习环境的因素。考研不像合唱，不一定每个人都喜欢的，更多可能是被动的。所以，我再怎么主观努力，恐怕也不可能在你们同学中大范围推广考研。

Echizen：大致明白了。

郭声健：接着说下去吧。我觉得第二个方面的可行性是，合唱不同于器乐，因为实际上每个学生都是具备基本的歌唱能力的，只不过是演唱形式不同而已。第三个方面呢，我觉得是现在有一些学校（虽然不多）在实践班级合唱教学方面进行了有益的探索，这也被证明完全是可行的。另外一点就是每个学校都有课外合唱队，所以从专业的角度看，教师其实也是具有排练合唱的经验的。最后就是国外班级合唱教学也给我们提供了好的借鉴。比如像美国，他们的音乐课就是合唱课和乐队课。所以，我暂时给你归纳的是下面这么几点：

第三部分：高中推广班级合唱教学的可行性。

1. 歌唱是学生最喜爱的活动形式；
2. 每个学生都有基本的歌唱基础；
3. 部分学校已经进行了有益探索；
4. 课外合唱队积累了丰富的经验；
5. 国外班级合唱教学提供了借鉴。

Echizen：哦哦，老师归纳的这几点我还是明白的。

郭声健：需要说明的是，不管是必要性还是可行性，我上面说的，只是我自己的初步想法，也没有去深入思考，仅仅供你参考。你可以在这个基础上修改，也可以在这个基础上进行充实。

Echizen：老师的初步想法也太全面了吧？

郭声健：你看看，不管上面谈的理由是不是很有说服力，至少它们的确是在谈必要性和可行性吧。而你所写的：通过班级合唱教学，让学生学会“聆听”别人的声音；学生通过参加对外交流与演出增加社会阅历；学习更多更广泛的音乐知识，为国家输送高素质的音乐人才。这几点，好像还是在谈班级合唱教学的重要性，就不是可行性分析了。

Echizen：是的是的！而且都是很给力的。那研究方法和步骤那些没什么问题么？

郭声健：在步骤中你主要谈了“整理与归纳学生对班级合唱教学的体验与建议，并与老师的想法相结合，开始构思论文。”其实，你还忽视了一个重要的方面，就是**要阅读文献，也就是看书看文章，汲取别人的相关研究成果啊。**

Echizen：哦哦，对啊。

郭声健：最后就是参考文献，**参考文献中的著作要加上出版时间，另外还需要列出一些与本选题相关的论文。**

Echizen：好的。参考文献那里，不管是没看过的还是看过的，只要相关的都写上去？

郭声健：对。你还要补上几篇论文才行啊，关于合唱教学方面的论文都可以列上的。

Echizen：去网上找就 OK 啦。

郭声健：再三申明，你不一定按我的来写，但起码你写的必须是必要性和可行性。**必要性，其实就是谈重要性；可行性，其实就是谈可能性。**对不对？

Echizen：是的是的。

郭声健：你看还有没有什么不清楚的地方？

Echizen：大的方面是理清楚了，具体的东西还是要去琢磨。

郭声健：应该可以改好了吧？

Echizen：那是肯定可以的。

郭声健：那就好！

Echizen：放心吧老师！老师你先跟其他同学交流吧，我不明白会再麻烦老师的。

郭声健：嗯，放心。好像开学第一周就要交的，所以还是抓紧时间改。有什么问题给我留言吧。

Echizen：好的！谢谢老师！新年快乐哈！

郭声健：不客气，也祝你新年一切如意！

（数日后收到论文目录和部分初稿）

郭声健：你好！

Echizen：在在。

郭声健：我主要看了你发给我的目录，因为正文你还只是一小部分，我没有怎么看。你把目录发给了我，很好。我批改论文有一个习惯，首先推敲目录，**通过目录既能掌握论文全貌，把握论文框架，更能发现论文可能存在的问题**。看了你的目录，我觉得你对这篇文章是有把握的，因为目录所体现出的写作思路很清晰，在此基础上填充内容，这篇文章就八九不离十了。

有几个小地方要改一下：首先，“研究在高中歌唱模块中推广班级合唱教学的必要性”这个标题前的“研究”一词要删除。其次，“4.4 提高学生音乐素养的最佳选择”这个标题下又有两个小标题“4.4.1 培养爱国主义思想”和“4.4.2 培养集体主义观念”，你发现没有，培养爱国主义思想和集体主义观念，这并不是提高学生音乐素养的范畴啊。如果你觉得需要谈这方面的内容，可以另外加一个标题“培养学生良好品质的有效手段”。

Echizen：噢噢，明白。但是我觉得在真正往里面填东西的时候，有困难。

郭声健：当然会有困难啊。否则毕业论文怎么会这么重要呢，如果轻而易举地写出来，那就不是论文了。**真正要写好一篇文章，是需要看大量文献资料的，也是需要深入思考的。**

Echizen：嗯嗯，真的要很多！

郭声健：另外，你在留言中提到的关于“国外班级合唱教学提供了借鉴”一节中，你列出了两个小标题，即“国外班级合唱教学的实施现状”和“国外班级合唱教学的曲日安排及教学策略”。我手头上没有这方面的具体资料，在《美国音乐教育考察报告》一书中，我也只是从美国中小学音乐课程设置的角度简单地介绍了这方面的内容，即他们的音乐课程主要是两门——合唱和乐队，合唱是他们的班级课堂教学最重要的内容和形式，既然他们可以实施班级合唱教学，那表明我们同样也是可以实行的。你写这一节，其实也主要是想证明这一点。所以，关于“国外班级合唱教学的曲目安排及教学策略”，我认为能了解到更好，了解不到也没有关系，把这两个小标题删除就是了。这毕竟不是你文章重点要研究解决的问题。正如我刚才讲的，你现在只是在论证推广班级合唱教学的可行性，所以，国外这样做了，也从一个方面证明是可行的，至于他们是如何做的，那是具体实施的问题了。而你这篇文章的重点并不是探讨如何具体实施班级合唱教学的。

Echizen：嗯嗯，他们能做，证明是可行的就OK了。

郭声健：对啊！

Echizen：在这方面的资料的确有点难找。

郭声健：你设计的教师调查问卷，我觉得还是可以的。调查的目的主要是要了解该校实施班级合唱教学的背景、初衷和目的，了解实施过程中所遇到的问题和所取得的成绩，了解学生和老师自身对实施班级合唱教学的看法和体验，了解老师对进一步推广班级合唱教学的必要性与可行性的想法。当然，因为你这篇文章的写作目的就是要推广班级合唱教学，所以，通过问卷调查得到的结果，更多的应该是积极的信息，而不是消极的信息，这一点，你在设计问卷和统计分析的时候，必须要把握好。另外，从第一题到最后一题，每题之间最好是有一种层层推进的关系，这方面你注意到了，很好。但好像也有重复的问题，比如第二题和第六题。

Echizen：是的。我再好好推敲推敲。

（利用这个时间，给QQ群里留言）

郭声健：各位同学：我回来了。收到了个别同学的论文，并跟有些同学交流了，深感大家写文章的胆量太小，不敢自信而充分地表达自我，我想这个心理问题大家一定要好好解决！大家觉得无话可说，我相信其实不是这样的，应该是都有想法，但付诸文字表达的时候，就不知道从何着手了。你们就把写论文当作是在向我和王老师汇报学习情况或朋友间的谈心吧，我们彼此相向而坐，你们总不能不开口吧。**其实写文章，就是跟谈心一样简单！**

Echizen：“但付诸文字表达的时候，就不知道从何着手了。”说得太对了！

郭声健：好啦，有什么问题你可以随时跟我和王老师联系。我要出去锻炼了，先这样吧。

（几天后收到论文初稿）

郭声健：今早六点多起来，看了你的论文。总体上还可以，但还存在一些小问题。

你的**目录与正文里的标题**有出入，而两者**必须是一一对应的**。如目录中有“5.3.1 国外班级合唱教学的实施现状”，正文中则没有，目录里的要删除；再如目录中是“4.5.1 培养爱国主义思想”、“4.5.2 培养集体主义观念”，但正文中则是“爱国主义思想”、“集体主义思想”、“意志品质”，考虑到正文中这三个小节的内容很少，而且整篇文章只有这三个标题是四级标题，格外突出和显眼，似乎这三个方面特别重要，但事实上它们在整个论文中并不是重点，所以，我建议也把它们删除。

第二部分中的“广州市第四十七中学授课老师的调查问卷”，这个标题要删除，因为它是在正文中，而并不是作为论文的一个“附件”而存在，改为这样的陈述方式：“我向广州四十七中高二年级歌唱模块的授课教师做了一次问卷调查，其调查问题与答案如下……”

另外，你在陈述完调查的问题与答案之后，马上来了一句“从这一份调查问卷我们可以看出……”可看出的是什么呢？看出的是整个文章第二大部分的五点可行性，即歌唱是学生最喜爱的活动形式、每个学生都有基本的歌唱基础、国外班级合唱教学提供了借鉴、部分学校已经进行有效的探索、课外合唱队积累了丰富的经验，这显然是非常勉强甚至是不可能的。广州市四十七中的问卷调查，实际上只是和第四点“部分学校已经进行有效的探索”有关。所以，这里有两种修改办法，一种是依然把问卷调查的情况放在第二部分的最前面说，但必须对“从这一份调查问卷中我们可以看出”的东西进行重新总结，重点说明四十七中的探索表明在实践中实施班级合唱教学的确是行得通的；另一种修改办法就是把调查的这一部分内容移到“部分学校已经进行有效的探索”之中。

对了，我刚看到你论文的最后附有“调查问卷”，既然这样的话，你就根本没必要在正文中把这个问卷的所有题目都呈现出来啦。你只要归纳一下针对这些问题的调查结果就行了。这样的话，就更不需要专门在第二部分的开头部分去描述了，就在第二部分的第四点中谈吧。

Echizen：哦哦，谢谢老师，我大概明白老师的意思了。那是不是把“4.5.1”、“4.5.2”和“4.5.3”都归纳到“培养学生良好品质的有效手段”里面，不需要再加以上的小标题？

郭声健：是的。

15. 论高中鉴赏教学与学生现实音乐生活的结合

威圣狼：郭老师，下午好！不好意思，昨天上午不在线，下午才回来的！

郭声健：没关系。

威圣狼：我那个论文的题目可不可以写啊？

郭声健：可以写的。我跟你具体聊聊吧。

威圣狼：嗯，好的。

郭声健：“鉴赏教学内容如何与高中学生现实音乐生活相结合”这个题目有两个问题值得推敲，一个是没有必要强调鉴赏教学的“内容”，因为实际上，探讨鉴赏教学与学生现实音乐生活的结合，主要就是探讨学生所鉴赏的音乐作品如何贴近学生现实音乐生活的问题，也就是指鉴赏教学的内容，所以，没有必要刻意强调“内容”。当然，我们也不能排除在教学形式方面也存在与学生现实音乐生活相结合的问题。

另一个问题是，按照现在这个题目的意思，这篇文章只是探讨鉴赏教学与学生现实音乐生活“如何”结合的问题，但我认为，两者“为什么”要结合的问题，更应该受到我们的关注。因为实际上，现在很多音乐教师可能在观念上没有解决这个问题，并没有认识到鉴赏教学与高中学生现实音乐生活相结合的重要性，所以如果老师的认识问题没有解决，在这样的前提下去探讨如何相结合，相对来说意义就不大了。基于上述分析和理由，我认为，题目可以改为“论高中鉴赏教学与学生现实音乐生活的结合”。这个题目意味着这篇文章重点要解决的是两个方面的问题，一个是为什么要结合，一个是如何结合。

威圣狼：哦，明白了！第一个问题还是要从解决音乐老师的观念问题入手，第二个问题我想根据具体的音乐作品进行分析，由此探讨如何结合的问题。

郭声健：是的，让老师们认识到鉴赏教学与学生现实音乐生活相联系是很有必要的。在这个基础上再来探讨两者的结合，这样才有意义。

威圣狼：是的，我知道了。

郭声健：下面我们一起来看看开题报告的第一部分“关于选题的意

义”，我觉得这一部分你阐述得还不错，但缺少了关于“国内外发展状况”的描述，也就是说没有文献综述的内容。

威圣狼：哦？

郭声健：虽然这个选题是有意义、有价值的，但你还需要更进一步说明，**你这个选题有没有人研究过；如果有人研究过，那发表过哪些相关的文章，这些文章都写了些什么。**假如通过文献综述，你发现这样的文章早就有人写过了，甚至写的人有很多，而且你这篇文章的观点和内容又和别人的差不多，没什么创新之处的话，那就意味着你前面谈到的所谓本选题的意义，实际上就不存在了。**重复别人写过的东西，除了练习了自己的写作之外，对别人就谈不上有什么意义了。**当然，你也可能会发现，此前没有人写过这方面的文章，那么，选题的价值自然就体现出来了。所以，你还需要在文献综述方面写几句话。明白了吗？

威圣狼：哦，好像明白一点了！

郭声健：为什么是好像明白呢？

威圣狼：就是我再找找有没有跟这个选题有关的资料？

郭声健：当然啦。这是写论文的前提。

威圣狼：嗯，懂了！

郭声健：否则的话，你费尽心思写的文章，可能别人十年前就写过了，哪还有什么价值可言？

威圣狼：嗯，有道理！

郭声健：我再重复一下啊，你需要弄清楚两个问题：**一个是有没有人写过，没人写过的当然会很有价值；另一个是有人写了，但你写这篇文章会在别人的基础上有所创新，这也是有价值的。**

威圣狼：好的，我要找找这方面的论文。

郭声健：所以，**写任何一篇论文，其实都应该先去做文献分析和研究。**讲到这里，顺便说说你的“参考文献”。

威圣狼：哦，之前没有考虑到这一点，只把题目想好了，然后就简单地写了开题报告。

郭声健：参考文献需要进一步充实，而且你现在的参考文献还有一个问题，就是没有一条是跟你的选题直接相关的，让人感觉你只是在应付一下，走一下形式而已，参考文献是假的。当然，这也说明此前你的确没有认真去查找和阅读相关文献。

威圣狼：的确是这样的，不好意思。

郭声健：下面再来看看“研究内容”部分。

威圣狼：好的。

郭声健：“研究内容”部分写得太简单了。而且如果就按照你现在的这种写法，写出来的东西就会像一篇纯粹的教材分析文章，不可能有什么深度的。我建议按照下面的思路来设计框架和进行写作。

威圣狼：老师您说。

郭声健：

第一部分：高中音乐鉴赏教学现状透视。

1. 音乐鉴赏是绝大部分学校开设的唯一模块；
2. 学生厌倦音乐鉴赏课的现象普遍存在；
3. 学生厌倦音乐鉴赏课的原因分析。

第二部分：鉴赏教学与学生现实音乐生活相联系的必要性。

1. 满足学生音乐兴趣的需要；
2. 激活丰富教材内容的需要；
3. 推进音乐课程改革的需要；
4. 实施教育生活化理念的需要。

第三部分：鉴赏教学与学生现实音乐生活相联系的基本思路。

1. 了解学生现实音乐生活的规律和特征；
2. 分析教材与学生现实音乐生活的契合点；
3. 营造生活化的音乐课堂教学气氛；
4. 全面提升教师的综合音乐素养。

这是我拟定的一个提纲，你先看看，看有没有不理解的地方。

威圣狼：“实施教育生活化理念的需要”，这点不太明白。

郭声健：好的，没关系。“教育生活化”是现代教育的一种新的理念，学校教育中的各个学科都应遵循这样的理念。自然，音乐教育因为其自身的特点，就更应该遵循、也更有条件遵循这一理念。关于“教育生活化”理念，你可以在网上或刊物上读读相关文章，就会明白的，不要担心。

威圣狼：哦，明白了，好的。

郭声健：当然，我帮你拟的大纲，你不一定要照搬，供你参考吧。

威圣狼：老师想得很全面，我之前想得太简单了，就像老师所说的，只是在进行教材分析。

郭声健：其实我也花了很多时间来思考这个问题的。虽然音乐教育与学生现实音乐生活的联系这个话题人们总是提起，但包括我在内，的确很少去全面和深入地思考这个问题，所以，你写这篇文章，我觉得很好。不过，如果按照你现在的思路写，正如我前面谈到的，写出来的可能就不是论文了。

威圣狼：哦，辛苦老师了！

郭声健：你讲的那两点是关于教材分析的，还是照样可以写，只不过它们是属于现在第三部分中的第二小点中的内容，即“分析教材与学生现实音乐生活的契合点”，是不是？

威圣狼：是的。

郭声健：为什么不能只进行教材分析呢？因为鉴赏教学能否与学生现实音乐生活相联系，涉及多方面的问题，而不仅仅是一个教材分析的问题。例如，老师首先要了解学生的现实音乐生活到底是什么样子的，这是前提，否则怎么去结合；再比如，即便教学内容与学生生活相联系了，但如果教学方法依然远离学生生活，学生难以接受，那同样也是不可能真正结合的；还有，我为什么在第四小点要强调提高老师的综合音乐素养呢，因为，学生现实音乐生活中接触的许多音乐作品和音乐信息，可能老师自己都不了解，在这种情况下，也是很难实现两者的结合的。

威圣狼：知道了，之前我还担心没什么内容可以写，现在老师指导过后，才知道有很多方面的东西都可以写的。

郭声健：是的，**写论文，就是要学会思考，学会挖掘，学会小题大做。**所以，我这里还要特别跟你说几句，你是男生代表，要写出男生的水平。

威圣狼：呵呵，有压力啊！

郭声健：因为，上次你写的《音乐教育书简》读后感，我就觉得你太不用心了。我是准备要把你们写的读后感出版的，那你们的文章就是永久的记忆了，别到时候自己都不忍心看自己的文章啊。

威圣狼：哦，给老师添堵了！这次会改正的了。

郭声健：我记得你还说了一个理由就是忙得很，当时候我看到这句话就不太舒服。大学生如果忙学习，既能理解也全力支持，但为了忙别的事情而应付学习、应付作业，这个理由说出来，不仅得不到老师的体谅，反而的确会让老师“添堵”。“添堵”这个词你用得好！我今天趁这个机会对你说了几句不好听的话，你可别不高兴啊。快要毕业了，以后想听老师的批评都没机会了。

威圣狼：呵呵，不会。这也是事实，我会改的。

郭声健：当然也不是什么大问题啦。我只不过想尽到做老师的责任，该提醒的还是要提醒。做任何事情，认真做也是做，不认真做也是做。并不是不认真做就赚了什么。所以，真的希望你以后不管是做什么事情，都要抱着认真负责的态度，尽量少留遗憾。好啦，不说了。你把我今天跟你说的再好好整理一下，开题报告应该就差不多了。

威圣狼：嗯，谢谢老师提醒。

郭声健：第三周开题，到时候按照学院要求打印出来就行了。

威圣狼：好的，辛苦老师了！

郭声健：不客气，应该的。

16. 论“京剧进课堂”面临困境的原因及对策

爱琴海：老师，我想写关于京剧与音乐教育方面的内容，但是题目我还没想好。我之前实习的时候上过京剧课，也听过一个同学上的京剧课，觉得虽然现在京剧进课堂也已经有一段时间了，可是对于老师和学生来说都还是很陌生的。从学生的角度来讲，京剧离他们太远了，对于京剧的一些文化什么的都很不理解，在不理解的情况下，上京剧课就感觉上课只是上课，学生真正能接受多少呢？从老师的角度来讲，京剧进课堂的时间还是比较短，怎样上好京剧课都还是处在摸索中；同时，因为老师在从教之前的学习过程中与京剧的接触实在是少之又少，其本身对于京剧也是陌生的，所以开口唱、动手做都是老师在教京剧时面临的问题，至少我觉得新老师都会有这样的问题。解决这样的问题，我觉得应从以下三个方面入手：

1. 老师您写的《音乐教育书简》中也提到过第一节课的重要，我觉得一节课的开始环节（导入）也是很重要的，兴趣是学习的动力，老师设计的教学对是否能引发学生兴趣会产生很大的影响，所以在导入时就要吸引学生的学习兴趣。现在有许多流行音乐或者电影是关于京剧的，可以从这些方面入手去吸引学生。

2. 老师要敢唱、敢动，学生才有可能跟你一起唱、一起动。老师要先突破自身才能带动学生。

3. 通过课堂教学让学生了解到京剧对于我们的意义，我觉得它不仅仅是一种戏曲，作为国粹，它曾经有过的辉煌以及京剧艺术家对于发展京剧所作出的贡献等这个层面的知识，都应该让学生去学习并由此接受京剧。

这是我的想法，不知道可不可行？

（第二天）

爱琴海：老师您有空吗？

郭声健：可以啊。

爱琴海：我这个方向可以写吗？

郭声健：我看了一下你给我的留言，我觉得是可以写的。可以考虑用这个题目——“京剧进课堂”面临的困境和对策研究。2008年2月，教育部办公厅下发了《关于开展京剧进中小学课堂试点工作的通知》，决定将京剧纳入九年义务教育阶段的音乐课程，确定了15首京剧经典唱段为教学内容，首先在北京、天津、黑龙江、上海、江苏、浙江、江西、湖北、广东、甘肃10个省市开展试点工作。但三年过去了，这项工作并没有取得预想的效果。也就是说，这项活动的开展面临着困境。但这项活动本身是很有意义的。

爱琴海：嗯，是的。对于这些曲子，作为老师都还是很陌生的，更别说是学生了。

郭声健：所以，如果能够好好分析一下导致困境的原因，并提出针对性的解决办法，我觉得还是很有价值的。**写论文，先要从宏观的角度去构架论文框架和思考问题，而不是从微观的角度来思考。**比如像你刚才说的老师和学生都不熟悉曲子这类问题，这只是问题中的一个小的方面。我们的思维不能停留在这样一个层面上。我觉得可以分三个部分来写。

爱琴海：嗯。

郭声健：第一部分，简述“京剧进课堂”的背景及实施状况。“京剧进课堂”是一项非常有意义的活动，无论是对中小学音乐教学的改革和发展，还是对京剧艺术的发扬光大，都是十分有益的。但活动遭到质疑，试点工作并不理想，一部分学校积累了很好的经验，但更多的学校没有坚持下来，“京剧进课堂”活动的推进面临着困境。

第二部分，分析“京剧进课堂”面临困境的原因。这一部分，是这篇文章的重点之一，所以需要好好思考和归纳。我初步帮你思考了下面几个方面的原因：

1. 学生不熟悉，缺乏兴趣；
2. 教师不内行，缺乏自信；
3. 教法不给力，缺乏吸引；
4. 社会不关注，缺乏氛围。

爱琴海：哇，这四点很吸引人，老师归纳得真是一针见血。

郭声健：要学会从不同的角度来思考问题。上面几点有什么不理解的吗？

爱琴海：没有，能理解。

郭声健：那就好。第三部分，提出“京剧进课堂”活动的推进策略。也就是如何走出困境，把这项活动开展下去的对策研究。

爱琴海：嗯。

郭声健：这一部分，我先不给你提示，你可以根据我上面归纳的几个原因，充分发挥你自己的创造性，提出有针对性的解决办法，当然，也必须归纳出几点来。你上面也谈了一些自己的想法，还需要归纳和提炼。**这是写论文首先要具备的素质，即不仅要有零碎的想法，而且要善于从这些零碎的想法中提炼出普遍实用的思路或策略。**

爱琴海：嗯，知道。

郭声健：另外，关于“京剧进课堂”的文章，最近几年发表的也算比较多了，所以，**文献综述很重要，在写开题报告的时候，要从实践和理论两个方面去好好论述一下本选题的意义。**还要说明，你这篇文章和别的文章比较，会有哪些方面的创新。怎么样，开题报告可以写了吧？

爱琴海：嗯，那我再好好找找那些相关的文章来看。老师，文献综述在开题报告里就要写的吗？作为选题的意义吧？

郭声健：需要的。当然，你可以写得简单一点。论证选题的意义也需要，介绍国内外的发展动态也需要啊。

爱琴海：明白。

郭声健：如果没什么问题，那先这样？

爱琴海：好。那我尽快把开题报告写完，您再帮我指导指导。

郭声健：好的。

（数天后收到论文初稿）

郭声健：在不在，聊聊你的论文？

爱琴海：在。

郭声健：摘要帮你修改过了，其中有几句关于文献综述的话删除了，**摘要就是对文章内容和观点的提炼。**另外，“京剧进课堂”被你写成了“活动进课堂”，“关键词”被写成了“关键字”。所以，我要提醒你认真一些啊！

爱琴海：嗯嗯。

郭声健：这篇文章的立意基础是“京剧进课堂”活动面临着困境，那么，文章首先就应该陈述困境。然而，你的文章只是在“引言”的最后一段，用了200来字的篇幅举了一个例子来得出“京剧进课堂”面临着困境这么一个结论，我觉得太不可信了。本来是应该去做调查或访谈的，但既然没有调查，那就要尽可能地收集相关文献，而且不能局限于广东，因为你这篇文章并不存在地域上的概念。你需要引用更多的报纸杂志或网络上的资料与数据来告诉读者，“京剧进课堂”活动的推进正面临困境，这个结论不是你自己杜撰出来的，而是事实。假如面临困境的这个前提不成立或者不具可信度，那么，文章接下来的面临困境的原因分析以及活动推进策略就很难成立了。

其实，根据论文标题，这篇文章最合理的结构是，第一部分是现实困境的描述，第二部分是困境的成因分析，第三部分是走出困境的对策。但现在没有第一部分，所以，你必须在“引言”中加强对困境描述的内容。你在文章中提到了华南师范大学音乐学院的吴鑫慧对“京剧进中小学课堂”在广东的实施情况进行了详细的调查，那你至少可以更详细地转述和引用她的调查数据和结果啊。

爱琴海：这方面的意识不够，所以资料的收集工作做得不够认真。

郭声健：看得出来。你现在工作也找好了，可以投入点精力了。

爱琴海：嗯嗯，知道。

郭声健：读了你的整篇文章之后，一个明显的感觉是，各级标题做得很精致，看得出来花了大力气，我这次又帮你改了好几个标题。但是标题与内容之间有一定的反差，标题吸引人，但内容则显得很单薄，不知你自己是否有这样的感觉？特别是困境的原因分析部分，有几个标题下就只有4～5行字，不说内容写得如何，单就形式上看，就有点像论文的写作提纲，点到为止，没有充分论述。所以，下一步的修改加工任务主要是充实内容。我现在把文章发回给你，目录和摘要都修改过了，你在正文中要把相对应的标题改过来。

爱琴海：好。老师，关于“京剧进课堂”面临的困境也是在引言中陈述就可以吧？

郭声健：我刚看了一下我们前面的聊天记录，当时我是让你写三个部分的，你的开题报告也是写的三个部分，第一部分是讲京剧进课堂的背景及实施状况。这里的实施状况，实际上主要就是谈困境。但现在你没有写第一部分，这也没有关系，如果觉得这很难作为正文的一部分去写，那就依然在“引言”中写吧。

爱琴海：“引言”的作用是什么？

郭声健：怎么问这个问题？**当然是引出论文所研究的话题啊。**

爱琴海：因为我觉得，像我这篇文章，要说京剧进课堂的困境，就要说京剧进课堂的现状，所以在引言中自然就要写到这个。那如果要把现状分出来写的话，引言好像就不知道要写什么了。

郭声健：你现在的“引言”部分，就是引言。**引言只是抛出话题，引言中不可能非常具体地描述现状。但如果没有一个单独的部分描述现状的**

话，那就只有在引言中多说一点了。

爱琴海：就是现状还没写得很充分。

郭声健：是啊。如果你不打算加第一部分的话，那么，除了在引言中具体描述现状之外，最好是把论文题目也改一下，改为：论“京剧进课堂”面临困境的原因及对策。

爱琴海：嗯，这样就把重点放在原因跟对策上了。

郭声健：但现实困境的描述必须有，否则就如我前面说的，会让人觉得困境是你自己想象出来的。

爱琴海：嗯，知道，我会把这一块补上的。

郭声健：好的，那先这样吧。

爱琴海：好，那我有问题再请教老师。

（几天后收到论文修改稿）

郭声健：早上好！我一早起来就看了你的论文修改稿，感觉可以定稿了。有几个小问题在这里跟你交流一下：第一部分困境分析的第一点“学生不熟悉，缺乏兴趣”中，你写了两个方面的问题，即“现实生活影响”和“学习心理影响”，考虑到这两点篇幅都比较小，而且其实都是在谈京剧离学生现实生活较远而导致学生缺乏兴趣的问题，并没有真正谈到学习心理的话题，所以，建议把这两个小标题删除。

第一部分困境分析的第二点“教师不内行，缺乏自信”中，你同样也写了两小点，即“有口难开，京剧延长并非一蹴而就”和“新手上路，京剧教学缺乏经验积累”，虽然这两个小标题归纳得挺不错的，但同样这两点的篇幅都太小，内容也简单，没有必要作为两个小节来写，也建议删除。**其实一篇文章标题太多，并不是好事情，它可能意味着论述很肤浅，点到为止。甚至还可能给人一种像写作提纲的感觉。**上述两点下面的三级小标题删除之后，整个第一部分就都统一了，即都只有二级标题了。

在第二部分的推进策略第三点“利用多种途径，激发学生兴趣”中，你写了三个小标题，即“活用教材”、“动静结合”、“京剧脸谱”。很显然，第三个小标题“京剧脸谱”的表达形式跟前面两个不同，所以，建议改为“巧用脸谱”。

现在我把文章及目录发回给你，可以定稿了，祝贺你！

（文件《论“京剧进课堂”面临困境的原因及对策》已成功上传至服务器）

（注：论文见本书附录）

17. 关于提高音乐课堂教学中学生参与度的思考

Si **蚊**：老师，在吗？

郭声健：在。

Si **蚊**：能聊聊开题么？

郭声健：好的。题目是“如何提高音乐课堂中学生的积极性与参与度”吧？

Si **蚊**：对。

郭声健：**作为标题，用“如何”一词，感觉缺少学术性，尽量不用为好；**另外，“积极性”和“参与度”两者的含义是有交叉重叠的，而且积极性的范围也很宽泛，我建议不要谈“积极性”的问题。学生参与度，倒是一个值得研究的问题。所以，我建议题目改为“关于提高音乐课堂教学中学生参与度的思考”。

Si **蚊**：好啊好啊。

郭声健：开题报告的第一部分，现在写的主要是本选题的实践意义，还要补充文献综述的内容，要交代清楚关于音乐课堂教学中学生参与度问题的研究现状，有没有发表过相关的论文，如果有发表的，那么那些文章又是怎么写的，提出了什么样的观点，你这篇文章可能会有什么样的突破和创新；如果没有人写过，那么说明这个选题更具有研究价值。也就是说，**要通过文献综述来说明这个选题的理论研究价值**。

Si **蚊**：我在网上查了一下，写课堂参与度的文章很少有关于音乐方面的。

郭声健：好。那就说明这个选题比较新，更有价值。开题报告就是需要把这样的信息写出来。你所写的本选题的“研究内容”包含三个方面：一、了解中小学生在音乐课堂中的行为表现；二、了解中小学生在音乐课堂中的内心思想状态；三、探究如何提高音乐课堂中学生的积极性与参与度。我的感觉是，一方面写得太简单；另一方面这三点之间也缺乏内在的逻辑联系。需要重新拟定写作思路和框架。

郭声健：在听吗？

Si **蚊**：在听。

郭声健：建议你设计如下的写作框架：

第一部分：现状描述。重点谈谈音乐课堂教学中学生参与度不高的种种表现，以及原因分析。

……

郭声健：第二部分：理论论证。论证音乐教学为什么需要学生的积极参与。这一部分可以参考我写的《艺术教育论》第三章第三节“中小学艺术教学的艺术参与原则”。

……

郭声健：第三部分：实践探索。提出提高音乐课堂教学中学生参与度的途径和方法。

……

你在忙吗？怎么老不答话啊？

Si 蚊：我想一直看下去……就是说我在开题报告中的第一部分要写明这个研究问题比较新颖是吗？

郭声健：你看我已经讲到第二部分的“研究内容”了，你还在想着第一部分的“选题意义”。

Si 蚊：好的。

郭声健：不清楚就要及时交流，否则聊就没什么意义了。这也是我要跟你们通过QQ聊，而不是直接给你们回信的原因。刚才讲的三个部分的构思，你理解了吗？每一部分应该写什么？

Si 蚊：嗯，第二部分就是研究内容的框架，也就是到时候我要写的论文的框架吧？

郭声健：是啊，两者是一样的。

Si 蚊：第一部分要指出学生课堂中的参与情况，为什么会有这样的情况出现；第二部分要提出音乐课中学生参与的重要性，为什么要学生去积极参与。

郭声健：上面谈到第一部分的现状描述，要侧重谈存在的问题，也就是说现在的中小学音乐课堂教学中学生的参与度很低。表面上看也可能热热闹闹，但实际上学生都是在应付和完成老师的安排之类的吧。第二部分是要从理论上分析清楚，为什么音乐教学更加需要学生的参与。我上面也说了，你可以去看看我的书，那里面已经有很好的论述基础了，借鉴一下。

Si 蚊：嗯，好的。第一部分要突出问题的严重性？

郭声健：是啊。因为存在这样的问题，所以才有写作的价值。如果现在音乐教学中学生的参与度高的话，这篇文章就没有写作的意义了。而且，现实的确是这样，学生很难真正参与，很难真正体验。

Si 蚊：好的，第一部分与第二部分结合就能突出第三部分的研究价值。第三部分就要进一步探讨如何能使学生提高课堂的参与度？

郭声健：什么？你这话我不太明白啊。你是指第一部分和第二部分写好了，第三部分就好有针对性地提出途径和方法吧？

Si 蚊：我想说，第一部分写学生的参与状况，第二部分写为什么要要求学生积极参与，从而更能突出研究如何提升参与度的重要性。

郭声健：应该是说“更能突出研究这个选题的重要性”，第三部分不是讲重要性了，而是该讲如何做了。

Si 蚊：第三部分就是直接探究提升方法了。

郭声健：第一部分和第二部分要写的是必要性和重要性的问题。第三部分则是写在教学实践中如何解决问题。

Si 蚊：好的。

郭声健：所以，第三部分需要好好思考一下，到底通过哪些途径和方法来提高学生的参与度。

Si 蚊：好的，我会去查阅相关书籍和论文资料的。其他学科的方法可不可以拿来借鉴呢？

郭声健：当然是可以的，但关键是要突出音乐学科的特点，照抄照搬当然不好啊。我初步想了下面几点，你可以把它们作为第三部分的小标题，当然你可以在我的基础上改进和充实。

Si 蚊：好的。

郭声健：我归纳了以下四点：

1. 教学设计要提供学生更多的表现机会；
2. 教学内容要充分考虑学生的兴趣爱好；
3. 教学过程要营造平等和谐的人际氛围；
4. 教学评价要充分发挥激励学生的作用。

Si 蚊：好，我想过学生的兴趣爱好和教师与学生的平等关系。如果从设计、内容、过程、评价这四个方面写应该会更加有感觉点。

郭声健：嗯，也就是说要全面综合去考虑。先按照我上面跟你说的，再去把开题报告改改吧。另外，你还要把参考文献补上。

Si 蚊：好的，第三部分的小标题要改在开题报告上吗？

郭声健：当然要写啊。

Si 蚊：好的，直接附在第三部分下面是吧？

郭声健：其实是越详细越好，在小标题下面有几句说明性的文字则更清楚。你刚说的是什么意思？

Si 蚊：我是说直接写在第三部分的下面，然后稍微讲解下。

郭声健：你是说我归纳的那四个标题吧？

Si 蚊：对，我是指提高参与度的方法那部分。

郭声健：是的，我再重复一遍吧，是下面这样的格式：

第三部分：实践探索。提出提高音乐课堂教学中学生参与度的途径和方法。

1. 教学设计要提供学生更多的表现机会。
2. 教学内容要充分考虑学生的兴趣爱好。
3. 教学过程要营造平等和谐的人际氛围。
4. 教学评价要充分发挥激励学生的作用。

Si 蚊：嗯，明白啦！小标题下面也可以简单讲解一下？

郭声健：就是这样啊。如果你能够在每一点下面再具体说明一下就更好了。打个比方，如第一点，提供给学生更多的表现机会，那应该包括些什么样的机会呢？

Si 蚊：好的。谢谢老师，我去改开题报告啦。

郭声健：不客气，周末愉快！

Si 蚊：老师也好好休息！

（数日后收到论文初稿）

郭声健：你什么时候在啊，请尽快联系我，你的论文问题比较大。

Si 蚊：老师，我在。

郭声健：那开始吧。你把论文打开，好对照看。

Si 蚊：好的，已经打开了。

郭声健：文章现在分为三大部分，第一大部分是“音乐教学为什么需要学生的积极参与”，从这一部分的三个小标题“音乐培养人的情操”、“音乐抒发人的感情”、“音乐开发人的智商及情商”来看，你对为什么需要学生积极参与的解释是没有说服力的，你论证的是音乐对人的成长的作用，而不是对学生参与的作用。按照我的理解，只有学生积极参与了，才能真正感受音乐的美和愉悦，才能真正对音乐学习感兴趣，他们才能满足自身的表现欲望和抒发自己的情感，课堂教学的气氛才能真正活跃起来，音乐教学效果才能更好，等等。我说的这些，才跟学生的积极参与有关啊。而你现在说的这些理由，跟学生的积极参与这个主题离得很远。鉴于这种情况，现在有两种修改的方案，一种是还保留这一部分，但必须要重新写，这估计时间上有些来不及；另一种方案就是删除这一部分，把你觉得有点价值的内容并入引言中，这样的话，原来这一部分的所有标题都要删除。另外，引言一定要尽量紧扣“学生参与”这个话题去写，就像我上面说的这样，到底学生积极参与有什么好处呢？你直接回答这个问题就行了，而不要老讲那些大话空话。我建议你采用第二种修改方案，因为那种相对可行一点。

Si **蚊**：好的。

郭声健：第二部分的标题改为“音乐课堂教学中学生参与度不高的表征及原因分析”，下面的三个标题“作为学生的我所在的课堂”、“作为教师的我所在的课堂”、“示范课观摩时我所在的课堂”倒是归纳得挺有意思的，但我看了文章内容后，觉得写得不过瘾，照理这几个方面都是你自己的亲身经历和体验，应该有更多的东西可写，我建议写得更具体、更丰富、更形象一点。倒是在“原因分析”方面还写出了你自己的一些思考。

Si **蚊**：好的，可以填充些课堂实例或者学生的心理反应吗？

郭声健：是啊，当然可以，而且需要。这就是我说的“要更加具体”。

Si **蚊**：好的。

郭声健：第三部分“如何提高音乐课堂教学中的学生参与度”，写得比较乱，交叉的内容比较多。如第一节“教学设计要提供学生更多的表现机会”中，你写了三个方面，第一是“课堂内容设置多以互动及分享为主”，但实际上应该是写“设计互动与分享环节”，而不是内容设置；第二是“课堂欣赏设置多以经典为主”，一方面，设置多一点经典的内容学生参与就会多吗？另一方面，这也不属于“教学设计”的范畴，而是“教学内容”的范畴。另外，我看了你写的内容，我发现你刚好把意思表达反了，你本来是想说不要只是经典，而要更多地选择一些学生耳熟能详的内容。这一点要写也必须是在下一节“教学内容要充分考虑学生的兴趣爱好”中去写。第三是“课时练习设置多以竞赛为主”，我猜你主要是想表达“设计表演与竞赛环节”吧。所以，第一小节我建议你就写两点，即“设计互动与分享环节”和“设计表演与竞赛环节”，这才是在讲教学设计，而且在写作时，一定要紧扣教学环节和教学形式这个主题，别跑到教学内容去了。

第三部分的第二节“教学内容要充分考虑学生的兴趣爱好”中，你写的两点是“设置特殊环节，让学生在课堂中表现快乐”和“设置烘托课堂氛围的导入”，很显然，这两点都不是讲教学内容的啊。你可以考虑写如下两点：“处理好教材内容与学生喜好的关系”、“处理好高雅音乐与流行音乐的关系”。就是说我们要在保证教材内容教学的基础上尽可能关照学生现实的音乐生活，要在保证高雅音乐和经典作品教学的基础上适当引入学生喜欢的流行音乐。

Si 蚊：那我可以把这两个标题改成您写的然后再加以修改吗？

郭声健：就是要这样啊，你要根据我现在帮你拟定的小标题来写。等会我就把目录发给你。

Si 蚊：好的，谢谢老师！你说的“教材内容与学生喜好的关系”，怎么理解呢？

郭声健：就是说不要一味地教教材内容，因为教材毕竟是死的，必须要随时引进学生喜欢的内容，以激发学生参与的兴趣。也就是说既不能抛弃教材一味迎合学生的喜好，也不能死守教材而不顾学生的喜好。

第三部分的第三节“教学过程要营造平等和谐的人际氛围”和第四节“教学评价要充分发挥激励学生的作用”，因为这两节的下面都没有小标题了，所以，就不存在前面两个小节那种文不对题的问题，但是，我发现这两个小节也写得并不理想，主要问题是落脚点并没有落到“提高学生参与度”这个主题上来，师生平等关系的建立，目的之一就是要让学生有胆量、有自信、有自由地积极参与，而不是时刻都害怕老师，看老师的眼色行事。评价也是这样的，无论是教学过程中教师对学生的评价，还是音乐考试的评价，教师都要以鼓励、欣赏为主，要善于发现学生的优点和长处，要树立学生的自信心，这样学生就会很积极很放松地去参与了。另外，这两个小节也要尽量地谈得具体一点，让读者清楚到底应该怎么做才能营造平等和谐的师生关系，才能充分发挥评价的激励作用。

我先把目录发给你。

Si 蚊：好的，谢谢老师！

郭声健：你对照一下学校的规定，看是不是下面这样的：

1　中文摘要及关键词

2　英文摘要及关键词

3　引言

4　音乐课堂教学中学生参与度不高的表征及原因分析

　4.1　作为学生的我所在的课堂

　4.2　作为教师的我所在的课堂

　4.3　作为观摩者的我所在的课堂

5　如何提高音乐课堂教学中的学生参与度

　5.1　教学设计要提供学生更多的表现机会

　　5.1.1　设计互动与分享环节

5.1.2 设计表演与竞赛环节

5.2 教学内容要充分考虑学生的兴趣爱好

5.2.1 处理好教材内容与学生喜好的关系

5.2.2 处理好高雅音乐与流行音乐的关系

5.3 教学过程要营造平等和谐的人际氛围

5.4 教学评价要充分发挥激励学生的作用

6 结语

7 参考文献

8 致谢

Si 蚊：对的，是这样的。

郭声健：理解了吧？就是说原来文章的第一部分“音乐教学为什么需要学生的积极参与”现在已经删除了。

Si 蚊：那第一部分我就不用写了么？就直接在引言里面表达了呗？

郭声健：我担心你写不好，所以索性就删除了这一部分。

Si 蚊：好吧，那我第一部分就直接在引言里面表现了，那开题报告和论文不符合怎么办啊？

郭声健：和开题报告不符合是没有关系的。你原来文章中解释音乐教学为什么需要学生的积极参与所说的那三点理由，并不是解释这个问题的理由，而是在谈音乐的作用。也就是说，你必须在引言里说清楚为什么音乐教学要强调学生的积极参与，就如你文章标题所说的，你要解释一下为什么要提高音乐课堂教学中学生的参与度。必须是直接回答这个问题，而不要扯到别的方面去了，特别是不要讲一些毫无意义的空话大话。

可以说，你的修改任务是最重的，请认真投入。我不希望你们班任何一个人掉队。

Si 蚊：好的，我会加油的！我尽快修改，然后再发给您看看，成不？

郭声健：行啊。因为改动很大，我不看肯定不放心。

Si 蚊：好的，谢谢老师啦！

郭声健：稍等一下。我把你的摘要改了一下，现发给你。“在当今中小学音乐课堂教学中，因为种种主客观原因，学生的参与度不高，经过对学生的访谈及自身经验的总结，本文对音乐课堂教学中学生参与度不高的表征及原因进行了分析，并重点探讨了提高音乐课堂教学中学生参与度的四条途径：①教学设计要提供学生更多的表现机会；②教学内容要充分考虑学生的兴趣爱好；③教学过程要营造平等和谐的人际氛围；④教学评价要充分发挥激励学生的作用。”

Si 蚊：好的，可以找人翻译英文不？

郭声健：可以。你一定要加油啊！

Si 蚊：好，我会加油的！

（第三天收到论文修改稿）

郭声健：在不在啊？

Si 蚊：在。

郭声健：刚看完了你的论文，比上一稿好很多了，文不对题的问题算是比较好地解决了。

Si 蚊：还有什么需要改的吗？

郭声健：目录的个别措辞我改过来了，引言部分感觉还是空话太多，我已经帮你删除了一些。

Si 蚊：好的，谢谢老师！

郭声健：应该可以定稿了。不过，有个问题我需要特别提醒你一下。

Si 蚊：怎么了？

郭声健：第一部分“音乐课堂教学中学生参与度不高的表征及原因分析”中，你分三个阶段来叙述了自己对学生参与度的表现情况，但这三点的顺序，正文和目录却不一致，你真粗心啊，这样的问题都能出现，我已经帮你调整了。还有，“如何提高音乐课堂教学中学生参与度”本来应该是正文的第二部分，但你却写成了第三部分，你的粗心水平可算是到家了，佩服！

Si 蚊：我忘了检查了，原来的第一部分删除了，看到第二部分就修改了过来，其他部分就忘记修改了。谢谢老师啦！

郭声健：也能够理解，你是在这么短的时间里完成论文初稿并做修改的，这样的问题显然是因匆忙而导致的。**以后做什么事情别踩着时间点，一定要尽早完成，这样才不至于被动。**

Si 蚊：嘿嘿，好的！

郭声健：好啦，我把文章发给你吧。论文写作告一段落，接下来祝你求职顺利！

Si 蚊：老师，我求职也差不多啦！

郭声健：是做老师？祝贺！

Si 蚊：是的，考试已经通过，现在就差政审和体检了。

郭声健：好好好，将来一定要当个好老师！

Si 蚊：嗯好，一定要做一个学生喜爱的音乐教师！

18. 关于完善初中音乐课程考试的思考

5 +1：老师，我写的开题报告已经发到您邮箱里了，请查收。

郭声健：刚收到了。你在不在？趁这时候有空闲跟你聊聊开题报告。

5 +1：好的，麻烦老师了。

郭声健：那好，我们开始吧。音乐课程的考试，的确是一个值得研究的课题。如果考试形式和内容得当，不仅会促进音乐教学的完善，而且对激发学生音乐学习兴趣也能起到非常重要的作用。所以，这个选题还是值得做的。但是你的题目"完善音乐课堂——初中音乐课该如何考试"，我觉得还值得进一步推敲。因为，正标题"完善音乐课堂"比较虚，没有必要戴这样一顶大帽子，就直接表述为"关于完善初中音乐课程考试的思考"就可以了。

郭声健：在听吗？

（连续发送了两个窗口抖动）

郭声健：怎么不说话呢？看来可能是掉线了。那我继续把我的想法说完吧。

你在开题报告第一部分中谈到，"许多学生都因为音乐课的考试而从喜欢音乐到不喜欢音乐，甚至是害怕音乐。就因为音乐课考试考得不当，让学生本来应该喜爱应该享受的音乐课而变成了负担，这样不仅看不到成效，而且还有了反效果，真是得不偿失。"我觉得这段话说得有点过分了，"学生不喜欢音乐"这种现象应该不至于出现，学生都是喜欢音乐的，有部分学生不太喜欢的是"上音乐课"，这个现象是存在的，但这也并不是或主要不是音乐考试惹的祸。导致学生不喜欢上音乐课的原因，最主要还是我们日常的音乐教学本身，而不是期末的音乐考试。如果要检讨考试存在的问题和导致的后果，我想比较客观的评价应该是：我们现在的音乐考试，一方面不能科学、全面地反映音乐教学的效果，尤其是不能充分地体现出学生在音乐学习方面所取得的成绩；另一方面是并没有发挥出考试所应有的对学生学习音乐所产生的激励作用，甚至有可能反而导致学生不喜欢上音乐课。我这里特别用了一个词"有可能"，意思是我们不能一味地把学生不喜欢上音乐课的责任全部推在考试身上。所以，**我建议你的这篇**

文章定位为“完善音乐课程考试”，而不能全盘否定以往的音乐考试。我们现在的音乐考试肯定是有做得好的一面的，特别是基础教育音乐课程改革之后，但也肯定是存在问题的，写这篇文章的目的就是要找出和分析音乐考试存在的问题，并提出解决这些问题的思路或对策。这便是本选题的实践意义。

另外，在开题报告的第一部分，你还要有一定的文献综述。就是说你通过对现今音乐教育研究成果（主要是音乐教育方面的书籍和论文）进行梳理后发现：目前关于音乐考试的研究成果并不多，特别是专门研究初中音乐考试的论文很少，关于音乐考试的内容大多都是在音乐教学论文或书籍中顺带提及。你也可能发现关于音乐考试的研究成果比较多，而这些研究主要侧重于哪些方面，还有，你写这篇文章又将在哪些方面有突破和创新。**通过文献综述，你才能够说明这个选题的理论研究意义。**

关于“研究内容”，你构思了三个部分，思路也还算清晰，但是你写的“第一部分：陈述学生因为音乐考试不当而从喜欢音乐课到抗拒音乐课的现状及原因分析”，因为前面我谈到的理由，需要做调整，“学生因为音乐考试不当而从喜欢音乐课到抗拒音乐课的现象”，我想这是你个人的一种猜想，我们不能先这么下结论，我们需要抱着一种客观公正的态度去进行调查。所以，第一部分应该改为：关于初中音乐考试的调查现状描述及原因分析，调查的重点对象为学生，也包括音乐教师。第二部分应该是重点分析当前初中音乐考试存在的问题及其后果，这自然就论证了改进和完善音乐考试的必要性或理由。第三部分则是提出改进和完善初中音乐考试的基本对策或思路。如果第二部分关于初中音乐考试存在的问题、第三部分关于改进和完善初中音乐考试的思路两个版块中，你能够分别提炼出几个小标题，那样就更好。如果暂时提炼不出，也没关系，那就要从现在开始好好思考这两个问题，因为在正式的论文写作时，肯定是必须要提炼出来的，否则文章写出来就可能会比较乱，观点不集中也不鲜明。

“参考文献”部分，还缺少与本选题有直接关联的论文，你可以上“中国期刊网”查找相关文献，键入关键词“音乐考试”，相关的文献就能够搜索出来，通过学校图书馆里的“电子资源库”就可以登录“中国期刊网”。这个你自己去摸索一下就可以很快掌握了的。另外，我刚通过Google搜索到一篇小文章，很有意思，我觉得对你写这篇文章应该有启示意义，发给你吧。这篇文章的题目是“音乐考试，改变了我”。

音乐考试，改变了我

我，是一个内向的人。

我，从来不和别人多啰唆，通常是一个人快乐，一个人悲伤，一个人前进，一个人跌倒，一个人做作业，一个人玩耍……

偶然间，一样东西改变了我，使我变得不再内向，变得开朗，而这样东西就是——音乐考试。

小学的时候，无论是老师还是家长，一般都不重视音乐这类科目的，而致使我内向的主要原因就是音乐，所以每次音乐考试都算是小合唱了。

到了中学，我仍以这种趋势发展，尤其是音乐，一听到别人唱歌，就觉得身上有点不自在。在初一音乐考试时，老师竟阴差阳错地说出了这样一句话："今天我们音乐考试的内容不限，一个一个地唱。"

当时，我脸都吓白了，"哎呀，怎么整出个'一个一个地唱'呢?"这下怎么办?瞎猫碰死耗子?问题是死耗子也没有一个啊，这下咋整啊?我陷入沉思。

"36号。"老师叫道，这么快?我只能做无头的苍蝇了，飞到哪儿撞到哪儿算哪儿吧!

"走在……乡村……村的小……路上……"第一句才完，我的脸已经红得可以与猴子的屁股相媲美了。

"还可以，不过太结巴了，82分吧!"

82分?对我来说，这是我的历史上的一次重要的飞跃啊!"

……

人是可以改变的，小人可以变成大人，坏人可以变成好人，内向的人可以变成开朗的人。

我自从那次音乐考试后，如同喝了天降的甘霖，立刻变得开朗起来，不但不怕音乐考试，还克服了其他一些困难。

我，改变了。是音乐考试，让我拾起了自信，它改变了我。

（第二天）

5+1：老师不好意思，昨天突然就上不了网了，一直重新登录，到11点半我就没上了，不过您发的东西我都能收到。

郭声健：好的，收到了就好。你可以参考我昨晚讲的，再修改一下开题报告。

5+1：好的。谢谢老师！我有不明白的再请教老师。

郭声健：没问题。

19. 借周杰伦之力激发学生的音乐学习兴趣

阳光灿烂： 郭老师，上次听了你的讲座感触很深。

郭声健： 只是蠢蠢欲动，没有实际行动吧？

阳光灿烂： 哈哈，原来您真的好风趣啊！

郭声健： 没有，我整天坐在电脑旁，腰酸背痛的。

阳光灿烂： 我现在准备写一篇教学论文，是关于六年级的音乐教学的思考。

郭声健： 好啊。

阳光灿烂： 哈哈，辛苦您了啊，不过现在一定要好好抓住这机会请教您了，麻烦听我啰唆几句。

郭声健： 没问题，写好了，让我学习学习。

阳光灿烂： 刚才正准备给您写信的，哈哈，我还在整理一些资料。

郭声健： 不要这么正式，现在聊就好。

阳光灿烂： 我发现，绝大部分六年级的学生都受周杰伦影响，一上课就吵着要学他的歌，对课本上的内容基本不感兴趣，我觉得他们中毒太深了，是不是啊？

郭声健： 不能这么理解啊。很正常的。很多人包括很多成人都喜欢周杰伦，我们不能只允许自己喜欢而不让学生喜欢，况且周杰伦也不是毒品。

阳光灿烂： 所以想从这个角度来探讨一下六年级的音乐教学，我们音乐老师应该怎么做呢？

郭声健： 尊重学生兴趣，进行有效引导。

阳光灿烂： 嗯，是的，我最近一直在搜集他的资料，听他的歌曲，也有几首觉得还可以的，如《菊花台》等，但是觉得学生也并不适合演唱他的歌啊！

郭声健： 嗯，好办法。从收集周杰伦的歌开始，看他哪些歌汲取了民间音乐和传统音乐的素材。

阳光灿烂： 嗯，这些我都搜集了。请指点，我不知道这题目该怎么写啊，呵呵，从哪个方面切题会更好呢？

郭声健：题目的表述是很简单的事情，关键是要看内容。问题是，如果写教学论文的话，你还没有具体实施吧？在课堂上跟学生谈起过周杰伦的歌了吗？

阳光灿烂：我做了学生的问卷调查，了解了他们对周杰伦的歌曲的喜好，等等。

郭声健：这样吧，“借周杰伦之力……”，你的文章，可以从这个角度去思考，这就是个好选题。“借周杰伦之力激发学生的音乐学习兴趣”、“借周杰伦之力培养学生对民族音乐的感情”、“借周杰伦之力引学生走进传统音乐”之类。关键是看你重点想写什么。

阳光灿烂：哦，我也想了一些非常俗气的题目。如“周杰伦音乐风格给我音乐教学的启发”，哈哈，很俗气吧？老师，您真好，哈哈！

郭声健：你这个题目其实跟我的也差不多，但还不是很好。当然，如果你还没真正在音乐教学中实施的话，也是可以的。

阳光灿烂：教授在我心目中就是不平凡的，呵呵。

郭声健：没有，教授本就是平凡的，教授就像经理，遍地都是。“周杰伦的音乐风格带给音乐教学的启示”，这个题目本身还是不错的。问题是这“教学的启示”是不是由周杰伦的音乐风格直接带来的？

阳光灿烂：嗯，其实我更觉得传统音乐中不是有更好的作品能给学生带来正确的价值观引导吗，但是学生就是有些排斥，尤其是六年级啊！

郭声健：是啊，所以你就要分析周杰伦的哪些歌曲的创作元素就来自于传统音乐。

阳光灿烂：“借周杰伦之力……”，这个题目我很喜欢啊！

郭声健：对，你把这个题目的后面部分补充完整，就是一篇好文章。

阳光灿烂：哈哈哈，谢谢！

郭声健：既然学生喜欢周杰伦，我们就要利用他、通过他来达到我们自己的教学目的。要跟学生说，老师我也很喜欢周杰伦啊，因为周杰伦的好多歌都是取材于民间音乐或传统音乐的。以这样一种宽容、分享的心态跟学生交流，学生就会和老师很贴近了。师生关系好了，老师说的话学生就相信了。

阳光灿烂：嗯，不过我也看了很多关于批评周杰伦的……

郭声健：不要去批评周杰伦，否则，学生更加反感老师。

阳光灿烂：是的，我们在学校都不敢让学生听他的歌，怕校长批评，呵呵。您的话说得我们心里去了！

（几天后）

阳光灿烂：郭老师，每次想和您谈心得的时候都可以看到您，真开心。我刚下课，今天我真的就在六年级的课堂上让他们欣赏并且学唱了《菊花台》，要求他们感受这首歌曲的音乐情绪，听辨有什么民族乐器在伴奏，最后要求他们唱会前四句的简谱。真的，我很轻松地、很好地完成了这节课，可以感受到学生是多么的乖，沉浸在音乐当中，很顺利地学会了这几句曲调，感觉他们在演唱的时候是那么享受，我也被感动了，这种感觉久违了。因为我带他们音乐课四年了，从二年级到现在变化太大了，中低年级活泼可爱，很容易调动他们的兴趣，到六年级可真的要花心思设计每一节课，才能真正抓住他们的心啊！好像要谈恋爱一样那么用心哈哈哈！有时候觉得累，但是很欣慰！

郭声健：祝贺你啊！

阳光灿烂：谢谢您的指点。

郭声健：没有。是你让我分享了你的经验和快乐。希望你能够把这些一点一滴的感受都用文字积累下来，这是一笔难得的教学和科研财富。

阳光灿烂：哦，这样的东西您觉得可以吗？呵呵，是不是有点夸张啊？好，听您的。

郭声健：很好啊。这怎么叫夸张呢？我觉得你充分地借用了周杰伦之力，既让学生听辨了民族乐器，又让学生练习了唱简谱，可以说，音乐知识技能的教学被你巧妙地融入学生喜爱的音乐活动之中了。

阳光灿烂：谢谢鼓励！在您的鼓励下我更有勇气去调整我的教学方法和课堂设计了，有信心和动力去灵活运用教材和补充教材了，哈哈。教学时间长了，有时候以为自己没什么大毛病，其实越是这样就越可怕，所以时刻都需要有像您这样的老师来指点啊！

郭声健：好啊，我们随时联系交流，共同探索和进步。

（数日后）

阳光灿烂：郭老师下午好！好久都没有见到您了，现在回到广州了吧，最近肯定很忙啊！我的论文已经发到您邮箱了，收到了吗？

郭声健：收到了。等几分钟我跟你聊聊吧。

阳光灿烂：好的。

郭声健：好，开始吧。先谈谈标题，“借周杰伦之力激发六年级学生的音乐学习兴趣”，标题中的“六年级”没有必要明确提出来，因为周杰伦不只是六年级学生喜欢，其他年级的学生也同样喜欢。另外，能借周杰伦之力来激发六年级学生的音乐学习兴趣，也照样可以激发其他年级学生的学习兴趣，所采用的教学方法或思路，在年级之间是没有实质性差别的。当然，标题上不提“六年级”了，但你在文章中列举教学实例的时候，是照样可以以六年级为重点的。所以，标题可改为“借周杰伦之力激发学生的音乐学习兴趣”。

阳光灿烂：哦，好。

郭声健：“摘要”的写法不对。你现在写的摘要，相当于你这篇文章的引言，也就是文章的开头部分，考虑到你现在的文章刚好没有开头，而直接就是一、二、三点了，这让人感觉非常突然和别扭。所以，我建议把现在的摘要变成文章的开头（也叫引言），摘要必须重新写。**所谓摘要，是非常精炼地概括全文的主要观点和内容，相当于语文教学中的“中心思想”，一般情况下，把论文的小标题串联起来就差不多了，因为小标题是文章各部分内容的高度提炼。另外要注意，摘要中不要出现“我”、“笔者”之类的词，而应该用“本文”来表达。**明白了不？

阳光灿烂：好的，明白了。

郭声健：关键词应该是：周杰伦；学习兴趣；师生关系；教材；审美体验。周杰伦应该是这篇文章中的第一个关键词。因此，再建议你在文章的开头部分，适当地就学生为什么喜欢他写几句话。

阳光灿烂：这样，我文章内容应该要作一些调整和补充了吧？

郭声健：没有啊。你这篇文章本来就是这样的。一般来说，**很多文章的关键词，其实就是论文标题中出现的词，**你不妨去看看刊物上发表的那些论文是不是这么一回事。

阳光灿烂：嗯，好，根据您的指导我再仔细修改。

郭声健：你这篇文章的三个小标题还是比较清楚的。不过也可以进一步精炼一点，另外可以考虑在用词上有所递进。

阳光灿烂：您会不会觉得我的举例太多了啊？

郭声健：不会。这篇文章本来就是属于那种在经验总结的基础上写出来的文章啊，是对教学实践经验的总结与提升，而并不是一篇侧重理论研究的文章。所以，没关系的，**有例子才有说服力，才使得文章更加鲜活。**

阳光灿烂：哦，呵呵，那我就放心了，我总怕写出来的东西有些像工作总结而不是真正的论文。

郭声健：我再继续讲三个小标题啊。我在你原来的基础上帮你进一步提炼了一下，第一个：借周杰伦之力构建和谐师生关系，引发学生的音乐学习兴趣；第二个：借周杰伦之力灵活使用教材，激发学生的音乐学习兴趣；第三个：借周杰伦之力获得审美愉悦体验，强化学生的音乐学习兴趣。

阳光灿烂： 好。

郭声健： 发现没有？我用了三个不同的词。你原来的用的都是“激发”，当然也可以的。现在换成了三个不同的词——引发、激发、强化，因此在文章写作的过程中，也要相应地有所体现，要让读者感觉到学生通过引发、激发、强化，学习音乐的兴趣越来越浓了。对了，再提个小问题。第二点中介绍杨老师的那个教学案例，好像跟本选题没什么关系，我建议删除。如果要充实案例，我建议还是找跟周杰伦有关的教学案例比较好。

阳光灿烂： 突然明白了，真好。细节用词真的很关键。

郭声健： 好啦，前面谈的都是你文章的一些小问题。最后我要表扬你几句才行。读了你的论文正文后，我感觉到你的写作基础是很不错的，尤其表现在文字表达流畅，内容很实在，而且都出自自己的经验和感受，没有写什么空话套话，可以说是“原创作品”。我相信，你若继续坚持写作，一定能够写出很好的论文的。发表论文我想也是指日可待的事情。

阳光灿烂： 非常感谢！论文等我改好了之后再请您过目，辛苦您了，很感谢您的耐心指导。

郭声健： 那先这样。我刚从北京出差回来，是在飞机上看的你的论文。现在还有一个学生正在网上等着我跟她讲论文的开题报告呢。

阳光灿烂： 哦，天啦，我真的好感动！

郭声健： 别别。老师们能够有心做事，我应该支持的，我觉得这是老师应尽的起码的责任。虽然我对你还对不上号，可认识不认识又有什么关系呢，像你这样好学的一线老师，尤其应该得到我们的支持。那就不多聊了啊？

阳光灿烂： 好，您先忙，祝您天天快乐、健康幸福！

郭声健： 谢谢！

（第二天）

阳光灿烂： 郭老师您好！肯定很忙吧，摘要我已经改了，您帮我看看可以吗？谢谢！

摘要：苏联教育家霍姆林斯基说，“促进学生发展的起点就是激发学生的学习兴趣”，为了让学生乐学、善学，激发学生的音乐学习兴趣，通过对本校四至六年级的问卷调查得出，87.7%的学生表示非常喜欢周杰伦的歌曲，认为他的歌曲题材丰富，有个性和创意，歌曲的说唱很有节奏感，听起来很放松愉快的感觉等等。因此，在小学音乐课堂教学过程中，采用了借周杰伦之力来构建和谐的师生关系，灵活运用教材，让学生获得审美愉悦体验来激发学生音乐学习兴趣，调动学生的学习积极性，取得了较好的成效，以下谈几点浅见。

郭声健：你好！你的论文摘要还是太啰唆了，只需要这样写就可以了：

摘要：针对学生普遍喜欢周杰伦的现实，本文就如何尊重学生喜好来激发音乐学习兴趣进行了初步探讨，提出了通过借周杰伦之力构建和谐的师生关系、灵活运用教材、让学生获得审美愉悦体验等，来激发学生音乐学习兴趣的观点，并提出实践例证。

20. 实效而不花哨的音乐教学

舞娃：郭老师，我在听您的讲座之前，就省比赛的课例写了一篇文章，想请您帮忙看看可以吗？

郭声健：可以的，没问题，你发过来吧。但我上午等会儿就去上课了，可能要晚点才能看。不要太着急啊。

舞娃：好的。不过我自己感觉这个还有点像记叙文，不像论文。但是我还没有进一步修改。想先听听您的意见。

郭声健：那我先看看吧。

（成功接收文件）

舞娃：昨天您说的，找别人的论文提出相反意见，这个我觉得挺有意思的。

郭声健：当然，但这只是论文选题思路之一。

舞娃：哎呀，发给你的文章后面有一些别人给的修改意见，忘记删了，最后一页都是。显得对您不够尊重了。抱歉！

郭声健：没关系的。我也好看看别人的意见是怎样的。

舞娃：那好，等您看完再聊。

郭声健：好的。我马上要去大学城上课了，88。

舞娃：好的，88。

（几天后）

郭声健：张老师好！读了你的文章《谈谈如何打造优质课——观摩广东省第五届中小学优质课现场教学比赛有感》，最深刻的印象就是你的论文写作基础很好，突出表现在文字表达流畅，归纳能力较强。我读了你这篇文章，基本上就了解了你们这次优质课观摩活动的情况。应该说，能做到这一点，非常不容易。不过，如果按高要求来看这篇文章，还是有提升空间的。

首先，**文章标题与内容不是很吻合。你的文章，应该是对这次活动的一次很好的总结，**所以，题目如果是“广东省……教学比赛综述”或“广东省……教学比赛的几个特点”则比较好。其实，这篇文章还不是如你副标题所示的“观摩……有感”，因为你文章中“有感而发”的内容并不多，大多是在“陈述事实”，也就是我昨天说的，属于总结性的文章，而并没有“解释事实”。文章更不是“谈谈如何打造优质课”，因为这个题目很显然必须谈自己对打造优质课的构想，即通过哪些途径或如何做来打造优质课，若写这个题目，应该主要是提出自己的构想，而不是介绍别人的做法，别人的做法最多就是佐证自己构想的论据而已。这里介绍一个办法来验证你的标题是否与内容吻合：你现在的标题是“如何打造优质课”吧，那么你文章中的小标题能不能直接回答“如何打造优质课”这个问题呢？如果不能回答，那就不合适了。**如果是谈自己的构想，那下面的小标题表达的意思是“应该怎么做”，而不是“已经这么做了”。**

其次，如果不是想写总结或综述，而是想写论文的话，我建议文章不要面面俱到，像领导做总结报告一样，生怕漏掉了什么没有被总结出来，这没有必要(你现在这篇文章，就是一篇比较好的省音乐教研员在活动闭幕式上的总结讲话)。能不能写写这次比赛令你感受最深的某一个方面，由此充分表达一下自己对这个问题的想法？也就是说，可否以这次比赛活动中某一方面的特点切入，或者以某个比赛案例切入，来探讨或陈述一下你对这个问题的看法？

我觉得从你的这篇文章中，完全可以提炼出好多论文选题的，如“由优质课比赛中欣赏课比重增加引发的思考”、“小学音乐教育期待更多的男性教师”、“不容忽视的音乐教师基本功”、“实效而不花哨——音乐教学设计的基本要求”……这些题目都是我看了你的文章之后，觉得你可以写的选题。当然，选题有了，但具体如何写可能你还没有太多的想法，这就需要你做进一步的思考。有了进一步的思考之后，再写出来的东西，就不会只是陈述别人比赛的事实了，而是自己通过观摩比赛所获得的、真正属于自己的感受了。

我昨天在讲座中特别强调了一点的，**每写一篇文章，一定是要解决一个问题。**那么，我们在确定选题的时候，首先要明确我写这个题目，到底是为了什么？能够明确回答这个问题了，文章就好写了。

张老师，你若有进一步的想法或打算（比如你觉得对哪个题目感兴趣），我们再随时交流。你有这么好的写作基础和教学实践经验，相信一定能够写得出一手好文章的。祝好！

（几天后）

舞娃：郭老师，首先非常感谢您的回复，真的，有一种茅塞顿开的感觉。其实我这次去清远听课，就是带着写论文的目标去的，所以回来就马上动笔写了出来，您提出的问题很透彻，也是我之前有很多疑惑但还不知道怎么去修改的。我很有信心继续写好这篇论文，特别是有您这样一位老师，这样的指导的话，我特别想一直用这种激情写下去。我一直以来是一个喜欢写作的人，但是个性很鲜明：对于陈述性的，或者真实情感的东西，比较有感觉；对于过于理论化的东西比较排斥，或者说非常缺乏自信，自己知道毛病所在，改起来却有点困难，不过我会努力的。

郭声健： 张老师，我觉得不只是一篇文章，真的可以写几篇的，不过要一篇一篇来。其实，也不见得是理论化的，把自己的思考写出来就行。有机会的话，看看我的书吧。很直白的话，没什么理论的。

舞娃： 好啊。我先去上课了。

(几小时后)

舞娃： 管老师推荐了您的书《琴歌舞笔——音乐教师写论文》，但是我们买不到。

郭声健： 不要看那本书了，看现在的书吧。

舞娃： 现在的？有书名提供吗？当当网有没有的卖？

郭声健： 当当网上应该有的。书名就是我昨天给你们介绍的。因为很好读，大家会有点兴趣。我正给一位廖老师寄书呢，她希望我给签个名。

舞娃： 哈哈，我有没有份啊？

郭声健： 现在让一线老师啃很学术的书，的确有些勉强。

舞娃： 嗯。您太知道我们的心思了。

郭声健： 是啊。所以，我这两年写的东西都很通俗的。《音乐教育书简》、《美国音乐教育考察报告》、《音乐教育越洋对话》这三本书不是书信，就是对话，或是随感。但并不意味着里面就没有理论啊。我力争深入浅出。这几本书当当网上都有卖的。

舞娃： 好的。郭老师，我还想问一个问题。

郭声健： 你说。

舞娃： 我想发给你看看我另一篇文章《实行新课标，不要走另外一个极端》。这是我以前写的，获得了东莞市一等奖，但是之后就没有下一步了。不知道有没有机会投稿发表呢？我曾经寄出去参加全国的一个论文比赛，还是中小学音乐教育里面的征文比赛，结果最后却是大开口要钱、花钱就给奖牌的。

郭声健： 那样的征文比赛活动就不要参加了。其实，我们现在写文章不要再戴上“实施新课标”这样的帽子，因为新课标都实施这么多年了。所以，现在看的话，这样的措辞就要改改。因为都是“实施新课改”啊。

（成功接收文件）

郭声健：我刚浏览了一遍你的论文，我喜欢这种查找问题的文章。只是要把“新课改”的帽子摘掉，另外，**标题其实可以更具体一点，能够直白地表达自己的观点最好。**根据你文章的内容，这类题目都是可以的：“传统不等于过时——反思音乐课堂教学改革”、“别把音乐教学的好传统都改掉”、“音乐教学中的常规环节不可丢”，等等。

舞娃：这是两年前写的，说的是。您真是太有经验了！我常常为了一个合适的题目，想爆脑袋都一无所获。在您前面提到的几个标题中，“由优质课比赛中欣赏课比重增加引发的思考”对于我来说可能有点难度，因为我个人本身对欣赏课的心得就比较缺乏，积累很浅；“不容忽视的音乐教师基本功”的话，担心自己写不出太多的新意，会写着写着就“土著”去了；“小学音乐教育期待更多的男性教师”，我觉得光题目就已经很吸引人，也许比较会给人眼前一亮的感觉，起码我刚看到的时候有这样的感觉，不过不知道到展开来说的时候会不会就变得词穷了；“实效而不花哨——音乐教学设计的基本要求”这个是我目前个人感觉最需要的、最实用的，但是也有一点点担心不够深入。写我是一定会坚持的，这次听课本身就是带着写论文的目标去的。

郭声健：根据我的经验，写着写着，想法就出来了。所以，先不要给自己下个结论说没有东西可写，让自己产生心理障碍，要动笔了才知道。

舞娃：那在后两个题目中选一个好了。

郭声健：要趁热打铁。**如果选定了一个题目的话，先思考一下，能不能列出几个小标题，也就是打个提纲之类的。**这几个题目我那是随便想的，表述还不严谨，只是大概意思。

舞娃：趁热打铁确实很有必要，哈哈，灵感稍纵即逝。那就选最后的“实效性”那一个吧。因为感觉那个比较适合自己。

郭声健：可以，但那个标题不太好，到时候要重新拟定。不过要表达的意思是明确的。

舞娃：只要方向没错就行。

郭声健：文章首先要谈出问题，即音乐教学设计追求形式上的花哨的现象普遍存在，那么就要说明具体有些什么表现，也就是要提出问题。文章第二部分应该是分析问题，即为什么会出现这个问题，这个问题会导致什么样的后果。

舞娃：提出问题？可是我去听课普遍的都是实效性比较强了哦。那我如何再提出自己的问题呢？

郭声健：为什么你非得要纠缠于你这次听课呢？有没有领导逼你写这次的比赛啊？

舞娃：可能是感觉自己没什么题材，所以就……没有谁逼，自己给自己的要求而已。

郭声健：那现在的音乐教学实践中有没有追求形式花哨的问题存在？

舞娃：嗯，还有，但是确实不算多。

郭声健：如果不存在这个问题，那这篇文章就没有必要写了，也就是没有写的价值了。既然这样，我建议就不要写这篇了。

舞娃：哦。不过那次深圳教研员提出了一个问题：有效的提问。深圳的课之所以好，有一个原因是提问很有针对性。

郭声健：有效的问题，其实也就是同样的问题。意思就是目前在音乐教学中提问这个环节并不有效吧？

舞娃：就是我后面有提到的一点，最近两三年，我们都比较关注这个问题，但是感觉整体做得还是不够好。

郭声健：如果你写文章，不是查找问题，而是唱赞歌，的确意义不大的。你没有看过我的书，其实，我是比较反感现在我们的音乐教学过分强调教学设计的。

舞娃：反感过分强调教学设计？

郭声健：应该追求一种自然、真实的境界。教学不是表演，它是一种师生互动的活动，即兴创造性是其最大的特点。很难设计得完美。其实，从你的文章中，我能够看出这次比赛活动中存在许多的教学问题。只是很抱歉，我现在没有时间跟你具体讨论这些问题。所以，要记住了，**写论文，一定是研究问题，而不是写通讯报道。那是新闻记者的事情。**

舞娃：明白了。哈哈哈哈。

郭声健：一定要学会从别人的一片赞扬声中发现问题，也要学会从别人的否定声中找到优点。这样才能写出好论文。

舞娃：嗯，听明白了。那我回去再好好想想。“实效而不花哨——音乐教学设计的基本要求”，您说的要列出几个小标题，比如有效的提问、有效的模唱、有效的演唱、有效的检验、有效的幽默、有效的关注、有效的解决难点等，这些是否合适？

郭声健：我觉得还是先要解决一个问题：到底你认为现在的教学怎么样？是有效还是无效？就是说你上面这些想法是从何产生的？

舞娃：嗯，听这次的比赛吧，有很多是做得比较好的，但是就平时的课堂来说，则很多是无效的。这个想法是来自深圳教研员的一句话。她提出来——有效的提问是法宝。我当时就有很明显的感觉，深圳的课之所以做得好，主要是有效性强。

郭声健：是不是存在无效的提问、模唱、检验、幽默、关注等？就是说，教学的设计不是流于形式，而是教学内容的需要。

舞娃：不能说完全是吧，我还是没走出自己画的那个圈，在听课感想中去提取的……

郭声健：先不着急吧。**再想想啊，你这篇文章是写给谁看？别人看了能够得到什么启示？**如果我要写这篇文章，那前提肯定是：我发现现在的音乐课，尤其是公开课和所谓的优质课，过分注重形式上的花哨和精雕细琢，显得很不真实，更像是在表演。

舞娃：写给一线老师看吧，应该是。

郭声健：你的意思是一线老师都不知道？还是他们的教学存在着问题？

舞娃：我开始是这样想的，因为出去听课，每次评课的时候，大部分老师的第一句话都是："好的我就不说了，我提几点建议或者意见。"我就觉得好像不是很合适，我们听课不光是发现问题的，也应该找出好的方面来学习啊。有些确实是一线老师都没感觉到的，比如以前音乐老师提倡学生大声唱歌，而且对学生完全是喊唱的行为，仍然说好，这就是一个问题。但是现在有所好转了。

郭声健：你说对了，好的一面大家都看得到了。所以就没有必要专门写文章，写表扬稿了。

舞娃：这样的啊，我觉得有些好的地方不一定每个人都看到的。当然我不是争论这个问题。还是拿深圳的老师和课例来说，很多人看到深圳的课后觉得好，但是不知道好在哪里。或者说不知道为什么人家这么轻松就上得这么好。

郭声健：那你就把你认为别人不知道好在哪里的东西写出来，重在分析给读者听，到底哪里是好的，为什么是好的。或者，换一个角度，你可以反过来写。就说现在很多人批评我们的音乐设计很花哨，但现实并不是这样，而是恰恰相反，设计很有实效。

舞娃：反过来写，就是寻找相反的例子去证明？

郭声健：也就是说，**写文章，不能够自树靶子。你必须有一个依据。**或者说，你发现，大家都没有像你这样发现现在的音乐教学很浮于形式，设计得过于花哨。就是说，你的文章一定要让别人看明白：你为什么要写这篇文章。

舞娃：没有呢。嗯，您真厉害，几句话就把我驳倒了。我是想提倡大家都实行有效的课堂。

郭声健：如果没有的话，那就意味着别人也像你这样认为，那你写文章还有什么意义？你最后这句话的意思就是说：现在很多人实施的不是有效的课堂。那这就是问题啊！这就是你的论文写作动机啊！

舞娃：对。特别是音乐课堂上对学生的提问就不是有效的。经常是期待学生很"醒目"，老师说前半句，后半句学生就帮忙说出来了。

郭声健：所以，你写文章的时候，第一部分一定要抛出这些问题，分析这些问题啊。然后，你再告诉别人怎么去有效提问。我今天反复跟你说的就是这个道理——**写文章，一定要找出问题。没有问题，你写给谁看？**那不是浪费感情了吗？

舞娃：可能我一直没法回答清楚您的问题，就是因为我自己对这个有效的提问都还没有太多心得吧。

郭声健：这个问题我觉得并不复杂。关于提问，我在《音乐教育书简》里专门有过论述，你可以去参考一下。

舞娃：真的啊？

郭声健：这的确是一个问题。很多老师提问都是流于形式。你说对不对？

舞娃：YES。

郭声健：是啊，这就是你写这篇文章的前提。

舞娃：特别是那些"好不好"之类的"问题"，简直听得人郁闷。

郭声健：我今天花了一个晚上的时间就是要告诉你这一点。**你写文章，肯定是发现了什么问题，否则你不可能自说自话。**是因为教学现实中存在这个问题，你才要写这篇文章的。

舞娃：对不起啊，学生愚钝呢。希望没让您烦就好。

郭声健：不会的，可能是我讲不清楚吧。很乐意和像你这样爱思考的老师聊天。

舞娃：不是的。说实话，我对论文的认识确实比较浅。

郭声健：其实，就一个"有效的提问"这个问题，就可以写一篇好文章。

舞娃：嗯，我刚想说。主题就确定为有效的提问是法宝？

郭声健：这话肯定不行的。怎么能说是法宝呢？

舞娃：“有效提问——让课堂实效而不花哨”。

郭声健：可以。关于提问，你可以看一下我写的东西。《音乐教育书简》上有相关的内容，因为你没这本书，那可以看看我的博客上挂的“与音乐新教师的通信（3）”，不过信比较长，需要耐心哦。

舞娃：没事，谢谢啦！您真不像一个博士生导师，在我的想象中，有这头衔的人，架子应该比较大，您让我非常意外，也非常惊喜。

郭声健：哈哈，谢谢鼓励，我会继续努力，尽量不辱教授名声。

（数日后）

舞娃：郭老师您好！本来计划假期完成论文的，可是还是没能控制住走亲访友的计划，加上开学工作不少，给耽误了。

（成功接收离线文件）

舞娃：这样的方向您看看合适吗？

郭声健：“实效而不花哨——音乐教学设计的基本要求——观摩广东省第五届中小学优质课现场教学比赛有感”，我看了。总的感觉是问题抓住了，也抓得比较准，文章有修改的基础。好话我就不多说了啊，谈点问题吧，以便你做进一步的修改。

舞娃：嗯，这样好。我自己感觉还比较凌乱。

郭声健：看完文章，发现副标题加上去没什么意义，因为我甚至看不出你认为这次比赛在音乐教学设计方面是做得好还是做得不好。

舞娃：没什么条理。

郭声健：不是没有条理，是内容太单薄了。

舞娃：嗯，缺乏理论支撑。还是先听您说。

郭声健：你觉得这篇文章非得要跟观摩优质课现场教学比赛扯到一起吗？

舞娃：不一定。

郭声健：如果一定要谈观摩的感受，那么你在写文章的时候，就要紧扣观摩。但这篇文章几乎看不出这一点，并不是在谈观摩后的感受。如果是写观摩的感受或引发的思考，写法就跟现在不一样了。

舞娃：之前钻牛角尖了，觉得去听课的目的就是为了写论文，所以非要把观摩这件事情加进去。

郭声健：我记得你上次跟我讲的是，这次观摩给你的感受就是参赛的教学课例在教学设计方面都做得很好。然而，你现在这篇文章，讲的却都是不好的，至少是从不好开始讲起的。所以，你写这篇文章，首先要明确一点：文章到底是反思“花哨的教学设计”，还是论述“实效的教学设计”，或者是两者兼而有之呢？否则，像现在这样，一会反思，一会论述，批评了做得不好的，但又没讲清楚怎么做才算是好的。你再看看，是不是存在这个问题？

舞娃：我自己感觉好像是有点想用花哨的教学设计来论证实效。嗯，听您这么一说，确实存在这个问题。

郭声健：我的建议是既要反思花哨的设计，又要告诉读者什么才是有实效的设计。不过，像你这篇文章这样，能看到不好的地方，能够找出存在的问题，当然也很不错。

舞娃：我记得您说过，如果论文完全是唱赞歌，就没有写的必要了。

郭声健：是的。另外，文章所归纳的若干“有效的……”，每一点都只是点到为止，没有阐述开来，所以，看上去像是一个写作提纲，还不是完整的论文。因此，这篇文章虽然归纳了七个“有效的……”，但字数只有一千多，我想这样一个论文的框架起码得三千字以上才差不多。

舞娃：嗯，我的想法也类似您说的这样，不过文中没体现出来。

郭声健：那为什么不体现出来呢？**提出了问题，就要进一步提出解决问题的办法才好。**

舞娃：哈哈，自己写的时候没完全意识到，聊起来才发现存在的问题。

郭声健：如果要结合观摩教学比赛活动来写这篇文章，本来我帮你在第一段加了下面这段话的：

> 不久前笔者观摩广东省第五届中小学优质课现场教学比赛，深感我们的音乐教学设计在这方面取得了很大的突破。总结这次现场教学展示的课例，结合本人的教学实践体会，我认为，实效而不花哨的音乐教学设计，表现在以下几个方面：……

但如果你不再联系观摩活动来写这篇文章的话，这段话就没有必要加上去了。当初我想帮你加上这一段，是因为**文章必须有承上启下的句子，**否则，让人读起来跳跃性非常大。

舞娃：嗯，我想想。如果不结合观摩来写，就得重新找教学的例子。

郭声健：为什么呢？你用的例子当然可以是观摩课的例子啊。谁说不能用啊？

舞娃：看了您加的这段话，倒又想结合了。

郭声健：现在的问题是，你在文章中都是讲做得不好的方面，但并没有说明这些做得不好的方面到底是以往的教学，还是这次观摩课上看到的课例。

舞娃：嗯，所以显得有点乱。不过跟您聊聊，思路清晰很多了。

郭声健：所以，我建议就真的没有必要写什么观摩有感了，即便是观摩有感，也没有必要非在标题上呈现出来，这样就会捆住你的手脚了。

舞娃：嗯。

郭声健：还有啊，**你每一点的写作，都可能要重新谋篇布局。**就拿第一点来说吧。你是这么写的——有效的提问："好不好，对不对，是不是"这种让学生只能摇头或者点头的问题，基本上没什么意义。特别是对于中高年级的学生，让他们整齐划一地回答"好"、"是"、"对"，学生内心肯定会相当别扭。

舞娃：是的。

郭声健：太短了，太精炼了不说啊。你这里的标题是"有效的提问"，但你看看后面的内容你又是写的什么呢？很显然是讲的"无效的提问"啊。

舞娃：我是想着用添加法慢慢加血肉进去，因为担心当时的灵感跑了，所以先记下来。我是想到什么就先记下来了，然后没灵感了就停笔。

郭声健：哦，你的意思是你发给我的还不是正式的论文？如果这样，那还能够理解。

舞娃：对哦，您不提醒我还没发现呢，题目是有效的提问，但写的却是无效的提问。您别生气啊！

郭声健：怎么会生气呢？不过这个问题必须提出来，而且，你每一条都是这么写的呢。

舞娃：嗯，这点您提醒我了。

郭声健：谈有效的提问，的确需要从分析无效的提问开始。但至少也要有几句铺垫的话。比如说，在音乐教学实践中，我们常常能够听到这样的提问……好不好、对不对、是不是……这些提问实际上是一种无效的提问。当然你需要在此基础上进一步分析为什么这样的提问是无效的。

舞娃：嗯，是的。

郭声健：然后，你必须进一步论述，那么怎么才算是有效的提问呢？

舞娃：哦，原来应该这样写。

郭声健：此前分析无效的提问，目的还是要说明什么才是有效的提问。而且，你的标题也是"有效的提问"啊，对吧？

舞娃：对，豁然开朗。

郭声健：另外，举例是在什么情况下需要呢？是在你提出了“什么是有效的……”之后，再进一步举例加以说明这样的教法才是有效的。我前面也说了，你所举的例子，完全可以用这次你在观摩教学比赛活动时所听的课例。但是，如果是讲不好的现象，即讲“无效的……”时候，你最好要明确讲清楚那是以往的教学，因为，你本来对这次的比赛给予了非常高的评价，认为这次的比赛在这方面是做得很好的，但写出来由于好的和不好的裹在一起说了，给人的感觉就大打折扣了！

舞娃：哦，先提出什么是有效的，然后再举例子。

郭声健：对啊。你一定要告诉读者，什么才算是有效的，也就是所谓实效的。

舞娃：嗯，确实，一会说不好，一会说好，一会又说不好，读者都会被弄糊涂了。

郭声健：你可以从不好说起，再说好，这样对比，读者也更加明白。但决不能一会儿只谈不好，不谈好，一会儿又只谈好，而不谈不好。

舞娃：哈哈，我以前总是先说好的，然后再举不好的例子，原来走反了啊！那如果我去掉这个副标题，每次举这些例子的时候是否还要表明是这次比赛的课例呢？

郭声健：副标题肯定要去掉。至于每次是否都提起这次观摩活动，你自己读读就知道了。如果不觉得老是重复会让人感觉不舒服的话，那就可以。而且，第一次出现的时候，可以详细点，即注明是广东省第五届中小学优质课现场教学比赛活动，但之后再举例，就没有必要这么详细了，别人知道就行了，比如，就只是提“这次比赛活动”。

舞娃：嗯。这办法好！

郭声健：反正是以读者能够理解为前提。尽量别啰嗦就可以了，这不是问题。

舞娃：嗯，我现在还有一个比较大的困惑就是……

郭声健：什么困惑？

舞娃：有些问题，确实我自己都没有完全解决。

郭声健：如果自己都没有弄明白的，那就别写了。其实，写七个方面，我觉得有些太多了，在这么短的篇幅里要论述七个问题，难免会点到即止。

舞娃：嗯，七个是有点儿多。我刚说有些问题我自己都没弄明白，比如，有个老师让学生聆听一段音乐，听完问学生：“你的心情怎么样？”学生怯生生地回答："我觉得听了很烦躁。"听课老师和学生一片哗然，整节课也因为这个头没开好，几乎导致课堂一片糟，这个场景很多人都印象非常深刻。

郭声健：你觉得这个例子中有什么让你不明白呢？是觉得老师提的问题不对吗？无效吗？

舞娃：我觉得这个问题开放性太大了。

郭声健：我们提问就是要提开放性的问题啊。诸如好不好、对不对这类问题，那才是封闭性的毫无意义的问题呢。

舞娃：但是过于开放的话，不是没边了吗？

郭声健：为什么没边了就不好呢？

舞娃：就会感觉扯不回来了。

郭声健：是不是怕放飞了学生的想象力啊？

舞娃：哈哈，那课就没法按照教师的教学计划去实施了啊。

郭声健：我就知道你会这么说。老师自己害怕收不了场。

舞娃：有点儿呢。放太远了，没能力收回来。

郭声健：那这是谁的错呢？

舞娃：老师的错。如果是常态课，那没关系，可是公开课，就没人敢如此了。

郭声健：其实这个老师提的问题没有错。下面哄笑，那是下面听课的老师水平低。这个老师可以进一步问学生啊，如：你为什么听了音乐感觉烦躁呢？这么问不就很好吗？

舞娃：可惜她当时也蒙了。

郭声健：关键的问题是，我们的老师太在乎自己的面子了。

舞娃：这是实话。

郭声健：我就不是这样的，我不懂的绝不会装懂。而且我还告诉学生说，将来他们去上课，跟学生第一次接触的时候，最好是要有意识地暴露一点自己的不足。那样的话，自己才轻松呢。老师又不是百科全书，怎么可能什么都懂呢。那样的话，学生才觉得老师很真实，师生关系一下就拉近了许多。

舞娃：嗯。其实我很矛盾的。崇尚国外的那种教学方式，但是放在自己身上，总是不自觉地跟着中国的模式走。所以我才敢把没修饰甚至没写完的"论文"发给您看呢。

郭声健：哦，是刻意在我面前表现弱势的一面吧？

舞娃：不是不是，是觉得您平易近人，所以没那么害怕，不像平时面对着专家就觉得自己连话都不会说了。我看了您跟小米老师对话的那本书，感觉很亲切。

郭声健：我觉得这也很好。让我对你的论文写作水平不会有太高的期待，然后下一次再改的时候，拿出真本事，给我一个惊喜。其实真是一回事。

舞娃：那目标太高了，我不介意慢慢来。发给您看，主要是想着方便交流，好继续往下写。

郭声健：很难说啊，说不准经过我们今天的交流，你这篇文章改出来，真上了一个档次呢。

舞娃：我会努力的！

郭声健：嗯。我开始第一句话就说了，你这篇文章问题抓住了，而且有修改的基础。所以，接下来就是如何充实内容了。给你提一个要求，没有三千字可别给我看啦。需要给你一点硬性的指标，逼一逼才能写出好文章。

舞娃：对，我这人得外界给压力才行，自控能力比较差。本来计划假期写好初稿的，结果拖了那么久都没写出来，其实很担心您会对我有不好的看法，不愿意给我修改或者给我提出意见了。

郭声健：那尽管放心，我不会对你有什么不好的看法的，而且我每天都比较忙。记住了，三千字以上！

舞娃：没问题！

郭声健：行。接下来就看你的修改是否有成效了，到时争取给我一份惊喜。

舞娃：继续刚才的话题吧？您说这篇文章写七个问题有点儿多了，我是先按照这七个问题来写，还是先删除觉得不好写的问题？

郭声健：这个问题我觉得你现在不必做出决定，先写写看吧。或许有的问题，根本就写不下去，那到时就会自动放弃了。

舞娃：以前我爸爸给我改论文，会帮我找出来问题，但往往我还是找不到解决问题的办法。您真的很厉害，三言两语就能让我豁然开朗，看来以后我要逮住您才行。

郭声健：好啊，没问题。

舞娃：不过您放心，我纯粹是对写作的一种爱好，哈哈。您是我认识的人当中最有学问的，感觉挺自豪的。

郭声健：哪里啊。我没什么学问，但乐于帮助人，只是帮助人的能力也很有限。

舞娃： 不打扰您了，聊天也要实效一点，等论文完全写好了，再考虑闲聊。

郭声健： 好的。

（数日后）

舞娃： 郭老师，好久不见了，因为各种原因一直拖到今晚才动笔修改了文章，这样我才敢露面，哈哈，不然不好意思呢。这回字数是有按您要求写了，不过内容方面还是感觉缺乏了一些理论支持，还是先给您看了，聊聊看能否生出一些灵感来。小标题还是没有删减，不是舍不得，而是思路还不够清晰，也许再聊聊思路会更清晰一点，才能很明确地发现哪些应该舍弃，哪些还可以继续展开来写。不过很可惜我明后天都有事外出，没法直接对话了，如果您方便了留言，我回来马上回复。

郭声健： 你好，我查了一下，这次改的文章，字数还是达到了 3 000 字的标准，值得表扬！但其实你可以写得更多的，因为你一共写了七个方面的问题，如果你都像写第七点那样有 700 多字，那这篇文章就超过 5 000 字了。所以，我首先想说，写文章，你尽管把自己的想法表达出来，千万不要吝啬笔墨。**从某种意义上讲，文章不是写出来的，而是改出来的，对于初学者来说更是如此。**所以，**请你不要放弃，要相信每改一次，文章质量就提高一点，这是毫无疑问的。**现在看的这一稿，显然比前面一稿要好很多了。但是我觉得还要继续改，要继续充实内容，能不能把字数突破 5 000 字呢？当然，改文章并不是等于增加字数，我只是通过这样的一种硬性要求来逼一逼你，以便更好地挖掘你的写作潜能，激发你的思维。

下面我再谈点看法，主要是关于标题的问题，包括大标题和小标题，**标题是一篇文章的门面。**现在的标题是这样的：实效而不花哨——音乐教学设计的基本要求。大概的章节设置如下：一、有效的提问；二、有效的演唱；三、有效的检验；四、有效的幽默；五、有效的解决难点；六、有效的对比；七、有效的基本功。

我觉得上面的标题，一方面根据你所写的七个问题，其实这已经超出了“音乐教学设计”的范畴，实际上已经是音乐教学的具体实施，而不只是设计了，所以，大标题肯定需要做相应调整。另一方面，小标题都是冠以“有效的”，一则显得比较呆板；二则表述也不是很明确，能否直接说出到底怎样才算是有效的呢？

为此，我初步将标题改为下面的表述，供你参考：

题目：实效而不花哨的音乐教学

具体的章节分别是：一、提问富有启示；二、演唱富有美感；三、检验确保信度；四、幽默充满智慧；五、难点保证效率；六、对比贴切生动；七、示范规范标准。

其实，上面的七个标题，我都是根据你文章的内容初步拟定的，你再对照一下原文内容，看是不是贴切，如果不太贴切的话，你可以根据你文章的内容做进一步的修改。关于这七个方面内容是否需要删减的问题，等我们有机会再讨论吧，不过我还是那句话：你自己觉得不好写的或写不下去的，自然就想删去了。

（几天后）

舞娃：郭老师，非常感谢您对我一次又一次的鼓励！您说“请你不要放弃，要相信每改一次，文章质量就提高一点，这是毫无疑问的。”这点我是绝对相信的，只是平时自己修改的时候完全没有方向，不知道如何努力，有您这样悉心的指导，我一定会尽最大努力的。

上次的修改，刚开始的时候还挺顺利，可越到后面就越不好下笔，最后确实是有点儿看着字数来了，没想到难逃您的火眼金睛呢，哈哈。我现在把再次修改的文章发给您，请继续指正，非常感谢！

（第二天）

郭声健：你好！由于这两天我的事情扎堆了，没能及时看你的论文，请原谅。我刚完成《中国教育报》的一篇约稿，3 000 字的短文差不多花了我两天时间，而且酝酿这篇小文章其实已有十多天了，我突然感觉到写文章的艰难，特别是被动接受写作任务更是如此。于是，我写着写着，把 QQ 的个性签名都改成“难产”了。

我之所以跟你说这些，主要是想告诉你，写文章的确是一件苦差事，我还算是能写的，也感觉如此费力，那么对初学者来说，其难度就可以想象了。你能够按照我的苛严要求坚持把文章改下来，真不错，特别值得表扬！

我读了一遍你的文章，准确说是先查了一下字数统计然后再读，发现刚好是 5 118 个字，这是一个好数字，“我要发”嘛！从一篇最初不到 2 000 字的文章拓展到 3 000 字，再扩充到 5 000 字，这便是你这一段时间所取得的最大成果。至于文章到底能不能发表或能否有机会获奖，你我说了都不算，那是编辑和评委们要做的决定。但你所取得的进步是显而易见的。

关于文章本身的质量问题，我想基本框架是没问题了，只不过正如你自己所意识到的，文章内容主要是一种教学实践经验的积累和提炼，缺少理论论述。我想，你不要为此感到遗憾，一方面这篇文章本来就倾向于实践层面；另一方面对于你来说，短时间内不可能马上提高自己的理论修养和思维水平，这也是一个不断学习和积累的过程。

如果你觉得对这一点感觉不满意，那么，我还有一个建议。**建议你把文章先放一放，有意识地去查找一些相关的文章看一看，然后摘录一些与你的文章内容相关的论述放进你的文章里，那样，文章的理论色彩就会浓起来。**

举个例子啊，你文章的第一点论述的是教师的提问。我曾在《音乐教育书简》中关于这个问题，就有过下面一段阐述：

老师如何发问，我觉得有两个问题需要注意：

第一个是忌答案简单幼稚的问题，要明白一点，老师问学生问题，不是为了烘托课堂气氛，而是真正和学生交流。我常听到我们的音乐教师在教学中，甚至对中学生也问一些非常简单幼稚的问题，诸如“好不好听”、“唱得对不对”、“是不是”、“行不行”，等等，这其实不是让学生回答问题，而是让学生附和一下老师，烘托一下气氛。在小学低年级，问这种问题是可以的，有时候也是必须的，但我觉得也没有必要让学生养成一种齐声回答的习惯，齐声回答的答案一般是结论性的几个字（如：“好听”、“不好听”、“唱得对”、“唱得不对”……），这种回答是一种简单的正误判断，基本上是不需要思考的，是下意识的、习惯性的，这当然不是真正的交流。若问到这样的问题，最好是尽量让学生单个回答，这样的话，老师可以进一步和学生做真正的交流，“为什么你说好听呢?”“你说唱得不对，能不能告诉老师错在哪里?”等等。

第二个是忌答案封闭唯一的问题，因为那不鼓励学生去尝试作答，而且有一种考试的意味，这一点，在我们的音乐教学中要尤为注意。在音乐课堂上，老师不要把师生之间交流的重心和目标放在评价学生的学习效果上，不要试图去考学生的记忆力，而是应该把师生之间的交流重心和目标定位为共同分享音乐的感受，要尽可能通过师生之间的交流去启发和培养学生的想象力、创造力。答案封闭唯一的问题，意味着答案有对错，学生自然就不敢畅所欲言；而答案开放多元的问题，意味着答案没有对错之分，每个人的答案都可能不一样，这样，学生就敢于发表自己的见解了。比如说，欣赏完一首曲子之后，老师想了解学生对这首曲子的感受，就可能有两种问法：一种问法是“请问作曲家在乐曲中描绘的是什么场景呢?”另一种问法是“你感觉这首乐曲描绘的是什么场景呢?”表面上看去，两个问题差不多，但实际上在学生看来，可能就完全不一样了。第一种问法，学生可能不敢回答，因为问的是作曲家的事情，作曲家到底在乐曲中描绘的是什么场景，我不知道，我只能猜测，如果回答老师这个问题，我可能会猜错，会丢面子，所以还是闭嘴的好。但第二种问法，学生敢回答，因为问的是学生自己的事情，我听了这个乐曲的感觉就是这样的，这不存在对错的问题，这个问题我说了算，所以我要说。

你觉得上面这段话中间，有没有值得写到你的论文中去的内容呢？如果有，比如一些观点相同的话，你就可以大胆引用了。**写论文，就是要学会借用别人的口证明自己的观点，那样的话，给读者的感觉会更有说服力一些。**

你这篇文章，一共写了五个问题，我相信每一个问题都有人写过的，那么，这就需要你扩大自己的阅读量，寻找与这五个问题相关的文献，并适当地借鉴和引用到你的论文中。我相信，这样的话，你的文章就不会让你自己当然也不会让读者感觉基本上是对具体教学实例的列举和分析了。

舞娃：刚下课回来，看了您的留言，说心里话，真的很感动。

郭声健：我这几天特忙，还有几篇硕士生的毕业论文以及老师发来的文章等着要看，怕你久等，刚抽出点时间给你回复。其实，写作的过程更多是尝试和积累的过程，所以，你不要太在意文章写出来之后有没有什么结果。

舞娃：一直以来，我都是一个喜欢动笔写写东西的人，但是仅限于自我欣赏的阶段，就算有时候给一些写作方面比我内行的人看，给的意见也大多数是比较高深和理论化的，或者直接说是我看不懂的，或者不好理解的，从来没有一个老师给我这样诚恳而且易懂的点评。而且不管我的水平如何，您总是先鼓励，然后再提建议，从来不打击，所以真的很感动。也正因为如此，我很乐意跟着您指引的路子往前走，之前两次迟迟没“交作业”，也是因为自己给自己找的各种借口。其实，我更希望自己经常有机会和积极向上的人一起交流，这样容易促进自己进步。

郭声健：是的，共同进步。

舞娃：上来看到您的签名我就猜到了，哈哈，原来您也有“难产”的时候。

郭声健：是。在论文写作面前，男女都一样。

舞娃：您提供的例子，可以说是太好了，其实之前也有看了，但是因为是粗略浏览，所以没记在心上。

郭声健：该下班了吧？

舞娃：没呢，兴趣小组训练，相当于我每天下午的第四节课。我要给舞蹈队训练去了，每天下午的课都是满的，所以没办法细聊，我会继续努力修改的，只要您不觉得我给你添太多麻烦。晚上回去再好好研究一下您提到的例子。

郭声健：没事，看到你的进步，我也很高兴，其实我只是起了一个敲边鼓的角色。

舞娃：可是往往敲边鼓的作用促成了事情最后的好转啊。而且我最开心的就是在这个过程中，其实自己也学会了更多把课上好的方法。

郭声健：这就好，这就是科研与教学融为一体。你刚说到我举的那个例子，只是一个方面而已啊。再比方说，关于教学幽默的话题，肯定也有人写过这方面的文章，我的意思是**你去找些与你的文章内容对应的文章来，加以引用借鉴。那分量就重了，尤其是如果专家的观点和你的观念相似或相同，就更有说服力了。**

舞娃：请先原谅我这方面的薄弱，您说的引用，是另外用自己的语言去说相同观点呢，还是直接引用原文？

郭声健：当然是引用原文，用引号的。比如这么写——正如某某某所说的："教师的提问要富有启示和想象的空间……"你所引用的话，肯定能够进一步证明你的观点的正确。

舞娃：明白了。训练去了，回见。

郭声健：好的，我也要出去放放风了。

21. 论普通高中音乐鉴赏教学的有效性

太阳升：郭老师，冒昧打搅您，我是南京师范大学的一位在职教育硕士，正准备做开题报告，想向您请教。我的教育硕士开题题目是“试论普通高中音乐鉴赏常态课有效教学”。我的写作提纲如下：

前言：有效教学的研究等文献综述

第一章：普通高中音乐鉴赏常态课教学的现状及现状分析

1. 教师现状
2. 学生的现状
3. 分析造成这种现象的原因
4. 怎么解决

第二章：课堂有效教学出现的误区分析

如：片面理解音乐是听觉的艺术，把一个很大的音乐作品给学生听，什么都不讲。

第三章：有效教学实施策略

1. 课堂准备
2. 课堂实施
3. 课堂评价

郭声健：你好！没有完整的开题报告吗？

太阳升：才写了个论文选题理由。

郭声健：哦，我想问一下，为什么是写“常态课”呢？

太阳升：首先，我接触得最多的是常态课；第二，我认为现在公开课做作的痕迹比较明显，个人认为使学生和谐发展最重要的还是常态课；第三，常态课状况不是很好，存在老师不认真备课等“混”的现象。

郭声健：那如果你的标题中没有出现“常态课”三个字，别人会认为你是研究什么课呢？

太阳升：别人可能不会去想是什么课。

郭声健：我想应该没有人会理解为别的课吧，因为如果研究的是公开课，那作者肯定会要写明是公开课的，如果没有写明是公开课，我想没有人会怀疑作者研究的就是常态课。否则的话，我们现在写的所有音乐教学方面的论文，都得加上“常态课”三个字了。我的意思是，**常态课三个字在标题中的确没有必要写。**

太阳升：明白了。

郭声健：如果你一定要强调这一点，那么可以在文章的开头部分如绪论中说明一句就足够了，其实不说明读者也不会产生误会的。写这篇文章的关键，恐怕是你要对目前高中音乐鉴赏教学的现状进行一番分析，并得出一个基本的结论：目前的高中音乐鉴赏课存在着诸多无效教学的现象，并具体描述一下无效教学到底体现在哪些方面。我觉得在开题报告中，这个问题应该就又体现了，不能只是讲“计划去调查”。如果开题的时候，你不能够给出这个结论的话，恐怕选题的价值就体现不出来，因为音乐鉴赏教学的无效可能只不过是作者自己猜想的结果。所以，**必须要证明现在教学的无效现状，才使得你研究有效教学具有价值。**

太阳升：是的，我也是这样想的，但是总是理不出头绪，又想凑字数……

郭声健：如果你理不清头绪的话，那怎么会有第三章策略的那三个方面？策略肯定是针对存在的问题提出来的吧？所以，不要先给自己下结论。我觉得如果你现在想好了该怎么实施有效教学，那前提是已经知道了问题存在于哪些方面。

太阳升：我是看到一本书，书上谈到了实施策略有这三个方面。

郭声健：这也没关系啊，那你就从这三个方面去寻找现在鉴赏教学中存在的问题，也就是说你可以反着去思考。

太阳升：明白，我准备做个现状调查，但是我的能力有限，只能在我们海安县，不知道我的题目是否要加上县城。

郭声健：如果要做调查的话，加上副标题“以……地方为例”，当然会更好。你的第二章是“课堂有效教学出现的误区分析”，其实我觉得这种提法也不妥，既然是有效教学，就应该是没什么问题的，问题应该出在并不是在真正实施有效教学。

太阳升：“有效教学实施过程中的误区分析”，怎么样？

郭声健：当然，如果这篇文章定位为反思有效教学，我觉得也挺不错的。就是说，现在的高中音乐鉴赏教学，打着“有效教学”的旗帜，实施的却是无效教学。如果从这个角度写这篇文章，可能会比较新。否则，关于有效教学的文章已经被写烂了，没有什么探讨价值和空间了。如果第二部分按你刚才说的，有效教学实施过程中的误区分析，那么，第三部分可能就不能按你现在的这种写法了。因为现在第二部分的三点，那是就一般情况下而言的，而你现在是要走出误区，必须是有针对性地谈。也就是说，你第三部分要论述的是“真正的”有效教学的实施策略，而不是只是冠名的有效教学。

太阳升：就是说，我的第三章的实施策略更应该与音乐课课堂出现的问题联系在一起，而不是放到哪门学科都可以用的有效教学策略。

郭声健：是啊。

太阳升：关于音乐有效教学的文章也是近几年来才开始大量涌现的，我只搜索到几篇关于高中的音乐有效教学的文章。

郭声健：可能吧。其实，如果是我的学生，我就不会让他写这样的文章，现在大家都在写有效教学，好像以前就只有无效教学。哪有这样的思维呢？

太阳升：呵呵。

郭声健：如果真按我上面讲的，反思现在的所谓有效教学，那就是好文章，那就没有跟着别人跑，反而是有创新了。

太阳升：好的，我再思考思考。我确实蛮希望自己是您的学生的。没有机会啊！我的这个题目还没有给导师看的，他不是搞音乐教育的，我还没有和他见面呢。

郭声健：哦。没关系，不要受我的话影响，大胆写就是。尤其是你导师不是专门研究音乐教育的，可能会跟我的想法完全不一样。但你必须听你导师的。

太阳升：我本来只是想混混文凭，在实际写作的过程中，却发现难度蛮大的，有心想写好，常常心有余而力不足。不过，今天的聊天对我的启发还是很大的，我再改改。

郭声健：既混到文凭，也让自己在写作上进一步，那就更好了。

太阳升：是的，郭老师，真的谢谢你……

郭声健：不客气了。有需要请随时联系！

太阳升：好的。

（几天后）

太阳升：郭老师，你好！我的论文开题报告初步写好，可否帮我看看？我 21 号开题。

郭声健：好啊，只是要推迟几天看。因为我现在手头上有十几篇硕士论文和本科生论文等着我呢。不着急吧？

太阳升：呵呵，不急不急。这个周末还有空看啊。我再完善完善，争取做得更好一些。

郭声健：那好。不好意思啊，我现在是在夜以继日地看论文。

太阳升：在文献综述中，我发现两篇文章差不多，写哪个啊？

郭声健：都写上，综合分析就行。

太阳升：哦，呵呵。

（几天后收到开题报告）

郭声健：我看了你的开题报告，谈点感受吧。首先，在“选题的理由”中的第一点“追求高中音乐鉴赏课的有效性教学是时代的需要”写得太空了，这一点的论述至少要落到高中音乐鉴赏教学有效与否关系到国民音乐文化素质的高低这个主题上来。

第二点“高中音乐鉴赏有效性教学的研究是音乐新课程改革的基础和归宿”这句话表达不准确，高中音乐鉴赏教学的研究不能成为整个音乐新课改的基础和归宿，它只是音乐新课改的一个方面而已。准确的表达是：有效性教学是高中音乐新课改的基础和目标之一。除了这个标题之外，整个这一段所阐述的内容，几乎没有涉及“有效性教学”及“有效性教学的研究”这个主题。

第三点“现实环境不利于高中音乐鉴赏有效课堂的实施”这句话的表述也值得进一步推敲，不要把高中音乐鉴赏不能实现有效性教学的责任全部推给“现实环境”，而且这会让人感觉在这样的现实环境下，实施有效性教学很难。你在这里谈的“现实环境”包括学校、学生和教师，但课堂教学是否有效，关键是教师。这句话可考虑改为：研究有效性教学是改善高中音乐鉴赏教学环境的需要。

第四点“目前高中音乐鉴赏教学存在的误区”这句话可以改为：研究有效性教学是走出高中音乐鉴赏教学误区的需要。

你在文献资料的收集和整理方面，的确下了很大的工夫，这为你的论文写作奠定了很好的基础。你在留言中说，你现在关键是对文献的分析太弱了，的确是这样。**分析文献，不外乎是两个目的，一个是要说明已有文献为你的论文写作提供了较好的理论与实践研究基础，另一个是要说明已有研究成果还存在着哪些问题与不足，也正是因为这些问题与不足的存在，才使得你决定研究这个课题，才使得你的研究具有价值，也才使得你的课题具有研究的空间。因此，关于第一个方面你可以一笔带过，不需要**

非常具体去论述，但对于目前的研究所存在的问题与不足，则必须要有一个归纳和总结，最好是能够提炼出几个方面来。因为我没有具体去读这些文献原文，很难帮你总结出到底存在什么问题，不过我想你可以考虑从自己的写作角度来谈现有成果的不足与问题。你是准备怎么构思这篇论文的呢？相比别人的研究成果，你可能有哪些方面的创新呢？那么，你的创新之处，肯定就是别人现有研究成果的不足之处。

你说“本文的创新之处就是根据误区来找对策，针对性比较强”，这意味着现有研究成果可能并非针对高中音乐鉴赏教学现实来探讨问题，针对性较差，或者是纯粹为研究有效性教学而研究有效性教学，或者是纯粹研究高中音乐鉴赏教学误区而研究误区，没有贴近高中音乐鉴赏教学实践，具体地说，就是没有针对高中音乐鉴赏教学误区来研究有效性教学。

另外，在“研究内容”中，第二章“有效教学在音乐鉴赏课实施过程中存在的误区分析”应该是“有效教学在音乐鉴赏课实施过程中存在误区的成因分析”。

大概就是上面这些感受吧，仅供你参考。你主要还是要听取你导师的意见。

太阳升：好的，我先来细读一下，我正在完善开题报告的文献综述部分。

郭声健：好，你先忙。

太阳升：郭老师，您好，非常谢谢您用休息的时间帮我看了开题报告，并提出了中肯实在的意见，这样我去开题时心里就有点底了。我细读了一下，在措辞和段落上确实存在如上所说的问题，那样改是比较合适的。文献综述如何写，看了您的阐释，我也受到了启发。我会再修改的，到时还会麻烦您帮我斟酌斟酌。

无法用语言表达对您的感谢，我们素不相识，您能这么认真、这么真诚地给我提出宝贵的意见，我很受用。

郭声健：不客气，祝你开题顺利！

（第二天）

太阳升：郭老师，我修改的选题理由中对“研究有效性教学是改善高中音乐鉴赏教学环境的需要”，把学校的原因部分删了，放在了教师原因那里一笔带过。我想研究不研究有效教学，并不能改变学校领导对音乐的重视程度。我把修改后的文本再发给您看看？

郭声健：好，我先看看吧。

太阳升：好的。

郭声健：“1. 追求高中音乐鉴赏课教学的有效性是时代的需要”这一提法，还是太大太宏观了一点，可以考虑改为“追求高中音乐鉴赏课教学的有效性是提高国民音乐素质的需要”。“2. 高中音乐鉴赏有效性教学的研究是高中音乐新课改的基础和目标之一”建议改为“音乐鉴赏有效性教学的研究是高中音乐新课改的需要”，索性都统一改为“需要”。“3. 研究有效性教学是改善高中音乐鉴赏教学环境的需要”还需要再斟酌一下，因为你下面写的是学生和教师，但学生和教师并不是“教学环境”，而是受教者和施教者主体。根据你所写的内容，可考虑改为“是转变师生观念与提升师生素质的需要”。补充一句：如果第一点你觉得“提高国民音乐素质的需要”跟你写的内容不太相符，也可以考虑改为“人才培养的需要”，至少比“时代的需要”要稍微好点。

太阳升：“研究有效性教学是转变师生观念与提升师生素质的需要”这个好，和我想写的相对应。我刚发的这个修改稿有没有比昨天好点啊？呵呵，我觉得在修改的过程中，思路比以前清晰多了。您觉得我把“学校”删除是不是好点啊？我就想，高考制度不改革，对于音乐教育学校是不可能重视的，改变学校我无能为力，我只能改变自己。

郭声健：我昨天也强调了这点，实施有效性教学的关键是教师，这是教学本身的问题，跟学校重视不重视音乐学科，其实关系真不大。

太阳升：是的。一开始有点为了凑字数。

郭声健：字数多反而可能出问题，正所谓言多必失。你问是不是比昨天的好点，我一直都给同学们强调，论文是修改出来的，所以你每改一次，肯定都会有进步的。

太阳升：谢谢！觉得有点像小孩学琴，需要老师的鼓励和肯定啊。关于选题理由，大的方面我觉得蛮好的了，有时间再细细琢磨。下一步我就来解决文献综述了。

郭声健：好的。

太阳升：我现在觉得“提高国民音乐素质的需要”好，感觉听起来高档一些。

郭声健：如果这样改的话，那你下面论述的内容也要相应改动。

太阳升：好的。

郭声健：不多聊了，手头上还有好多文章在看呢。

太阳升：好的，谢谢啊，您先忙。

（几天后）

太阳升：郭老师，“教学的有效性”和“有效教学”是不是差不多？我的题目是“论高中音乐鉴赏教学的有效性”，我需不需要在文献综述里陈述有效教学的研究现状？

郭声健：提法不同，但含义一样。最好是关于“有效教学”的文献综述。

太阳升：好的，知道了。郭老师，这是我修改的选题理由和意义，修改部分用红色的字标示了，如果您有空，就帮我看一下吧！

（成功接收离线文件）

郭声健：你做得很认真，我觉得可以了。放心吧，**开题报告就是要听取老师们的意见，没有不存在问题的开题报告，所以不必担心在开题时老师们提问题。**选题理由中有个小地方我帮你调整了一下。

（第二天）

太阳升：郭老师好，今天我顺利通过开题了，虽然老师们给我提了一些有益的建议和意见，但对我的开题报告，总的评价还是很肯定的。在这里要再次谢谢郭老师对我的帮助！

郭声健：祝贺你通过开题，也预祝你写作顺利！

22. 基于学科综合理念的中职音乐欣赏教学研究

梦之旅： 您好，郭老师，谢谢您昨天当面耐心地给我指导了一个多小时论文！回来后我在学校研究生处网站上下载了一个开题报告的格式，麻烦您看一下。

郭声健： 好的。

（成功接收文件）

郭声健： 就是昨天你给我看的那份去年研究生开题报告的格式。你要写的开题报告也必须是这个格式。因为我这几天手头上有好多篇毕业论文（研究生和本科生的）要审读，所以你的开题报告要晚几天才能交流。你尽管放心吧，不要急。你既然找我做你的导师，就要对我有信心，我又不是刚指导研究生论文的，博士生都带了差不多十年了。所以，你真的不用着急，先把我昨天交代给你的任务完成好，尤其是查找文献的任务。包括论文标题、开题报告的撰写、论文框架的搭建，我都会具体指导你的。

梦之旅： 知道了，我现在正在查找您昨天让我找的一些国内关于音乐欣赏教学论文的文献资料，但是国外的关于该课题的论文和著作可能很难找到。

郭声健： 国外的找不到没关系，因为你们的确不太可能去找英文原版资料，或许有国内的文章介绍了国外的情况，也很难说的。

梦之旅： 我知道您在音乐教育上非常有成就，所以能请到您那么好的老师做导师我非常荣幸，也非常感谢您收了我这个论文写得那么乱的学生，让您费心了。我先按照您的思路和学院规定的格式把我的开题报告再整理一次。谢谢了！

郭声健： 也行，**你先试着写写。但不要怕修改，文章都是改出来的，开题报告也是一样。**这样吧，我刚替你想了一个题目——“基于学科综合理念的中职音乐欣赏教学研究”。这是基于两个方面的原因，一方面是这个选题与你现在的工作紧密结合了；另一个原因是通过我们昨天的交流，我深深感觉到，学科综合理念的确是在中职学校里面最有条件实施的，也是最有必要实施的，因为一般中职学校本来就开设了多门艺术类专业的课程。但是，现在的中职音乐欣赏教学往往并没有利用好这一独特的课程资源优势。这也就是我昨天跟你说的，我们通过反思而查找到的目前中职音乐欣赏教学的一个问题，这个问题我觉得可以成为你研究这个课题的切入点。其他的问题，如教学内容与教学形式单一陈旧等，都可能是由这个问题引发的，没有树立学科综合的教学理念，更没有充分利用中职学校的优势教学资源。

梦之旅：是的，我也觉得现在的中职学校的音乐教学模式都很陈旧，还有就是教材问题，基本上都是教师自己组织的内容，所以教材都是白订的，作为老师我也觉得自己能力不够，不能改变这种模式，很愧疚！经过您昨天和今天的指导，我的思维也清晰了很多，也学到很多东西。我先完成您交给我的任务。您有时间再帮我修改，谢谢了！

郭声健：那好，你先自己按照这个题目试着去写写。到时我们再专门找个时间交流。

梦之旅：好的，打扰您了，您先忙。

（几天后收到开题报告初稿）

郭声健：你在吗，我刚看完了你的开题报告，我们聊聊吧？

梦之旅：在啊，好的。

郭声健：你的开题报告比我想象的要好，比上次你给我看的那个开题报告要强多了。所以，我对你是充满信心的。我上次安排你做的事情，你都做了，这很好！特别是文献综述，你认真做了，我很满意。

梦之旅：是啊，能接受您的指导，我的思路清晰了很多，但还是不能完全做好它，尤其是在内容和结构安排上。

郭声健：是的，问题肯定会有的。第一部分“本课题国内外概况和文献综述”和第二部分“本课题的理论和实际应用意义”写得还是可以的，我在你写的基础上进行了一些修改和充实。但的确如你自己所说，第三部分“论文的基本内容、框架结构以及要突破的难点”则需要重新写，因为你的思路的确还不是很清晰。我刚才已经帮你改了。我们不妨从中职学校音乐欣赏教学和普通高中音乐欣赏教学两者的比较入手，来总结中职学校音乐欣赏教学所具有的特点和优势，发现和反思其目前所存在的问题，在这个基础上顺势提出“基于学科综合理念的中职音乐欣赏教学”这一思路，并从理论上论证其必要性和可行性。然后，再从实践的层面（包括教学案例分析）来提出其具体实施的方法和途径，进而提出实施基于学科综合理念的音乐欣赏教学对中职音乐教师提出的要求。这样，思路就比较清晰了。

梦之旅：郭老师，谢谢您了！因为我们平常写东西的机会不多，所以对写作方面比较生疏，这也说明我们特别需要加强逻辑思维能力的培养。

郭声健：另外，因为论文的主要研究内容并不是很明确，所以这也影响到了论文框架的搭建。**就是说论文的基本内容、框架结构、研究重点三个方面应该是紧紧联系在一起的。**这三个方面我都帮你全部改过了。我先把我修改的文稿发给你，你看看，有什么问题随时交流。其实，你的写作基础还是可以的，所以要自信一些，要敢于表达。

梦之旅：好的，我会努力的！

（成功发送文件“刘静音乐论文.doc”）

郭声健：看完了吧，有什么问题吗？可能有些东西需要慢慢消化。

梦之旅：是的，我正在理解和消化郭老师帮我改的东西，您的思路真的很清晰，让我很受益。

郭声健：那就好，慢慢来吧。你还可以在这个基础上进一步修改，争取尽量做好。按时开题是肯定没问题的。所以我那天就说了，不要着急嘛。

梦之旅：等我学习完您帮我修改的东西，我再向您请教。能跟您学习是我的荣幸，所以我也是很认真地完成您的任务，就是能力有限，请见谅。我也希望既然做您的学生，就要做得尽量完美，否则遇上您这么好的老师，做不好学术研究，让老师您丢脸，对不起您，也对不起我自己。

郭声健：哈哈，不要给自己太大的压力。你们课程班的老师能通过国家的相关英语考试，有机会写论文、答辩并最终拿到学位，很不容易。所以是要好好地珍惜。不过，在论文写作的过程中也要让自己尽量轻松一些，千万不要因为是我指导，就压力倍增，这样的话，我就会内疚了。我希望你能够充分享受这个写作的过程，真的不要有什么压力。

梦之旅：是的，我没有压力，但很有动力，因为平常没什么学习的机会，这次我跟您学到了很多平常都学不到的东西，我也希望能做出一篇有价值的论文，这个机会正好可以锻炼我自己。因为我其他的同学也接受导师指导论文的，我看得出，真的没有您那么好的导师。所以我很珍惜跟你学习的机会。

郭声健：好的，我们共同努力！

（几天后）

梦之旅：郭老师，您早啊，这么早，您又开始为学生忙碌了。

郭声健：是啊。你上班了？

梦之旅：是的，上班了。您真辛苦，可要注意身体啊！谢谢您帮我改的论文开题报告，真是太好了。周末我消化了一下，还想请教您几个问题。

郭声健：好的。

梦之旅：那我把开题报告再发给您看一下，改过的地方我用红色标注了。

（成功接收文件）

郭声健：你不要急啊，等我看过之后再跟你交流。

梦之旅：行，我只是这样想了一下，您千万别介意，不对的您一定要帮我指出来，那个框架内容是我自己加上去的，可能不对。

郭声健：没问题啊，就是要你充分发挥自己的自主性和创造性。因为，我不可能整天琢磨你的选题，你自己肯定思考得比我深刻和全面。

梦之旅：没有，我觉得接受郭老师指导后，我得到了触发，会去思考一些问题了，以前我不会去想这些。所以谢谢郭老师了！只是麻烦您老要指导我这个写作不太好的学生，让您见笑了。

郭声健：没有。我发现你还是很有基础的。

梦之旅：那可能是老师怕伤害学生，所以对我给予鼓励。不过也很感谢您，作为一位老师，很好感染了每位学生。

郭声健：你这个时候有时间吗？稍微等我一下，我先看看你充实的内容。

梦之旅：好的。我上午都没课，如果您有时间就麻烦您了。

郭声健：关于国外音乐教学法重视学科综合的那一段加得好，对中职学校音乐教学存在的问题，加上了教材问题，也更全面了。

梦之旅：郭老师，我还有一个问题想请教您。前面文献综述里，我分析的是中小学音乐教学研究的现状，后面框架我阐述的则是中职学校与普通高中音乐欣赏教学的异同，会不会有冲突？

郭声健：不会有什么冲突的。**文献综述一方面是要说明本课题具有研究基础，也就是说中小学音乐教育的理论与实践成果，为你研究中职音乐教学奠定了一定的基础和借鉴资源。**另一方面也要衬托中职音乐教学在这一研究领域的空白。

梦之旅：哦，谢谢郭老师的指点，我明白了。

郭声健：在论文框架的第二章，你加上了两个小节。其中第一小节“学科综合的概念阐述”很好，这一点当初我还没有想到。标题可改为“学科综合理念概述”。说明你真的用心思考了论文的整体布局。但是第二小节“分析中职学科综合理念的学术研究现状，阐述中职学校的优势”可以考虑删除。一方面，这个内容在第一章的第一小节“中职学校与普通高中音乐欣赏教学的异同”中会有一定的体现；另外一方面，在第二章探讨“必要性”时，论文肯定会谈到这些问题。所以，第二章可以这样布局，分为两个小节，即“2.1 学科综合理念概述；2.2 构建基于学科综合理念的中职学校音乐欣赏教学模式的必要性（加上‘构建’一词）。”

梦之旅：好的，前面改的内容我已经明白了。我还有最后一个问题请教您：前面我写的是通过实践探索，体现出本课题研究的理论价值和实际意义都是明显的。它们主要表现在以下几个方面：①本课题的研究能有效利用中职学校特有的教育资源，探索具有中职学校特色的音乐欣赏教学模式，丰富和拓展了学校音乐欣赏教学的理论研究内涵和研究视野；②本课题的研究符合中职学生的专业设置特点，能丰富音乐欣赏教学的内容和形式，提高中职学生音乐素养及综合艺术素质；③本课题的研究遵循“以人为本的教育思想”，符合中职学生的个性特点，能培养学生学习音乐的持久兴趣，陶冶学生的情操，促进学生人格和谐发展，使音乐课充满生机和活力；④本课题的研究能满足中职学生的精神文化需求，丰富中职学生的艺术情感体验，培养中职学生的艺术实践创新能力，提高中职学生综合艺术审美能力。但后面框架中论述的必要性则是：①实现中职学校人才培养目标的需要；②发挥中职学校课程资源优势的需要；③改革中职学校音乐教学模式的需要。我不知道该从哪方面着手。

郭声健：关于必要性的论述，我当时也只是提出了这样的一个框架，即**从宏观、中观、微观三个层面来论述构建这一欣赏教学模式的必要性**，至于具体如何展开，我觉得你先不必着急。其实这三个标题已经提供给你思考的角度了。打个简单的比方，第一点“实现中职学校人才培养目标的需要”，你可以抓住一点来阐述，即中职学校培养的是适应社会就业市场需要的人才，而现在最强调的就是要培养复合型人才，从这个角度看，学科综合理念是和复合型人才的培养是很契合的。

梦之旅：我的意思是……

郭声健：哦，我懂你的意思了。你是不是认为前面写的本课题研究的理论与实践意义，和后面论述的必要性不一致啊？

梦之旅：是啊，所以我想问一下您。

郭声健：这个没关系的，本来就不可能一致。前者是对整个研究课题价值的宏观概括，后者是从理论上论证构建新的教学模式的必要性，两者肯定不等同啊。因为这个必要性的论证，只是你整个文章内容的一个方面而已。

梦之旅：哦，我明白了，谢谢您！那我就按您今天帮我指导的再整理一次开题报告。其他的我没什么问题了。谢谢您了！

郭声健：好的，那先这样吧。开题报告是不可能滴水不漏的，开题的时候，老师们还会提出很多问题呢。

梦之旅：谢谢您这么耐心地帮我解答，让我能更好地理解这个课题。至于开题那天就随机应变啦。

郭声健：是的。

（第二天收到定稿的开题报告）

梦之旅：郭老师，下面是我修改整理的开题报告，请您过目。

郭声健：好的，我已经看了，先这样吧。等开题报告会的时候，我们再认真听取其他老师的意见和建议。

华南师范大学同等学力人员申请硕士学位人员学位论文开题报告

<table>
<tr><td>姓名</td><td>刘 静</td><td>性别</td><td>女</td><td>专业</td><td>音乐学</td></tr>
<tr><td>院系</td><td>音乐学院</td><td>入学时间</td><td>2006.10</td><td>研究方向</td><td>音乐教育</td></tr>
<tr><td rowspan="2">拟定论文题目</td><td>中文</td><td colspan="4">基于学科综合理念的中职音乐欣赏教学研究</td></tr>
<tr><td>英文</td><td colspan="4">the Research of Vocational Music Appreciation Teaching Based on Multi－disciplinary Synthesis's Conception</td></tr>
<tr><td colspan="2">指导教师姓名</td><td colspan="4">专 业 技 术 职 务</td></tr>
<tr><td colspan="2">郭声健</td><td colspan="4">教 授</td></tr>
<tr><td colspan="6">论文工作计划简述（开题报告内容）

1. 本课题国内外概况和文献综述
音乐教育是音乐文化建设的重要方面，也是学校教育的重要内容，它不仅可以提高民族的精神文化素质，同时也对实现全面发展的教育目标具有其独特的教育功能。音乐欣赏教学则是音乐教育的重要组成部分，它主要通过对音乐的感受、理解、鉴赏和创造，让学生体验音乐的情感和文化，从而提高学生艺术审美能力和人文素养。
本人通过查阅众多有关音乐欣赏的著作和论文，发现目前国内对音乐欣赏教学研究的内容可谓是种类繁多，尤其是有关中小学音乐欣赏教学的论文，如米英的《小学音乐欣赏之我见》、蔡敏的《试谈如何上好音乐欣赏课》、方华的《浅谈在欣赏教学中发展学生的审美素质》、马兴军的《浅谈对学生音乐欣赏能力的培养》等</td></tr>
</table>

（续上表）

学术论文，他们分别从音乐欣赏教学内容与教学形式以及学生音乐欣赏能力和审美素质的培养等多方面进行研究和阐述；还有周利霞的《浅谈小学音乐教学如何实施综合性学习》、焦爱华的《谈小学音乐课改中的学科综合教学》、胡燕飞的《繁华绿叶，相得益彰——小学音乐课堂教学学科综合化的实践探索》、黄晓云的《渗透学科综合理念，提高学生音乐素养》等学术论文，他们阐述了音乐教学中要施行学科综合教学的理念，这类论文对中小学音乐欣赏教学有一定的启发和借鉴意义，在一定程度上也促进了我国中小学音乐欣赏教学向更高层次发展。 然而，纵观众多音乐教育研究论文，发现有关中职音乐欣赏教学的研究论文并不多，本人通过查阅资料，有关中职音乐教育的论文，大概可以分为以下几类： （1）中职音乐教育的论文有：黄鹭璐的《对中等职业学校音乐教育的思考》、张菡的《中职音乐教学方式初探》、林青的《中职音乐教育现状及改革思路》、朱长勇的《职业学校音乐教学改革初探》、兰革的《浅谈音乐教育在中职学校教育中的重要性》等。 （2）中职音乐欣赏教学的论文有：赵艺琳的《浅谈新时期中职学生音乐欣赏》、林玉婵的《浅谈音乐欣赏课的教学创新》、吕翠的《音乐欣赏课在中职院校教学的重要性》、王胜军的《通过音乐欣赏提高中职生素质之我见》、陈蓉的《音乐欣赏课在中职素质教育中的作用》、黄穗的《浅谈中职生民族音乐欣赏教学》、董海萍的《中职学校音乐欣赏课对素质教育的影响》等。 从以上资料来看，目前有关中职音乐教学研究同中小学音乐教学研究相比，存在明显不足，中职音乐教师的学术研究气氛也不是很浓厚，尤其是在中职音乐欣赏教学实施学科综合理念这一方面的研究几乎是空缺。如今中职学校普遍开设了多门艺术专业，根据艺术通感理论和艺术起源学说，各艺术门类都是可以相互融合的，因此中职学校在音乐欣赏教学中实施学科综合理念，将音乐与学生所学的其他艺术专业相结合，这是中职学校音乐欣赏教学的独特优势，也是中职学校音乐欣赏教学实施学科综合理念的必然要求。 然而，目前我国中职学校音乐欣赏教学和普通中小学音乐欣赏教学并没有什么差别，中职学校的学科综合优势并没有被利用和显现出来，以至于中职学校的音乐欣赏教学效果并不理想，对提高学生的音乐素养和未来就业竞争力也没有发挥出应有的作用。另外，本人通过查阅资料，发现几位国际著名的音乐教育家也非常重视学科综合的教育理念，并在教学实践中予以施行，如：瑞士达尔克罗兹的“体态律动学”就是音乐和舞蹈高度的融合；匈牙利柯达伊教育体系在立足于本民族音乐传统的基础上，综合了语言、文学和多种民族传统艺术；德国奥尔夫教育体系综合了语言、舞蹈、律动、戏剧、民间器乐等多种艺术形式，这些先进的教学观念对我的教学产生了深刻的启示。为此，作为中职音乐教师，我们有责任和义务充分利用中职学校的优势教学资源，对基于学科综合理念的中职学校音乐欣赏教学进行探索和研究，开辟富有中职特色的音乐欣赏教学全新模式。因此我选择了本课题进行研究，希望能对中职音乐教学尽到微薄之力。

（续上表）

2. 本课题的理论和实际应用意义

各门艺术之间、艺术与其他相关学科之间是具有一定内在联系的，这种内在联系使得彼此之间的“综合”成为了可能。综合是在使用两种或更多学科资源时，形成学科之间的相互强化和多学科之间的交融。自20世纪以来，我国吸收国外先进的教学理念，对音乐教学进行了一系列的探索工作，提出了各具特色的音乐教育观，其中“提倡学科综合”是当前基础教育改革的一种基本理念，是对传统教育观念的一大突破，同时这一举措也是顺应时代发展潮流的。它体现了现代教育的发展趋势，是学科体系向学习领域的进一步伸展。《全日制义务教育音乐课程标准》更是对学科综合的理念做出了明确的阐述：“音乐教学的综合包括：音乐教学不同领域之间的综合；音乐与舞蹈、戏剧、影视、美术等姊妹艺术的综合；音乐与艺术之外的其他学科的综合。在实施中，综合应以音乐为教学主线，通过具体的音乐材料构建起与其他艺术门类及其他学科的联系。”

音乐教育倡导“学科综合”理念是以音乐为本的综合，旨在通过学科相关知识的综合，为学生创设一个多元化的学习途径，其根本要义在于它有益于学生人格的完整化和谐发展，并能促进学生音乐综合素养的提高。作为一名中职学校的音乐教师，在教学中我对我校的音乐欣赏教学课程作了一次学生问卷调查，通过调查，我发现我校音乐教学存在以下几个方面的问题：

（1）从教材上看，仍然使用与普通高中相同的教材《音乐鉴赏》，没有适合中职学生学习的校本教材；

（2）从教学内容来看，如今流行音乐充斥市场，教师一味迎合学生的欣赏口味，造成学生审美品位不高；

（3）从教学模式来看，音乐欣赏课仅局限老师讲，学生听的教学模式，无法激发学生兴趣，让学生参与音乐，体验音乐之美；

（4）从教学目标来看，目标不明确，忽视了中职学生个性、知识、能力等方面的差异，因此无法实现音乐欣赏教学的价值目标；

（5）音乐欣赏教学固守于音乐范畴，对中职学校所开设的其他艺术门类的课程资源不能进行有效利用和整合。

上述问题第2点和第3点是音乐欣赏教学普遍存在的问题，而其他三点则是中职学校所特有的问题。中职学生是一个特殊的群体，他们学习基础差，学习意志也很薄弱，在性格上也存在叛逆，因此他们常常是被人忽视的群体，然而他们也有一定的优势，由于没有升学的压力，所以他们性格上都很开朗，尤其是在艺术上具备丰富的想象力。再加上中职学校开设了多门艺术类专业，有一定的艺术实践能力，因此学科综合的教学理念更容易实施，也更有意义。如今的中职音乐欣赏教学也正是因为教师缺乏学术研究的氛围，没有树立学科综合的教学理念，更没有充分利用中职学校的优势，才导致了欣赏教学内容与教学形式单一陈旧等一系列的问题。在这几年的教学工作中，我则根据教学实践经验，做了基于学科综合理念的中职音乐欣

（续上表）

赏教学课题的探索和研究工作，在教学中不仅注重音乐知识、技能技巧的传授，也比较注重结合学生的个性、专业知识等特点，让学生感受、欣赏一批题材、手法与其他艺术类有关的音乐作品，展示并分析音乐与其姊妹艺术的关系，加强艺术学科间的综合和横向联系，丰富学生的艺术情感体验，从而实现音乐欣赏教学的综合审美价值和音乐作为人文学科的学科价值。应该说，通过实践探索，体现出本课题研究的理论价值和实际意义都是明显的，主要表现在以下几个方面：

（1）本课题的研究能有效利用中职学校特有的教育资源，探索具有中职学校特色的音乐欣赏教学模式，丰富和拓展了学校音乐欣赏教学的理论研究内涵和研究视野；

（2）本课题的研究符合中职学生的专业设置特点，能丰富音乐欣赏教学的内容和形式，提高中职学生音乐素养及综合艺术素质；

（3）本课题的研究遵循“以人为本”的教育思想，符合中职学生的个性特点，能培养学生学习音乐的持久兴趣，陶冶学生的情操，促进学生人格和谐发展，使音乐课充满生机和活力；

（4）本课题的研究能满足中职学生的精神文化需求，丰富中职学生的艺术情感体验，培养中职学生的艺术实践创新能力，提高中职学生综合艺术审美能力。

3. 论文的基本内容、结构框架以及要突破的难点

基本内容：

（1）对比分析普通高中和中职学校音乐欣赏教学的不同特点，总结反思中职学校音乐欣赏教学存在的问题；

（2）分析阐述中职学校音乐欣赏教学的教学资源优势，论证构建基于学科综合理念的中职音乐欣赏教学模式的必要性与可行性；

（3）结合教学案例的分析，研究探索基于学科综合理念的中职音乐欣赏教学的具体实施方式、途径，以及需要注意的问题；

（4）分析阐释实施基于学科综合理念的音乐欣赏教学对中职音乐教师的素质要求。

要突破的难点：

基于学科综合理念的音乐欣赏教学研究，无论对中职音乐教学理论还是实践，都是一个全新的课题，还没有现成的成果可供借鉴。因此，在理论上论证构建基于学科综合理念的中职音乐欣赏教学模式的必要性与可行性，在实践上探索基于学科综合理念的中职音乐欣赏教学模式的实施方式和途径，既是本课题研究的重点，也是本课题研究的难点。

结构框架：

中英文摘要

引言

第一章　中职学校音乐欣赏教学的现状调查

　　1.1 中职学校与普通高中音乐欣赏教学的异同

（续上表）

1.2 中职学校音乐欣赏教学的现状调查 1.2.1 调查过程与结果统计 1.2.2 存在的主要问题及成因分析 第二章　基于学科综合理念的中职学校音乐欣赏教学模式的提出 2.1 学科综合理念概述 2.2 构建基于学科综合理念的中职学校音乐欣赏教学模式的必要性 2.2.1 实现中职学校人才培养目标的需要 2.2.2 发挥中职学校课程资源优势的需要 2.2.3 改革中职学校音乐教学模式的需要 第三章　基于学科综合理念的中职学校音乐欣赏教学模式的实施 3.1 音乐与舞蹈的综合 3.1.1 理论论证 3.1.2 课例分析 3.2 音乐与美术的综合 3.2.1 理论论证 3.2.2 课例分析 3.3 音乐与戏剧的综合 3.3.1 理论论证 3.3.2 课例分析 3.4 音乐与文学的综合 3.4.1 理论论证 3.4.2 课例分析 3.5 音乐与多个相关门类的综合 3.5.1 理论论证 3.5.2 课例分析 第四章　基于学科综合理念的音乐欣赏教学模式对教师提出的要求 4.1 素质的要求 4.2 教学的要求 结语 参考文献 后记（包括致谢） 攻读学位期间发表的学术论文目录
4. 论文计划、进度及待解决的问题： 2010.10—2011.3.1　收集整理资料，构思论文提纲。 2011.3.1—2011.4.31　撰写开题报告。 2011.6.1—2012.4.30　毕业论文写作。 2012.5—2012.6　完善毕业论文、答辩。

附　录

1. 别让“戏剧表演”成为学生的奢望
——关于高中开设“音乐与戏剧表演”模块的思考

王亚楠

摘要：在《普通高中音乐课程标准》设置的六个模块中，由于“音乐与戏剧表演”这一模块对教师综合能力的要求较高，表演形式比较复杂，对教师和学生都极具挑战，所以该模块的开课率很低。本文通过对高中音乐模块教学的现状进行调查，对高中开设“音乐与戏剧表演”模块必要性的论证，开设该模块并顺利进行课堂教学，需要从以下几方面进行突破：(一) 教学目标定位不要专业化；(二) 教学内容要贴近学生生活；(三) 教学过程要充满美感体验；(四) 教学形式要体现学科综合；(五) 教师要完善自身素质结构。

关键词：高中；音乐与戏剧表演；模块开设；必要性；解决方案

引　言

20世纪50年代，我国部分城市在高中开设了音乐课，但是没有统一的教学大纲和教材，而且大多数地区的高中还是没有开设音乐课。直到20世纪90年代，国家教育行政部门才决定在高中开设艺术（音乐、美术）欣赏课，并一步步地努力完善。伴随着素质教育的深入推广，九年义务教育和普通高中新课程的全面实施，2003年4月教育部正式向社会公布了《普通高中课程方案（实验）》和高中各科目课程标准实验稿。[①] 其中高中音乐课程由音乐鉴赏、歌唱、演奏、创作、音乐与舞蹈、音乐与戏剧表演等六个模块组成，并以“音乐审美为核心；兴趣爱好为动力；面向全体学生，注重个性发展；重视音乐实践；鼓励音乐；提倡学科综合；弘扬民族

---

① 范晓君，王朝霞. 学校音乐教育导论与教材教法［M］. 广州：暨南大学出版社，2009. 150.

音乐，理解多元文化；完善评价机制”为基本理念，作为指导高中音乐新课程实施的理论基础。

新的音乐课程标准让音乐老师和同学们在音乐课程教授、学习上有了更大的选择空间。特别是“音乐与戏剧表演”模块，既是一大创新，更是一大挑战。这是因为，第一，其他几个模块的教学特别是“音乐鉴赏”模块，在高中音乐教学实践中已经实施了较长的时间，前辈们已经留下了很多的教学经验和教学技巧，所以这些模块的教学实施起来也就有章可循，可谓是轻车熟路。但是，“音乐与戏剧表演”模块，属于新中之新，在新的课程标准出台之前几乎没有高中教师系统地研究和实施过，所以对于这样的新事物还是有些不敢触碰。第二，其他五个模块的教学内容在音乐教师自身接受师范教育的时候都有过深入的学习，但是对于“戏剧表演”却没有接触过，而且戏剧又是一种集文学、表演、音乐、舞蹈等于一身的综合性产物，让不是科班出身的人觉得很难驾驭，这更给音乐老师在这一模块上的教学形成了无形的压力。所以，“音乐与戏剧表演”模块对于高中音乐老师来说确实是一个挑战。

因此，提高人们对“戏剧表演”重要性的认识，消除音乐教师开设该模块的畏惧心理，积极开设该模块，促进高中音乐模块教学的贯彻实施，并在此基础上探索该模块教学的基本理念、内容与方法就显得非常必要。与此同时，由于缺乏实践基础，通过对相关文献进行搜索，发现目前所发表的学术论文中，很少有关于高中“音乐与戏剧表演”模块教学的研究成果问世。这表明，系统全面地对本选题进行研究，能够拓宽音乐教育教学的理论研究视野，也具有较强的学术价值。

一、高中音乐模块教学的现状调查

新课程标准的实施让教师和学生都有了更大的选择权，学校领导和老师通常会根据自身的条件、设施情况来决定开设哪些模块，但是同学们会有怎样的选择期待，教师和准教师又有怎样的意见倾向呢？

（一）学生的选择期待

从对部分高中生的采访中发现，多数高中生愿意选择歌唱模块、演奏模块、音乐与戏剧表演模块。选择的原因大致包括：①在老师的带领下，能够容易完成；②课堂氛围好，可以很轻松、愉快地学到知识；③就是很喜欢这个模块；④在高中之前就接触过，所以想进一步的学习。虽然原因各式各样，但是总体上来说，学生倾向选择的模块都有一个共同点，就是可以更多地参与课堂，课堂气氛轻松、愉悦，课堂实践机会多。我认为这也与高中生的性格特点有一定的关系，趋于成熟又略带叛逆，个性张扬也喜欢展示自己的能力，所以在学习必修的音乐鉴赏模块之余更想有一个“能动”的平台来自我展示。而在对“音乐与戏剧表演”的选择率进行进一步调查的时候，发现学生倾向这一模块还有一个原因就是：其他的模块在之前的学校音乐教育中都接触、了解过，但是这一模块很新奇，感觉会很“好玩”。这也满足了学生喜欢新鲜事物的好奇心。

多元化的社会，多元文化的冲击，充斥着现代人对艺术新的追求。也让个性张扬的新一代高中生，不再满足于音乐课只有音乐鉴赏这一模式。也正是为了满足学生多方面发展的要求，才有了新的课程改革。在艺术领域，逐渐国际化的舞台也不只仅限于单纯的演唱、舞蹈，越来越多的“百老汇”式音乐剧、歌剧的表演形式也涌现在中国的舞台上。而中国独有的话剧、戏曲等也走入世界人民的视线。更有精彩的好莱坞影片给人带来视觉、听觉上的双重震撼。于是让越来越多的人关注戏剧表演、爱上戏剧表演，特别是容易接受新事物的高中生。而一所所拔地而起的表演学院如雨后春笋般伫立在各大高等院校，这又给有戏剧梦的同学们提供了实现梦想的可能。“音乐与戏剧表演”模块也就应运而生，作为一个新的模块跟老师和同学们见面。但高中音乐课程设置这一模块，并不是要培养出多少表演艺术家，而是为了拓宽学生艺术视野、增加艺术修养，同时也给喜爱表演艺术的学生们提供一个学习和展现自我的平台。所以，学生对于这一模块翘首以待！

（二）教师的意见倾向

对于教学和准教师们对音乐模块教学的看法，笔者也做了一些采访调查。第一个采访问题是：在高中音乐教学六个模块中，你最想教哪个模块。按照票数的多少统计，排在第一位的是歌唱模块，第二是音乐鉴赏模块，第三是音乐与戏剧表演。多数教师选择“歌唱”模块是因为在大学的时候主修专业是声乐，所以觉得教授歌唱模块得心应手，教起来会很轻松。还有一部分是“音乐鉴赏”模块，这些老师多数是在大学期间主修器乐专业的老师，他们认为鉴赏模块比较好操作，课堂秩序也不会很混乱，没有多少突发状况出现，比较容易控制课堂。出乎人意料的是，挺多准教师很主动地选择了“音乐戏剧表演”模块。原因有很多，其中包括：表演会很有趣，觉得像在玩一样，很愉悦地一节课就结束了；该模块具有综合性特点，包括了很多方面的知识，所以选择空间很大；喜欢表演，在教学过程中还可以提高自身的表演水平。其中也有一些很前卫很有趣的想法，比如可以和学生们一起演戏，融入表演中，融洽师生关系的同时也很好的释放自己的压力。

可以说这次采访给了我很多的惊喜，没有想到还是有一批新老师很愿意来挑战“戏剧表演”这一模块，这让更多的学校尝试开设这一模块的教学有了更大的可能性。或许是因为多元化的社会开放思想的冲击，也让新一代的教师们摒弃因循守旧，从而喜欢挑战新的事物。这也让我们对未来“音乐与戏剧表演”模块的教学充满信心！

二、高中开设“音乐与戏剧表演”模块的必要性

1994 年美国政府通过了《2000 年目标：美国教育法》，把艺术教育（音乐、美术、舞蹈、戏剧）列为美国基础教育的核心学科之一。全美音教会主席多罗西认为：“这是美国教育改革的重大突破。”① 由此可见美国对于音乐教育、戏剧教育的重视，也说明了音乐、戏剧教育的重要性。而我国音乐课程的开设经过了几十年的摸索与研究，也逐渐全面化、开放化，并根据我国的国情制定了新的课程标准，而“音乐与戏剧表演”模块也位列六大模块之一。我们认为，高中音乐课程开设“音乐与戏剧表演”模块的必要性主要体现在以下三个方面。

（一）推进高中音乐课程改革的要求

高中音乐课程改革最大的突破就是增强了学生对于课程内容的自主选择权，这也正是高中音乐课程改革的最大价值所在。而要实现这一目标，体现课程改革的特色，就需要学校及老师能够给学生提供更多的选择机会。很多同学欲选择戏剧表演模块，但事实上开设这一模块的学校并不多，那就无法实现高中课程改革的预期目的。所以，提升“音乐与戏剧表演”模块的开课率，对推进高中音乐课程改革是非常必要的。

“音乐与戏剧表演”中涵盖了很多学科和艺术形式，通过这一模块的教学可以让学生认识很多姊妹艺术，从而全面发展，提高学生的艺术涵养和综合素质，很显然这也是满足了课程改革提出的“学科综合”理念的

① 管建华. 21 世纪中国音乐教育展望——音乐教育论文［DB/OL］. http：//www. hongxiao. com/dy/Article/musiceducation/gaoxianmusic/200510/1175. html，2005 - 10 - 05.

需要。

（二）提高学生综合艺术能力的要求

戏剧是语言艺术与表演艺术相结合的产物，是一种综合文学、表演、音乐、美术、舞蹈等形式，并由演员扮演角色当众表演故事的艺术，体现不同艺术门类之间相互渗透与综合的关系。

这一模块的教学可以满足不同学生兴趣爱好和发展需求，拓宽艺术视野，提高学生的综合艺术审美表现力。戏剧表演需要表演者有很好的理解能力，只有把握好撰写者要表达的主题和感情，才能把作品唯美地表现出来，这一点就提高了学生的文学能力和领悟能力。戏剧表演当然离不开表演，教师可以给学生欣赏一些经典的戏剧作品，讲解演员表演的精粹。如拿学生很感兴趣的电影来引入学习：如陈嘉上导演的《画皮》，周迅在饰演小唯的时候，为了能让观众觉得跟正常人一样的同时还是有一些妖气，所以在走路的时候都是膝盖稍弯，有点扭着走路，所以才成就了这个灵气的角色。音乐与戏剧的结合更是最常见的，不管是电影还是话剧都会用音乐来烘托气氛，更别说音乐剧、舞剧了，在欣赏戏剧的同时教师给学生讲解不同音乐所表达的不同情感，在不同的背景下需要运用哪些相应的音乐，这也大大提高了学生的音乐欣赏水平。在戏剧中，道具、摆设、灯光、妆容等等是必不可少的，说到这些，就不得不来领略一次美术的风采。什么样的灯光在舞台上可以营造神秘的气氛；什么样的色彩搭配可以营造一个青春、活力的舞台环境；什么样的格局让观众一看就知道这是在家里，那是在课堂上。了解了这些，对美术的认识也就上升了一个台阶。当然，戏剧中包含的艺术形式还有很多，情之所至时的翩翩起舞，踌躇满志时的吟诗作赋，都让戏剧表演更加丰富多彩，也更多方面地提高了学生的综合素质。

各门艺术和文学知识之间沟通和联系，也提高了学生的语言表达能力和视听能力、认识自我能力、动作协调能力、适应环境的能力，使学生的心智逐渐开朗。同时通过戏剧表演的形式，让学生在表演中释放自己的情感，加强和同学之间的交流和合作，用心体会、享受艺术带来的美感。在艺术的熏陶中不知不觉地度过美好的时光，大大地提高了学生综合艺术能力。

（三）培养学生表现创造能力的要求

爱因斯坦说：想象力比知识更重要，因为知识是有限的，而想象力概括着世界上的一切，推动着进步，是知识进化的源泉。把想象慢慢付诸行动，那就是创造。

人的思维分为逻辑思维（科学思维）和形象思维（艺术思维）两大类，两者不可分割，它可制约一个人素质的全面提高。而戏剧表演的优势就在于发展学生的形象思维。[①] 戏剧表演是二度创作，文学家把他们的想象力以文字的形式表达出来，文字的力量是无穷的，不受任何限制。但是，人的能力和现实环境是有限的。如何在现实生活中趋于完善地把文字所表达的内容惟妙惟肖地展现出来，需要我们发挥无限的主观能动性，把文学作品以表演的形式呈现出来需要很多的想象和创造。可以说，想象和创造是戏剧表演最基本的品质。

高中生正处于青春期，个性张扬爱展现自我，不喜欢因循守旧，喜欢突出自我，因此有无限的创造潜能，对艺术的追求喜欢也是多样化的。但是在平时，这么有包容性的可以让他们展现不同自我、不同艺术形式的平台并不多，而“音乐与戏剧表演”这一模块则给学生无限的空间。他们可以在这里找到自己喜欢的各种艺术形式，用自己的方式展现独特的自我、绽放绚丽的青春。

三、高中开设“音乐与戏剧表演”模块应注意的几个问题

笔者在采访几位准教师的过程中发现，虽然有一些人很愿意尝试“音乐与戏剧表演”这一模块，但是大家担心的问题也很多，这里我先举一些很具有代表性的问题。比如：①害怕控制不了课堂，学生不配合；②教授的难易程度把握不了，不知道学生的接受程度；③不知道该如何安排教学的内容，范围怎样把握；④自己在大学学习的时候没有涉及戏剧表演这一模块，不够专业。

在采访中还有一个问题不容忽视，笔者问一位准教师，教授“音乐与戏剧表演”这一模块最大的难度在哪？她说：我觉得那些声音太尖锐，学生不喜欢。我愣了一下：“啊？声音太尖锐？什么意思？”她回答：“就是那些咿咿呀呀的声音，学生不喜欢啊！”我明白了，原来她把“戏剧”很狭隘地理解为就只是“戏曲”。看来，有些老师连什么是戏剧都没有弄清楚。在这里，我认为有必要来梳理一下到底什么是“戏剧”，它包括有哪

① 柳斌．艺术教育是素质教育不可缺少的部分［R］．在全国学校艺术教育工作会议上的讲话，1996－11－16．

些艺术形式。

戏剧有两种含义，分狭义和广义。狭义专指以古希腊悲剧和喜剧为开端，首先在欧洲各国发展起来继而在世界广泛流行的舞台演出形式，中国称之为话剧。广义还包括东方一些国家、民族的传统舞台演出形式，如中国的戏曲、日本的歌舞伎、印度的古典戏剧、朝鲜的唱剧等，广义上的戏剧指所有以舞台演出形式为根本的艺术形式。戏剧的形态具有多种的艺术成分，包括文学、音乐、绘画、雕塑、建筑、舞蹈等，是一种“综合艺术”。戏剧的表演形式多种多样，常见的包括话剧、歌剧、舞剧、音乐剧、木偶戏等。①

在了解了戏剧的定义和形态之后，下面我们就来探讨这一模块的教学问题。本人也根据自己对“戏剧表演”的学习和实习中教授这一模块所获得的一点经验提出一些拙见。概括起来，高中开设“音乐与戏剧表演”模块需要注意以下几个方面的问题：

（一）教学目标定位不要专业化

在采访几位教师对于教授“戏剧表演”的看法时，大家都担心自己在“戏剧表演”上的专业功底不够，害怕自身达不到指导的水平。笔者认为，这个担心是不必要的。戏剧表演本身就具有灵活性，它不像声乐、器乐，必须按照规定的节奏、速度、音高来表现音乐。戏剧表演更多的是追求个性的东西，自己根据生活经历的不同和对事物理解的不同，按照自己的方式把情景展现出来，同一个命题可以表现出各式各样、形形色色的场景，“一千个读者就有一千个哈姆雷特”。所以，不会存在谁表演得对、谁表演得错的问题，老师在这中间主要是起引导的作用。可以说，在高中音乐教学中“音乐与戏剧表演”模块的教学，是“戏剧表演”的启蒙阶段，教师要注重的是深入浅出，教学目标定位不应专业化。

学生的潜力是无限的，这时老师就充当了一个伯乐的身份，目的是要不断去引导和挖掘学生的潜力。而如果一开始就是专业化的定位，在禁锢了学生思想的同时，教师自身又达不到专业的水平，教学成果也就越来越差。只有给他们提供轻松的创作、发挥空间，引导他们，这样才会使潜能变成无限的力量，同时也达到提高学生的发散型思维和创造力的要求。

学生在以前很少接触“戏剧表演”的学习，比较生疏，如果一开始就以专业的水平来要求他们，反而给了学生很大的压力，并且因为没有这方

① 张柏青，吴朋，蒋文光．艺术词典［M］．北京：文苑出版社，1999.

面的积累，又找不到突破点，往往会导致学生灰心丧气，失去信心，原本有趣、有益的事情由此会变得毫无兴致。

所以，我建议，在最开始给学生提供“戏剧表演”素材的时候不要用非常专业、经典的剧目（“戏剧欣赏”内容除外），而是用很接近生活，很亲切，学生容易理解、表现、产生共鸣的内容。也就是我们下面要说的“教学内容要贴近学生生活”。

（二）教学内容要贴近学生生活

1. 从生活中获得创作灵感

艺术作品积极能动地反映着生活——艺术创作扎根在生活的土壤里，艺术作品势必反映着生活的方方面面。但是，我们必须看到，这种反映，并非是对生活原样的照本宣科，而是对生活某一方面形象、情节、矛盾冲突的提纯和集中。换一个角度看，艺术作品之于生活不是消极的、被动的反映，而是积极的、能动的反映。①

艺术来源于生活。高中生刚开始接触戏剧表演，并没有什么经验，如果教师只是一味地灌输高营养的内容，学生也不知道怎么消化。倒不如启发学生多观察生活，感受生活，在生活中找到素材、知识，获得灵感。17世纪荷兰的著名画家伦勃朗的一幅铜版名作《基督传道》，画的是处在贫穷、饥饿中的人们。每个人的神情或哀伤，或悲愤，或麻木，或深思，都生动入微。这是作者经常接触犹太人和他们的生活环境，通过观察、发现创作出来的。还有巩俐，她在成名之前，跟老师学习的时候，启蒙老师经常带她去各个不同的场所，让她用心观察不同身份、不同心情的人，他们的神态有什么不同。把这些当素材，在表演时才能很真实地、细致入微地表现人物，也正是这样，成就了她国际巨星的地位。

笔者在实习的时候，让学生表演“洗手”，给学生的命题是“表演不同的人洗手的样子（如医生、菜农等）”。这些人物同学们在生活中接触的不是很多，要想表演好就得自己多动脑子，多发现。于是我给同学们一些提示：想想你要表演的这些人他们平时做得最多的事情是什么，他们最大的特点是什么，根据身份的特点来表演就清晰很多。在思考之后，一些学生就来了灵感。比如洗手的时候每个手指都搓一下，把指甲都抠一抠的表演的人物是“菜农”；洗手的时候先摘手套，有清洗好几遍的是有点洁癖的“医生”；蹦蹦跳跳去洗手，又随意地洗两下就走的是“小孩”，等等，

---

① 丁涛．艺术概论［M］．沈阳：辽宁美术出版社，2001.

这些都表演得别出心裁又惟妙惟肖。这些例子也都是从生活中获得知识、经验的最好证明，生活就是最好的老师。

2. 在生活中积累表演素材

公元前4世纪，亚里士多德在《诗学》中已经表述了其对戏剧本质的认识。他认为：一切艺术都是模仿，戏剧是对人的行动的模仿。两个世纪以后印度的第一部戏剧理论著作《舞论》也指出：戏剧就是模仿。

之所以要贴近生活、发现生活，就是要模仿生活，只有接近生活才会有更多的表演素材。笔者在实习的时候，经常给同学们一些简单的命题表演。但是由于同学们的羞涩和经验不足，不是特别积极，每节课要用3到4个命题才能充实课堂。但是有一次，我给了同学们这样一个命题：两人为小组，一人做父母，一人做儿女，表演的场景是“考试得了倒数第一名，回家之后……”结果就用这一个命题，我们“玩”了一节课，大家的表演都很有特点，别出心裁。比如有位“爸爸”说：“呦，儿子，你真行，每次成绩都这么稳定！”有位“妈妈”说：“孩子，你不能老这样，你要给其他同学一些得倒数第一的机会啊！”有位同学还自己准备了道具，拿了一张上面写了一个“0”的白纸作为试卷，回家之后赶快拿笔改成“100”，等等。有无厘头的，有深沉的，有假暴力的，笑料百出。所有同学都很积极参与，课堂气氛空前的好。这让我喜出望外，总结经验之后发现，这节课参与度这么高，最重要的原因是同学们在生活中都经历过。并不是说所有人都考过倒数第一，但相信每位同学都有成绩考得不满意的时候，或者做错事被父母责怪的时候。所以大家表演起来才这么得心应手，即便是表演“父母”，生活中朝夕相处，脑海中对父母神态、形象已经根深蒂固，所以表演起来并不困难。

（三）教学过程要充满美感体验

苏霍姆林斯基强调，教师要引导学生去感知和领会美。记得初中刚开始学习化学的时候，第一节课，老师什么专业的东西也没讲，就拿来一大堆实验用品，给我们变了一节课的“魔术”，一会儿硫发出明亮的蓝紫火焰；一会儿黑色氧化铜变成红色；一会儿带火星的木条复燃，等等。大家看得兴致盎然，也顿时对学习化学产生了浓厚的兴趣，从而能够在老师的引导下更好地学习化学。戏剧学习是一个循序渐进的过程，是享受生活、感受生活从而表达生活、表现生活的一种艺术形式。连化学课都可以教的这么津津有味，充满美感体验，更何况本来就五彩缤纷的“音乐与戏剧表演”课。

但是笔者所认为的美感不只是画面多么的绚丽，音乐多么的华丽，而是要让学生真正地融入艺术作品中，感同身受，跟着作品一起感受戏如人生，人生如戏，悲欢离合、跌宕起伏，从而对这门艺术产生共鸣，真正地融入艺术，感知艺术。

戏剧讲究“真听、真看、真感觉”。而现在由于缺乏正规的戏剧教育，自然导致许多青少年更多地接受娱乐式、泡沫式、快餐式的戏剧。教师的任务就是要带领学生欣赏优秀的艺术作品，正确的欣赏作品。比如，我们欣赏《红楼梦》，影视剧也好，话剧也好，戏曲也罢，欣赏的并不全是演员有多美，场景有多华丽，老师应该带领学生去剖析在感情深处作者想表达的东西。例如：元春、迎春、探春、惜春四姐妹，其实作者一开始给人物取名字的时候就已经把故事的结局埋在笔下“原应叹息”，等等。要用心感受戏剧，而不是“看热闹”，身临其境，跟着戏剧经历另外的一种人生，这才是戏剧真正的“美”。

因此，教师要用一种美的方式、最合适的方法带着同学们来感知戏剧、体验戏剧的独特之美。

（四）教学形式要体现学科综合

这个模块的音乐、文化覆盖面很广，在本文的第二部分第二小节中已经谈过“音乐与戏剧表演”这一模块的综合性，但是教师因为自身知识技能的局限性，往往缩小了“戏剧”的范围，使教学单一化、专业化。

那么，怎样体现学科综合，怎样在课堂上展示出戏剧的综合性呢？下面我们通过两个实例来加以说明。

1. 朗诵诗歌《面朝大海，春暖花开》

笔者的教学要求是让同学们有感情的朗诵《面朝大海，春暖花开》。很多同学在刚拿到这篇诗歌的时候，他们根据诗歌表面所描述的场景，都是以一种很喜悦、很开心的感情来朗诵。但是想要真正“有感情”地朗诵这首诗歌，首先就要了解诗歌创作的背景，这就需要老师的引导和解释。

海子的这篇抒情名篇，写于1989年1月13日，两个月后，海子就在山海关附近卧轨自杀。可见作者并不是真的想开了要“从明天起，做个幸福的人”。这就需要教师带着学生分析作品，这就是“戏剧”中所包含的“文学”。但是这不是语文课，所以在简单地分析之后，就是让学生来实践，来朗诵表演，不断地感受诗歌中的情感。

在这之后，我们就可以配乐了。给学生几种不同风格的音乐，让学生来感受音乐所表达的感情，从中选出最合适的音乐作为《面朝大海，春暖花开》的背景，跟着音乐的情感和内心的感受来朗诵，这才是真正的戏剧表演。

所以，我们看到，在这首诗歌中，只有把文学、表演和音乐叠加在一起才能最好的表现感情。当然也可以根据需要，在舞台表演的时候添加演奏、舞蹈等。我听过很多名家朗诵这篇诗歌，但是我觉得最好的就是我国著名配音演员徐涛的朗诵，他能把复杂的感情表现得淋漓尽致，他在朗诵时的配乐就是现场演奏的。

2. 欣赏经典话剧《暗恋桃花源》

《暗恋桃花源》是著名舞台剧导演赖声川教授的作品，它的话剧版和电影版共获得六个国际大奖，二十多年来也一直被人们称颂，在国内也有很多不同的艺术家、明星来演绎，上演了很多版，而我认为由赖声川创立的“表演工作坊”表演的那一版最为经典，学生对这一话剧版本的欣赏自然会收获良多。

虽然是欣赏，但是并不是一节课只看视频就过去了。而且这个时候学生很容易只是“看热闹”，并不是真的去思考、发现。与其这样，还不如让学生回家去看。这就要求在欣赏片段的过程中教师要及时给学生讲解、分析，必要的时候让学生也来体验一把。

比如，在“桃花源”的时候，导演让“顺子”拉幕布，结果发现本来很漂亮的幕布却有一块“留白”。看到这，学生会奇怪，“留白”是什么，如果不知道就理解不了这一段导演是要表达什么内容。这时候就需要教师来讲解“留白”的概念和它在美术中的作用。这就是戏剧中包含的美术的知识。

在第一幕的时候，男主人公说“东北不是你想回去就能回得去的”。为什么会这样说呢，老师要给学生讲解当时处于什么时代、战争、逃难等这些历史因素的影响。这又是戏剧中所包含的“历史”。只有明白了历史因素才能更透彻地了解主人公的心情。

在欣赏到学生很感兴趣又有能力做一些表演的片段的时候，老师也可以请同学来展示一下。但是《暗恋桃花源》那个时代离我们很远，学生难以把握，这时教师就要充当另一个角色——导演。想要学生“入戏”，老师就得“说戏”，要告诉他们在那个大时代背景下，人们的生活状态和心理所受的煎熬，很多时候身不由己，无能为力。学生了解之后，才会有更到位的表演。

戏剧艺术的综合性包括很多，不只是音乐、美术、历史、宗教等，还有道具的摆设，灯光的调整，音乐的烘托，人物的塑造，这都是我们需要努力学习的。所以，通过这个课堂，可以让大家对戏剧有更多的了解，更全面地学习这一综合艺术。

（五）教师要完善自身素质结构

1. 教师自身综合素质的提高

在上一节中我们谈到了戏剧的综合性和对教师的综合能力的要求。所以，要想教好“音乐与戏剧表演”课，首先就是提高教师自身的综合素质。

为此，作为音乐教师，平时除了增强音乐专业知识技能，也要加强对其他姊妹艺术的学习，多利用发达的现代多媒体技术和丰富的网络资源，扎扎实实地学习，更好地教授课程的同时也提高了自身的艺术修养。

另外，在课前要做好充分的准备，把本节课中所涉及的艺术类型、范围做一个统筹，也作为讲课时的知识储备。只有这样，教师在学生有疑问、课堂出现突发情况时才不会慌乱、束手无策。

2. 高师音乐教育专业的改革

如何做好教育事业是需要集思广益的事情。所以在最后，笔者也想对高师音乐教育提出一点拙见。既然高中音乐新课标里面教学模块列入了“音乐与戏剧表演”，那么在高师音乐教育专业中是否应该加入“戏剧表演”内容的学习呢？这样，在面对“音乐与戏剧表演”这一模块时，教师才不会慌乱，也不会导致这样一个全面、综合的模块无人问津。

在本人大学二年级的时候，因为推广“京剧艺术进校园”的教学活动，所以当时学院老师就安排了一些专业的京剧演员来给大家讲课、做表演，同学们也学习得热火朝天。这样，以后遇到相关教学活动的时候也能从容面对。那何不让高师音乐教育专业的准教师们也在还是学生的时候过一把“戏剧表演”瘾呢！

结 语

“教学有法，而无定法”，高中音乐新课程的实施没有固定模式，需要高中音乐教师们根据具体情况进行教学设计。做到知己，即了解教师自身的专业素质以及学校的教学设施与资源；知彼，即了解高中学生的心理特点、知识结构和音乐个性差异。在教学中合理选择、组合教材，准确定位教学目标，使用灵活恰当的教学方法，从而优化课堂教学。①

“音乐与戏剧表演”这一模块包罗万象，各种艺术形式都可以在这里找到，学生可以根据自己的喜好在这里找到属于自己的一片天地。所以，同学们很希望这一模块可以更多地走进校园。而且这一模块可以提高学生的综合能力，拓宽视野、全面发展，并顺应了课程改革提出的“学科综合”理念的需要。

但是因为这是一个新颖的模块，有诸多因素让很多教师望而却步。所以本人写下这篇文章，希望可以在一定程度上消除教师的顾虑，并提出一些自己的拙见和大家分享。笔者是一个非常热爱音乐，热爱戏剧表演的人，由衷地希望这一模块的教学能够得到大家的认可和积极响应，也希望和笔者一样热爱这门艺术的高中同学能够有更多的机会接触戏剧表演，有更好的条件学习戏剧表演。所以笔者希望自己能为“音乐与戏剧表演”模块更好的发展贡献一份微薄的力量。

虽然每一个人都很微小，但是没有人可以否定这份微小背后的力量和它们所共同创造的神奇。笔者相信，只要我们一起努力，一切困难都会迎刃而解。就像鲁迅先生所说的：世上本没有路，走的人多了也就成了路。让我们共同努力，一起走出一个属于“音乐与戏剧表演”的康庄大道！

参考文献

专著

［1］范晓君，王朝霞. 学校音乐教育导论与教材教法［M］. 广州：暨南大学出版社，2009.

［2］郭声健. 音乐教育越洋对话［M］. 长沙：湖南师范大学出版社，2009.

［3］郭声健. 美国音乐教育考察报告［M］. 长沙：湖南师范大学出版社，2008.

［4］郭声健. 音乐教育论［M］. 长沙：湖南文化出版社，2004.

［5］张柏青，吴朋，蒋文光. 艺术词典［M］. 北京：文苑出版社，1999.

［6］丁涛. 艺术概论［M］. 沈阳：辽宁美术出版社. 2001.

网络文献

［1］管建华. 21 世纪中国音乐教育展望—音乐教育论文［DB/OL］. http：//www. hongxiao. com/，2005－10－05.

① 闫颖. 高中音乐学科模块开设的建议及《音乐与戏剧表演》选修教学计划安排［DB/OL］. http：//netcourse. eact. com. cn/netcourse/2009xkcpx_gzye/kcjj/ch5/se7/0507020000. htm，2009－10－06.

［2］柳斌. 艺术教育是素质教育不可缺少的部分［R］. 在全国学校艺术教育工作会议上的讲话，1996－11－16.

［3］闫颖. 高中音乐学科模块开设的建议及《音乐与戏剧表演》选修教学计划安排［DB/OL］. http：//netcourse. eact. com. cn/netcourse/2009xkcpx _ gzye/kcjj/ch5/se7/0507020000. htm，2009－10－06.

2. 浅议音乐教学中的细节处理

邱丽华

摘要：本文从音乐教学中的课堂导入、师生问答、课件演示、教师讲解以及教师教态五个方面，对中小学音乐教学中的细节处理进行了分析和研究。全文共分为两部分，通过对文献和教学实践的研究，反思中小学音乐教学中存在的不重视细节处理的问题，并在此基础上提出了音乐教学关注细节的具体方法。文章的第一部分从忽视课堂导入的细节处理、忽视师生问答的细节处理、忽视课件演示的细节处理、忽视教师讲解的细节处理以及忽视教师教态的细节处理五个方面阐述音乐教学中忽视细节处理的表现及后果。第二部分则针对第一部分的问题提出了相应的对策。

关键词：音乐教育；细节处理；问题；对策

引　言

“细节决定成败”，这是一条适合任何工作的基本原理，教学工作尤其如此，因为教学的对象和主体是人，人是有感情的，孩子们对老师所给予自己的哪怕是一个眼神的暗示，都非常敏感和在意，而老师的感情，并不是停留在口头上，而是体现在行为的细节上的。俗话说：“凡事无小事，简单不等于容易，只有花大力气，把小事做细，才能把事情做好。”只是认真做事是不够的，用心做事才会把每一件事都做好。

音乐课程是从感性认识出发的非理性的、非辩证式的课程，它的特点是以情动人。学生的体验丰富细腻，所以更要求老师的教学要注重细节。目前在音乐教学的实践中存在着不注重细节处理的问题，有的是没有这方面的意识，有的是有这方面的意识但却不知道如何进行细节处理，这使得音乐教学效果在一定程度上受到了影响，甚至有可能在不知不觉中伤害了学生。因此，研究音乐教学中的细节处理这样一个课题，能够唤醒音乐教师关注教学细节的意识，同时能够给予方法上的指导，具有较强的实践启示意义。

通过文献的收集和分析，笔者发现目前在音乐教育理论研究领域，专门探讨教学细节处理的文章还寥寥无几，还没有人对这个问题进行专门和系统地研究，所以，对音乐教学中的细节处理这个问题进行初步探讨，也具有一定的理论研究价值。

一、音乐教学中忽视细节处理的表现及后果

教学细节，指的是课堂教学过程中所发生的很不起眼的、不被人们重视的环节或情节。细节处理，能反映教师的教学水平，反映教师的教学思想，决定课堂效率及质量。意大利文艺复兴时期伟大的艺术家米开朗琪罗曾经说过，“在艺术的境界里，细节就是上帝。”在音乐教学中，教师往往会忽视很多细节的处理，以至于许多不良的后果也随之出现。

（一）忽视课堂导入的细节处理

导入，又称导课、导言，是教师通过预先设计，一般是在教学的起始阶段利用各种教学媒体，创设学习情境，激发学生学习兴趣，启迪学生思维，集中学生注意力，促使其主动学习新知识的一种教学行为方式。[①] 导入，是联系新旧知识的纽带，是引导学生进入到特定学习氛围中的重要环节。但在现实音乐教学中，往往有很多老师的导入就像是作八股文，一成不变，不能随教学内容的变化而变化，这样就失去了导入的意义。例如，在上高中一年级的鉴赏课时，人民音乐出版社的教材的第二到第五单元的内容分别是“高亢的西北腔”、“独特的民族风”、“醇厚的中原韵”和“飘逸的南国风”，因为这四个单元的内容都与地域有关，所以有些老师就索性把每节课的导入都设计为先让学生在地图上找出相应的地域位置，然后介绍该地区的民风民俗，学生有了前面两节课的经验，后面大概都知道教师是怎么讲的，感觉一点新意都没有，因而提不起学习的兴趣。虽然这几个单元的内容都有共同之处，但区别还是很大的，教师应该根据每个单元内容的独特之处选择不同的导入方式。

另外就是导入的时间太长，影响了随后的正式教学环节，或者就是导入的时间太短，学生还没来得及进入学习的情境之中就结束了。笔者曾经

① 范晓君，王朝霞．学校音乐教育导论与教材教法［M］．广州：暨南大学出版社，2009.97.

听过一节小学的音乐课，教学内容是管弦乐《龟兔赛跑》，基于小学生都爱听故事，教师就选择了讲故事的导入方式。教师绘声绘色地把故事讲完，还教会了学生“骄傲使人落后，虚心使人进步”的道理，学生听得津津有味，一切都很好，但是却败在了时间上，导入的时间过长，导致后面赏析作品都是草草带过，变得主次不分，没有把重点放在音乐上。虽然这样的导入与课题很贴切，而且激发了学生的学习欲望，但是导入不应该本末倒置，影响到教学的重点。

（二）忽视师生问答的细节处理

师生问答就是教师问，学生答。教学中的提问，又称设疑、设问，是教师在教学中围绕着教学内容，利用提出问题的方法，通过师生相互作用检查学习、促进思维、巩固知识，从而提高教学效率，实现教学目标的一种教学行为。[①] 提问，是激发学生思维、实现教学反馈、师生交流思想的有效行径。课堂教学中的设问，应由浅入深，由易到难，层层递进，环环相扣，力求真正地做到启发学生的思维，培养学生的“问题意识”。有些老师，在提问的时候，把问题的范围设得很大，导致学生无法完整回答，如“西方音乐有什么特点”；问题设得过难，导致学生哑口无言，如“这首歌曲的调性是怎样的”；问题设得过于简单，导致学生的思维难以得到更好的发展，如“你觉得这首歌好不好听啊”等等。

提问，应注意突出重点，做到少而精，重在启发。但有些老师提问，就如“随意问”，只是为了营造一种热烈的气氛，而不是为了启示学生去思考、理解、享受、表现音乐，为了形式需要的师生问答是没有意义的。又如“满堂问”，只会让学生不耐烦、甚至产生紧张情绪，且不能让学生真正地领会音乐的精髓，为教学带来负面效果，如有位教师在上《龙船调》一课时，提出了“歌曲情绪如何?”“你印象最深刻的是哪一句?”“歌曲讲述了什么内容?”“旋律有什么特点?”“节奏有什么特点?”“歌曲中的对白在哪里?”“衬词有什么作用?”“流行歌曲中也存在衬词吗?”“衬词的作用是一样的吗?”“还可以用什么形式演唱?”等一连串的问题，使得学生疲于应付，神经紧张。

提问时往往会遇到有学生不会回答的情况，有的教师在这种状况下就会批评学生，或者干脆自问自答，提供正确答案。这些做法，一方面让学生感到尴尬，一方面教师喧宾夺主，不利于学生思维的发展。

---

① 范晓君，王朝霞. 学校音乐教育导论与教材教法［M］. 广州：暨南大学出版社，2009. 107.

（三）忽视课件演示的细节处理

课件演示，是教师在传授知识时，利用现代教学媒体传递信息的一种教学行为方式。课件演示，有助于培养学生的观察和思维能力，提高教学效率。多媒体课件，是现代科技发展的产物，它可展示声音、图像、视频，让教学形式更加丰富多彩，让教学效果更加高效明显。课件的质量是否精良，是教师值得关注的细节。音乐本身是很美的，但如果播放的音频、视频效果差，播放的图片模糊不清，那学生根本就体会不到音乐真正的美，这样也会给学生留下不好的印象，提不起学习的兴趣。

另外，课件的演示时间拿捏得是否得当，会影响到学生的注意力，以及一堂课的教学效果及进度。但是，许多老师在教学中不注意课件演示时间的把握，该演示的时候不演示，不该出现的时候却出现了。或者课件演示的时间不加控制，有的则太长，课件取代了老师；有的则太短，匆匆而过，走马观花，没有给学生留下印象。

（四）忽视教师讲解的细节处理

讲解，是人们解释或解说知识和专门技术的行为方式。教学中的讲解，是指教师利用口头语言并配合手势、板书和各种教学媒体向学生阐释事实、揭示事物本质、引导学生思维发展的教学行为方式。① 如果教师一直都用同一个语调讲解，学生会很容易开小差、打瞌睡，如贝多芬的《第五交响曲“命运”》的四个乐章都讲述了不同的情节，教师应该运用不同的语调把学生带入情境中去，切忌讲解变成“催眠曲”。讲解的声音太小，像在“跟自己说话”，和学生“零交流”；讲解的声音太大，让学生一直处在一个高分贝的环境下学习，会让学生感到很疲倦，没有心思去欣赏音乐、学习音乐。很多教师在讲解的时候经常会出现“嗯、啊、这样、那样”等容易打断学生思维的词语，甚至因为这样不起眼的词语导致讲解的语速变慢，时间延长。

有些教师，在讲解之前没有吃透教材，对知识点了解不清晰，常常在教课的时候拿着稿子对着念，或者看着课件上的解释跟着读，像课例《王大娘钉缸》，这是一首民间的歌舞形式——地花鼓的代表作，但教师课前却没有对“地花鼓”进行了解，导致要对着课件内容念，而且念得断断续续，学生自己也会看，如此多此一举，只会失去讲解的意义，更不能启发

---

① 范晓君，王朝霞．学校音乐教育导论与教材教法［M］．广州：暨南大学出版社，2009．115．

学生思维，激发学生兴趣。有时候不能把握好讲解的时机、火候，没有注意观察学生，或看到学生已经分心了，没有在听，教师还继续在讲，都会影响学生的有效学习。

（五）忽视教师教态的细节处理

教态是教师讲课时的心情、表情、动作、神态、姿态等的外在表现，是教师开展课堂教学的一种重要辅助手段。教师的教态是否良好直接关系到整节课的氛围，以及学生的学习兴趣。例如，教师走进课室时，脸上身上多了点可能闹笑话的东西，学生会不停地偷笑，注意力也就随之转移，身为音乐教师，我们更应该注重自身的美，应该尽量避免这些尴尬场面出现。另外教师往往会忽视与学生的目光交流，有些教师会习惯性地把目光停留在平时爱表演、积极回答问题的学生身上，而把那些较害羞、胆小的学生忽略了；或者不会运用目光语言来调控课堂气氛。表情的变化也是教师容易忽视的细节，如果教师整节课都很严肃，没有过多微笑，会让学生产生紧张感，从而不敢放开歌唱、大胆表演，对教学不利，也不易拉近与学生间的距离，更重要的是不能根据教学内容的变化而变化。有些教师讲课会有个不好的习惯，就是整节课都习惯停留在讲台或钢琴的附近，而不会应教学的形式变化而变换身体所处的位置。

二、音乐教学中细节处理要注意的问题

（一）课堂导入的细节处理要注意的问题

1. 气氛营造与教学内容吻合

要想把一堂课上好，首先就要开好头，吸引学生的注意力，激起他们的求知欲望。导入是为后面教学打下扎实基础、提供良好铺垫的重要及必要环节，所以必须得下工夫、用心设计。

导入的形式五花八门，有问题式的导入、游戏式的导入、悬念式的导入、表演式的导入、音像式的导入、情境式的导入、故事式导入等。我们应该根据不同年龄段的学生以及不同的教学内容来变换导入的形式，营造与教学内容吻合的气氛，设计有针对性、趣味性和启发性的导入。所以课前的准备要做好，要把握好教材，对教材分析透彻，选择目的性明确以及与教学内容相符的导入方式。

如小学阶段，学习《好孩子要诚实》这首歌时，我们可以用故事式的

导入，给孩子们讲述“华盛顿砍樱桃树”或“狼来了”的故事引入课题；学习《小蜻蜓》一课时可以利用谜语“小飞机，纱翅膀，飞来飞去灭虫忙，低飞雨，高飞晴，气象预报它内行。（打一昆虫）”的游戏式导入；学习《金孔雀轻轻跳》，教师可以用表演式的导入，表演一段傣族孔雀舞以激起学生的兴趣。

初中阶段，学习《土耳其进行曲》这首曲子时，可以采用播放动画片《麦兜》中改编自《土耳其进行曲》的插曲《仲有最靓嘅猪腩肉》这一能引起学生共鸣的音像导入形式。又如上《让世界充满爱》一课时，可运用情境式的导入，播放有关非典事迹、抗洪抢险、日本九级地震救灾现场、红十字会等的图片及视频感染学生，期间解说可以播放背景音乐《让世界充满爱》，为后面上课做好铺垫。学习《春节序曲》时，教师可以用问题式的导入，一边播放背景音乐《好日子》营造热烈气氛，一边提出问题“大家知道的节日有哪些？说说你们最喜欢的节日？”。

高中阶段，上《京剧大师梅兰芳》一课时，可以用融入了京剧元素的流行歌曲《至少还有你》（景岗山版本）的视频作为导入，这些贴近学生生活的流行元素，可以使学生情绪高涨，兴趣盎然；学习《爵士乐》这节内容，可以用对比式的导入，播放两首不同风格的曲子，一种是原汁原味的，一种是带有爵士乐风格的，像《茉莉花》、《北风吹》、《超级玛丽》将这样的曲子两种版本进行对比就会有很明显的区别。

2. 导入环节占用的时间适中

课堂导入只是一节课的开始，它只是一个引子，不宜占用过多的时间，一般 3～5 分钟最为适宜。如果导入时间过长，就会抢了主体内容的风头。心理学有关研究表明，学生在课堂上的有意注意只能持续 20～25 分钟，所以要抓住这个黄金时段，传授主体知识，让学生在最佳状态下学习到教学的重点。如果教师以欣赏曲子的形式导入，就必须明确要让学生重点欣赏哪个部分、思考什么问题，切忌毫无目的，随便播放一段音频或视频。无论是讲故事或者播放音频、视频等，我们都应该拿捏好导入的时间，如果故事太长，课前就应自己组织好语言，概括故事内容；如果音频或视频太长，课前就应该剪辑好重点的段落让学生着重欣赏，切忌利用课堂上宝贵的时间去寻找要欣赏的音乐片段。导入的时候不应加入一大堆闲话、废话，既浪费时间，又会影响后面的教学程序无法正常进行。导入，必须做到精准，时间拿捏得当，明确导入的真正目的及作用。

（二）师生问答的细节处理要注意的问题

1. 教师准确把握问题的难易度

在音乐教学中，通过师生问答可以激发学生的探究欲望、突出教学的重难点、控制教学的节奏、调节学生的思维活动、增进师生间的感情。提问是一门艺术，而设计问题的难易度更是一门艺术。好的问题能够启发学生思维，激起学生的求知欲望，培养学生的口头表达能力，但是往往有些教师设计问题只会以教师为中心、以教材为中心，没有从学生的实际情况出发设计出适合学生知识结构和认知水平的提问。设计问题，不宜过难，应从学生的知识基础考虑，可以把一个“难题”拆分，层层递进，环环相扣地提问，而不是一上来就给出一个学生难以理解，或者是摸不着边际的问题。

例如，在上斯特拉文斯基的现代派音乐作品《祭献之舞》时，有老师就会直接问学生“现代音乐有什么特点”，这样的问题范围很大，学生往往不知道从哪个角度进行思考，或者回答得不完整。我们可以把它拆分为“这段音乐里节奏和旋律哪个重要?”“音乐的节奏是规整的还是复杂的?”“音乐的速度是快的还是慢的?”“音乐的情绪是激动还是平静的?”等，通过这样一系列的问题，学生就能总结出现代音乐的特点了。[①] 同样，设计问题，也不能过于简单，像欣赏完一首曲子之后，往往有很多教师会习惯性地问“你们觉得这首曲子好不好听啊?”“你们喜欢这首曲子吗?”诸如此类单纯的判断性问题都是没有意义的。

更重要的一点是，教师应该对每位学生有足够的了解，了解学生的认知水平，因材施教，对优等生可以适当提出较难的问题，对中等生提出难度一般的问题，对后进生提出较为简单的问题。这样，每一位学生都能根据自己的实际情况，得到思维的发展与开拓。对于中等生与差等生来说，更是能消除他们对提问产生的畏惧心理。

2. 问答是为了启示而不是形式

提问的灵魂是启发性，所以设问要注意从有益于提升学生智力及审美能力出发。提问不是一种形式，提问更注重的是启示学生。教师不应该为了营造热烈的课堂气氛而无止境地提问，应该对每一个教学内容都分析透彻，找出每个内容的精华点，提出“画龙点睛”的问题。

像聆听音乐片段《野蜂飞舞》，我们可以根据音乐的内容，向学生提

---

① 范晓君，王朝霞．学校音乐教育导论与教材教法［M］．广州：暨南大学出版社，2009. 108.

出“这首曲子的线条是怎样的?”聆听音乐片段《拉德斯基进行曲》，提出“曲子的节奏特点是怎样的?”聆听音乐片段《春节序曲》，提出“曲子的色彩是怎样的?”[①] 这样的提问，能够体现内容本身的中心及重点，学生能够根据问题，理解音乐，从而启发思维，学习到内容的关键点。如果为了课堂“作秀”而提出“好不好”“是不是”“行不行”“对不对”这些问题，学生可能会像“喊口令”般响亮回答，或者为了讨好教师，随口附和，更糟糕的是会让学生产生厌倦心理，不利于学生思考、探究问题，不利于学生理解、享受和体验音乐。

3. 别让学生因回答问题而尴尬

音乐教学不是理性课、辩论课，音乐课是美的教学，每个人对音乐的感受和理解都有所不同，音乐重在以情动人，所以音乐课堂中的提问往往没有唯一的答案。如笔者听到的一堂欣赏唢呐曲《百鸟朝凤》的课例，教师提出“请同学们为曲子谱上一个曲名”大部分学生都能想到有关“鸟”的曲名，就只有一位乡里的孩子回答“描绘了一群小鸡在啄米，就叫小鸡啄米吧。”当时全部学生都在笑这位学生，而面对这样的答案，该教师也不知道如何评价，搞得这位学生很尴尬。我们可以对学生说“你有很独特的见解，每个人对音乐的感受都是不同的，况且鸡也属于鸟科类动物，我们可以再仔细听听唢呐模仿的叫声是更像鸟还是鸡?”像这样的情况，教师可以通过对音乐的分析，一步步地引导学生。

教师在音乐课堂中的提问，很大的可能会遇到学生没有任何表示，沉默对应、或者回答“我不会”、“我不明白”，或者支吾以对，或者回答一半正确一半似是而非。我们要怎样让学生不感到尴尬呢?我想，教师要针对不同年龄段的学生进行心理分析。小学阶段的学生期望自己是个有学问、受人尊敬的人，习惯感情用事，依赖性强，提出问题时就要让他们从回答中获得满足感和自豪感。初中阶段的学生自尊心强、争强好胜、爱表现、思想敏感、时而自信、时而自卑，我们就尽可能去创造机会满足他们的音乐表现欲望，尽可能地给予他们赞赏和鼓励以使其重塑自信，可以在学生回答问题的时候让他们表现自己。高中阶段的学生能够控制自己的心智活动，注意能力也大大提高，有着强烈而敏感的自尊心，倾向于封闭自己的心理，特别是把老师对自己的提问当做“苦差事”，上课就怕老师点自己的名问问题，那我们可以设计适度的开放性问题，让学生能够充分表达表现自己，不再沉默。面对这些不同年龄段的学生在回答问题时的种种

---

① 范晓君，王朝霞. 学校音乐教育导论与教材教法［M］. 广州：暨南大学出版社，2009. 109.

恐惧，笔者认为教师可以采取以下几种方法来让学生回答问题不感到尴尬：

首先，我们要对学生进行指导，告诉学生来学校的目的就是学习，而在音乐课堂上，我们是来享受音乐、放松心情的。音乐是没有唯一答案的，每个人的见解都不同，在音乐课堂上答错问题或回答不完整都是人之常情之事，同学们不会取笑你，老师更不会因此而批评你。

其次，在课堂教学中，教师要耐心倾听每一位学生的发言，捕捉他们内心情感的细微变化，尽力为回答出错的学生营造安全的心理氛围，同时用激励性评价指出其知识和表演能力方面的不足，增强其自信心。还有，面对胆小、害羞不敢发言、不敢表演的学生，我们可以在课后以“朋友”的身份找他们谈心，帮助他们建立自信心，战胜自卑感。

最后，我们要尽可能创造良好的情境和条件帮助学生练胆、练口，可以经常组织“音乐知识竞赛”、“卡拉 OK”、“想唱就唱”等活动，让学生在实践中锻炼发言、表演的胆量和勇气，从而克服因为害怕答错问题、害怕表演不好而导致的尴尬感及畏惧感。

（三）课件演示的细节处理要注意的问题

1. 课件质量确保精良

在教学中，多媒体课件有两大作用：第一，节省板书时间，让教师有更多时间进行讲解、和学生交流，充分使用和支配信息资源，扩大教学容量，提高教学效率；第二，让学生身临其境，激发其兴趣，引起共鸣，积极投入到课堂中，主动观察、思考、想象，调动他们的积极性。要想真正让课件发挥出这两大作用，首先要考虑的问题是，我们做的课件质量是否精良？

现在教师设计的课件可谓五花八门，有些音乐教师喜欢把每一页的幻灯片都设计得多姿多彩，每一页都选用不同的背景、不同的文字，加入动画、插图等等，让整个页面看起来无比饱满。这样的课件是否就很“美观”呢？其实，用于教学的课件，应该力求简洁，保持统一的风格。有些教师因为课前准备不充分，喜欢把介绍曲子和曲作者的资料及自己想说的内容往课件上贴，让繁杂、密密麻麻的文字充斥着整个页面，导致学生产生厌恶感。课件的文本数量不宜太繁杂，文本型幻灯片只是用来支持教师解说和叙述内容的。

除了要注意文本数量，还要注意文字与背景的搭配。在较暗的课室演示课件，最好选用颜色较深的背景，白色或浅色的文字；计划将灯打开或在明亮的课室演示，最好选用白色或浅色背景，深色文字搭配。常常有教师因为音乐内容涉及地区、风景等的需要，把网上下载的图片直接插入到课件中，而没有对图片加工美化。我们最好是选用较高分辨率的图片，这样的图片就算放大缩小都不会影响其清晰度。还有最忌讳的就是下载的图片有广告、网页或者作者的水印，要么不选用这样的图片，要么下载后就用 Photoshop、光影魔术手等软件对之进行美化。

还有最重要的一点，教师必须时刻记住，音乐教学是美的教学，所以我们设计课件选用的音频、视频一定要是高质量的，毕竟音频和视频是支撑音乐课件的重要元素。音频和视频的选用，一定要符合教学内容的要求，现今的社会，音乐的风格多种多样，网络上改编的曲子更是一箩筐，而我们有些教师不分青红皂白，在网络上只要看到是同样名字的曲子就下载下来，根本没有想过曲子到底是不是教材要求的版本，曲子是原汁原味的，还是已经被加工得面目全非了，我们应该尽最大的可能让学生欣赏到原汁原味的曲子，感受到曲子及曲作者当时的情境与情感。在选用介绍有关曲子或曲作者的视频时，要注意内容与事实是否吻合，当中的一些小错误，足以致使曲子的原样颠倒，导致学生吸收错误信息。还有就是教师要注意下载的音频、视频文件格式与电脑已有的软件是否匹配，如果到上课的时候才发现文件不能正常播放，那就太迟了。我们在课件中插入的音频最好是 avi、wav、mid 和 mp3 格式，视频最好选用 avi、wmv、mpg 格式，如果下载的不是这些格式的文件，可以用软件转换。其实最好是到影音店买质量好的 CD、VCD、DVD，这样既能避免音、视频因为文件格式的不对应而不能正常播放，又能避免播放的音频或视频是不完整的。如果音像店里找不到需要的音、视频，那我们在网上一定要下载清晰度高的文件，以免影响学生享受和体验音乐的美。

2. 演示时机恰到好处

现代教育技术日益发达，课件教学是教学发展的重要趋势。但我们必须明白，即使它有许多的优势，毕竟计算机是没有生命没有感情的物体，不能体现音乐教学中以情动人的原则，师生间的感情交流是课件所不能代替的。许多教师习惯整节课都围着课件转，根本没有想过在某个环节为什么要用到课件，这样使用的目的是为什么，这样使用对学生有什么好处。如果什么都用课件演示，就会削弱教师的主导作用。我们必须根据实际情况的需要，适时演示课件，做到用得恰到好处，在课件的辅助下，调动学生的多种感官来感受音乐，进一步提高他们的音乐素养。其实有时候教师亲自范唱，亲身表演乐器或舞蹈，比用课件演示更有亲切感、气氛更热烈。如在教学竖笛时，我们可以用课件演示各种竖笛的图片及声音，让学生大概了解竖笛的种类及来源，然后着重介绍教学中用的八孔竖笛，用课件演示其结构图与指法图，同时运用实物进行讲解。课件演示的时间不必占用太多，只要用得适时就好，随后的实际练习与操作则是由教师起主导作用。

（四）教师讲解的细节处理要注意的问题

1. 语速适中，抑扬顿挫

讲解，占据了课堂教学的很大部分，它的首要目的就是传授知识。好的讲解，能够让学生在有限的课堂时间里学到更多的知识。在音乐课堂教学中，讲解既可用于阐述音乐知识、分析音乐形象和结构、说明音乐内容、解释音乐特点，又可用于引导学生音乐思维、剖析音乐教学中的疑难问题、概括音乐学习方法、总结音乐学习规律等。① 教师讲解的基本要求是能讲一口规范的普通话，不带语病、不带口头习惯用语。讲解贯穿着整个教学过程，如果只用单一的语调、单一的语速、单一的节奏来讲解，那么整节音乐课都会在死气沉沉中度过，就像如果只用一个音，一个节奏型贯穿整首曲子，那么这首曲子将无比枯燥，没有一点生气。我们应该根据不同的内容与情况，使用不同的声音来讲解。教师可以提高音量来强调教学内容的重点或暗示不专心、想睡觉的学生。讲解时语速不应过快或过慢，要适中，柔和，富有感染力和亲和力，这样才能给学生营造一个和谐平等的学习氛围，细腻而富有感情的讲解才能取悦于人。像在教唱儿歌《小兔子乖乖》的时候，我们可以先跟学生讲解小兔子和大灰狼的故事，在讲到大灰狼来敲门的时候，教师的语速可以加快，模拟一种紧张感。在模仿小白兔的声音时，要小声、温柔，而模仿大灰狼的时候就用低沉、粗犷的声音。这样的变换，就会使得讲解更加生动活泼。

其次是要抑扬顿挫，有起伏感，这样才能吸引学生的有意注意。富有感染力的讲解会让学生进入到音乐的意境中，促进他们对音乐的想象。

2. 察言观色，适可而止

教师应明确教学目标，课前要分析透彻教材，组织好讲解的结构、内容、层次、条理和语言。即便讲解在课堂中占有重要的地位，但讲解不应长篇大论，平铺直叙，应该讲则讲，不该讲则不讲。通过准确、生动、形象的语言，循循善诱，层层铺垫地讲解，激发学生的学习动机。讲解时，

---

① 马达. 音乐微格教学［M］. 厦门：厦门大学出版社，2007. 101.

要注意对学生察言观色，从学生的神态、表情中发现学生是否在听、是否已经走神、是否明白，要知道学生对哪些讲解内容不理解，及时调节讲解内容，变换讲解的方式，可以边讲解边示范。像讲解到一些歌唱技巧和演奏技巧时，教师加以示范，可以让讲解变得更加形象生动，学生更加容易理解。

（五）教师教态的细节处理要注意的问题

1. 仪容仪表得体

教态包括教师的仪容、风度、神色、情绪、表情、姿势、动作、举止、手势、目光等。在实际教学中，往往只有很少部分的教师会注重自己的教态给学生留下什么印象。教师要为人师表，而给学生的第一印象便是仪容仪表。有的音乐教师为了让自己更具艺术气质，会刻意把自己打扮得与众不同。音乐教师的这番用心，也许是为了突出艺术的特点，以便于感染学生，但事实上这样的仪容仪表不仅让学生、领导和同事感到反感，而且还会疏远彼此间的距离，不利于人际关系的和谐构建。音乐教师的仪容仪表如果太过夸张华丽，就缺少了作为一个教师所应有的稳重和端庄；如果太朴实老成，就缺少了作为一名音乐教师所应有的活力和高雅。因此，作为一名音乐教师，在穿着打扮上，要既不失艺术审美素养，又不至于让人有浓妆艳抹之感。平时不穿奇装异服，不擦颜色抢眼的指甲油，不喷浓烈的香水，做到整洁、干净，大方得体，养成进入课室前整理好仪容仪表的习惯。

2. 心态稳定积极

教学的成功与否，某种程度上与教师是否具备良好稳定的心态有很大的关系。如果音乐教师可以把上课看作是一种享受，全身心倾注于教学，那教师就能真正体会到音乐教学带给我们的快乐。教师的教学心态是教师在长期实践中，有意识或无意识地积累、酝酿起来的。它不是固定的，而是可变的，并且是可以控制的，所以在教学活动中它是自觉地产生并逐渐完美的。在教学活动中，正是这种“教学心态潜在地影响乃至决定着教师的教学思想、教学模式、教学方法、教学内容、教学语言、教学节奏、教学机制，等等。”[①] 如果教师能够带着积极而稳定的心态上课，那么眼前的一切事物都是美好的，就算课堂出现什么小状况，教师也能轻松自如，迎刃而解。反之，若是上课带有一种低迷、消极的心态，就会看一切都不顺

---

① 钟祖荣．现代教师学导论［M］．北京：中央广播电视大学出版社，2001．145．

眼，而且很容易为小事发脾气，导致课堂气氛紧张，学生恐慌，以后一听到要上音乐课就有一种畏惧心理。这样的情况在现实中经常都有，像一些高级、特级音乐教师，他们上课似乎永远都能保持一种精神振奋、情绪饱满的状态，让人觉得上他们的课是一种享受。而有一些教师则不能克服“不良”情绪，初中的时候曾经遇到一位音乐教师，跟我们上课，永远都像是泄了气的气球，没有一点朝气，进入课室也不带一点表情，以至于她偶尔的一个笑容，就会让我们感觉如沐春风。还记得有一次，有位同学唱错了几个音，老师就指着他骂了一通，然后在第二节课的时候，这位老师向我们解释，上节课是因为家里的事搞得心情低落，所以把脾气都发在我们身上，感到很抱歉。可见，培养良好稳定的心态是非常重要的。教师在上课前应该尽量想些开心、成功的事，让一切杂念都远离课堂，平时与同事和学生建立良好的关系，与家人和睦相处，该放松的时候就好好地放松，尽量让生活的心态变积极，从而把最佳的状态呈现在学生面前。

3. 眼神交流默契

眼神是心灵的外在形态，眼神可以表现心灵的想法。作为音乐教师，我们必须先热爱这份职业，享受音乐教学带给我们的快乐，富有激情地上好每一节课。眼神是除了语言之外师生间交流的最好方式，所以教师必须带着热情的目光来教学。对于在课堂上认真听课、踊跃发言、积极参与表演活动的学生给予肯定的目光，透过眼神的交流，洞察学生的心理，赢得学生的信任。教学过程中，教师万万不能把目光只停留在自己的得意门生身上，而遗忘后进生，或者不能只关注前排学生，忽视后排和坐在角落的学生，必须做到一视同仁。教师可以注视个别不专心的学生，让他们集中精神听课，以及可以给予一个鼓励的目光，激发其自信心，让他们有勇气回答问题、进行创作表演。例如，有个别同学在台上表演时，台下的学生分心，与同学窃窃私语，教师就可以注视学生让他们尊重台上表演的同学。师生间进行适当、良好的眼神交流，有助于师生良好地交往，透过眼神的交流，学生能够感受到教师的亲切感，上课自然会更加投入听讲。

4. 姿态传递信息

教师在举手投足间能够流露出自己的风范和气质，身体的姿态可以传递出一定的信息。在音乐教学中，教师大部分时间都会徘徊于讲台或钢琴附近，而容易忽视在学生进行讨论或练习的时候走到学生中间去辅导和帮助。如果能够注意到这点，教师就能缩短与学生间的心理距离，有利于师生间增进感情。在学生回答教师提出的问题或要求表演时，教师不宜与学生站得太近，以免让学生产生紧张感。在面对平时比较胆小的学生回答或表演时，教师可以适当微笑和点头以示鼓励。如果一点反应都不给学生，学生就会猜想老师到底是不是不同意自己的观点或者是不是自己哪里表现得不够好，这样容易影响学生的学习兴趣。

师生间应互相尊重，有些教师会用手指指着学生，命令学生做事或者让学生回答问题，这个小动作会让学生感到自己不被尊重，容易产生厌恶心理，不利于师生间构建和谐平等的关系。如果我们要让学生站起来回答问题或者展示，可以用掌心向上的手势来邀请学生。避免双臂交叉，毕竟这样会让学生感觉教师高高在上；避免用手撑着下巴，这样会显得教师很没精神。

在讲课的时候，最好还是不要出现有提裤子、扯衣服、跷二郎腿、伸懒腰、打哈欠、抠鼻子、挖耳朵、拍钢琴、一只脚搭在椅子上、接电话等不良行为，这些都会大大影响音乐教师的威严及形象，也不利于培养学生的审美能力。

结 语

音乐教师从事的是情感教学、美的教学，而细节是成就美的重要元素。如果没有意识到细节的重要性，那我们上的可能只是一节单纯而平常的音乐课，而认真留意、认真处理教学中的细节，则可以上出一节节精彩的音乐课。本文通过课堂导入、师生问答、课件演示、教师讲解、教师教态五个方面来研究音乐教学中的细节处理，也许归纳得不够全面，文章写得不够成熟，但是希望能够唤醒音乐教师重视细节处理的意识，并为音乐教师在教学实践中处理细节问题提供一些思路。文章中提出的建议，也许不够准确，但希望能够对音乐教学和音乐教师有所帮助和启迪，当然这篇文章更是笔者今后从事音乐教学工作的一个起点和警示牌，它会时刻提醒我在教学过程中要注意处理好每一个细节。

参考文献

［1］郭声健．美国音乐教育考察报告［M］．长沙：湖南师范大学出版社，2008.

［2］郭声健，张晓敏．音乐教育书简［M］．广州：暨南大学出版社，2010.

［3］江苏省通州市教育科学研究室．教育的细节与理念［M］．徐州：中国矿业大学出版社，2003.

［4］汪中求．细节决定成败［M］．北京：新华出版社，2004.

［5］郭声健．音乐教育新概念［M］．长沙：湖南文艺出版社，2007.

[6] 肖川. 教育的理想与信念 [M]. 长沙：岳麓书社，2002.

[7] 郭声健. 郭声健音乐教育网论坛 [DB/OL]. http：//www. sj - yj. net/bbs/bbsxp/Default. asp.

[8] 洪啸音乐教育网 [DB/OL]. http：//www. hongxiao. com/dy/Article/musiceducation/hclw/Index. html.

[9] 毕淑敏. 谁是你的重要他人 [M]. 北京：中国物资出版社，2009.

[10] 青衣江. 青涩岁月里的蝴蝶胸针 [DB/OL]. http：//news. xinhuanet. com/banyt/2007 - 11/12/content - 7057707. html.

[11] 郭声健. 音乐教育越洋对话 [M]. 长沙：湖南师范大学出版社，2009.

[12] 张平. 什么是最好的教育 [M]. 南京：江苏人民出版社，2009.

[13] 陈兴杰. 优秀班主任 99 个成功的教育细节 [M]. 上海：华东师范大学出版社，2009.

[14] 赵宋光. 音乐教育心理学概论 [M]. 上海：上海音乐出版社，2003.

[15] 周世斌. 音乐教育与心理研究方法 [M]. 上海：上海音乐出版社，2005.

[16] 章连启. 音乐教育教学经验 [M]. 北京：人民音乐出版社，2002.

[17] 格雷珍 · 西尔尼穆斯 · 比尔. 体验音乐——美国音乐教育理念与教学案例 [M]. 北京：人民音乐出版社，2009

[18] 郭声健. 音乐教育论 [M]. 长沙：湖南文艺出版社，2004.

[19] [美] 戴维 · 埃里奥特. 关注音乐实践：新音乐教育哲学 [M]. 齐雪，赖达富译. 上海：上海音乐出版社，2009.

[20] 耿武岭. 沟通无限——扫描中学生的人际交往心理 [M]. 北京：中国商业出版社，2009.

[21] 钟祖荣. 现代教师学导论 [M]. 北京：中央广播电视大学出版社，2001.

[22] 马达. 音乐微格教学 [M]. 厦门：厦门大学出版社，2007.

[23] 范晓君，王朝霞. 学校音乐教育导论与教材教法 [M]. 广州：暨南大学出版社，2009.

3. 别让音乐课被“游戏”
——关于小学低年级音乐教学的思考

蔡莹玲

摘要： 本文通过对小学低年级的音乐游戏教学现状的了解，针对游戏教学所存在的问题进行了分析和研究，总结出相应的解决方法与游戏教学应遵循的原则。全文共分为三部分，第一部分主要通过教学实例的对比、材料的搜集等阐述了小学低年级的音乐游戏教学现状。第二部分根据《全日制义务教育音乐课程标准》和花城版小学音乐教材对音乐游戏教学的实施要求，反思了音乐游戏教学实践中存在的一些问题及其消极影响。第三部分针对第二部分所陈述的问题寻找解决的方法，提出了音乐游戏教学应遵循的原则，包括服务音乐体验、学生主动创造、教师乐于参与、游戏安排适度。

关键词： 游戏；小学低年级；音乐教学；原则

引 言

本文理解的“音乐游戏教学”是指融音乐和游戏为一体的音乐教学形式，是在歌曲伴唱或音乐伴奏下，以游戏为手段，受音乐作品的基本要素、内容、结构、性质、背景、形象等主导和制约而进行的一种教学实践活动，目的是发展学生的音乐能力和发挥创造性思维。当今世界影响广泛的三种音乐教育体系——奥尔夫教学法、柯达伊教学法、达尔克罗兹的“体态律动学”，分别从不同角度强调了音乐并非单一的，它是与肢体、思想综合的艺术形式，因而皆采用最易为儿童接受、喜爱、理解的一种综合性施教方法——做游戏，通过生动、愉悦的游戏和感受音乐，来学习知识，掌握技能。进而提高学习兴趣，使学生能够感受游戏和音乐带来的快乐，从而热爱音乐课堂。

综观我国小学低年级的音乐课堂，部分音乐游戏仅仅追求了其表面特征，即活跃课堂的气氛，激发了学生浓厚的兴趣。但是教师往往在游戏的设计、时间安排、场地的设置、难易度分配、道具选择等方面，难以拿捏准确，导致音乐课堂只有热热闹闹的表面，却不能发挥有效的作用。为游戏而游戏的极端情况时常出现，使游戏教学丧失了音乐特征。课堂上学生只有“游戏”中的行为，而没有“游戏”后的学习收益，一堂音乐课就这样被“游戏”了。那么音乐老师如何在课堂中根据教学内容的需要以及教学对象的身心特点，制定合适而高效的音乐游戏策略，做到巧用音乐游戏，打造高效课堂呢？带着这样的疑惑，笔者决定从小学低年级音乐游戏教学的现状这个角度入手，对这个问题进行深入探讨和研究。

一、小学低年级音乐游戏教学的实施现状

德国教育家福贝尔认为：游戏是儿童认识世界的工具，是快乐的源泉，是培养儿童道德品质的手段，在游戏过程中最能表现儿童的积极性和自觉性。游戏是儿童的本能性活动，是儿童内心世界的反映。小学低年级学生无论在生理还是心理上都具有儿童的特征，好动、好玩的个性体现得非常明显。因此，音乐游戏无可置疑地成为学生们最易于接受、最乐于参与的教学形式。许多音乐教育家、音乐教研员、音乐教师等有识之士也选择把游戏引进小学音乐课堂，设计许多低年级学生喜闻乐见的游戏环节，让教师能直接的了解学生的需求，学生也能在游戏中更好地展示自我。

根据小学低年级学生爱玩游戏的身心特点，《全日制义务教育音乐课程标准》（以下简称为《新课标》）把音乐游戏列入综合性艺术表演中音乐表现内容的范畴，明确表述了小学低年级的教学目标：应注意这一学段的学生以形象思维为主，好奇、好动、模仿力强的身心特点，善于利用儿童自然的嗓音和灵巧的形体，采用歌、舞、图片、游戏相结合的综合手段，进行直观教学。进而强调了音乐游戏在当今小学低年级教育中应与歌、舞相结合，用标准理论规范实际教学，体现游戏在小学低年级的音乐教学中有着举足轻重的地位。游戏，不仅是有助于低年级学生学习音乐的一座桥梁，也是大多数的音乐教师首选的教学方式。

遵循《新课标》的要求，大量的游戏在音乐教材当中得到广泛的运用，特别是在小学低年级阶段的教材中，产生了许多不同类型、不同针对性、不同效果的游戏设计，包括：①节奏训练类游戏；②音型训练类游戏；③培养音乐感游戏；④律动训练与音乐协调类游戏；⑤识谱类游戏；⑥歌曲内容扮演类游戏；⑦竞赛类游戏；⑧其他游戏。

以花城版的小学音乐教材——《走进音乐世界》（以下简称为“花城版教材”）为例，教材中根据某些单元音乐内容设计了“玩玩”环节。如：歌曲《小毛驴》的教学，让一名同学进行表演，全班同学一边唱，一边按节奏型敲击乐器或身体的各部位。利用这一类的歌曲内容做游戏，是课堂中运用最为广泛的，目的是让学生集体在歌声的伴随下进行活动，从中获得具有一定形象和一定意境的音乐感知经验，既熟悉了旋律，也认知了节奏。再如：低年级教材中设计了一整单元的“唱游”，内容包括：律动、歌曲表演、音乐游戏、玩乐器、集体舞等，以“1. 随着音乐有表情地进行律动、模仿动作和即兴动作；2. 学做音乐游戏，学习歌表演、集体舞等，注意音乐与动作的配合。”① 作为一至二年级的唱游教学要求。教师若能参考教材内容与要求，并恰当地选用游戏进行愉悦教学，就能让学生放松自由地游戏，在学中玩，玩中学。这样的话，音乐课堂的学习将会在学生心中产生十分积极的影响，音乐教学也将获得意想不到的效果。

可见，不仅在《新课标》与音乐教材中充分体现了游戏教学的重要性，而且在小学低年级的实际音乐教学中，更多的教师也开始注重音乐游戏的运用与渗透，想尽办法让音乐基础知识与基本技能充分渗透到快乐的游戏当中，游戏的使用与否，能使教学获得迥然不同的效果。如笔者曾在一年级的两个班级中进行比较，在一年（1）班没有运用游戏的教学，在一年（3）班运用了音乐游戏的教学（如下表）：

表 1

班别	一年（1）班	一年（3）班
教学目标	能听辨音的强弱，认识强弱记号“*F*”与“*P*”。	能听辨音的强弱，认识强弱记号“*F*”与“*P*”。
教学方法	学唱《是谁在敲》后，教师用较弱的力度弹奏第一乐句： P “3 - | 5 - | 3 3 2 3 | 2 1 |” 是 谁 轻轻敲着 窗子？ 用较强力度弹奏第二乐句： F “3 - | 5 - | 3 3 2 3 | 1 - |” 是 谁 嗵嗵在敲 门？	学唱《是谁在敲》后，教师用较弱的力度弹奏第一乐句： P “3 - | 5 - | 3 3 2 3 | 2 1 |” 是 谁 轻轻敲着 窗子？ 用较强力度弹奏第二乐句： F “3 - | 5 - | 3 3 2 3 | 1 - |” 是 谁 嗵嗵在敲 门？

① 教育部体育卫生与艺术教育司. 小学音乐教学法［M］. 上海：上海教育出版社，2003. 9.

（续上表）

班别	一年（1）班	一年（3）班
	让学生按要求演唱，感受两乐句的强弱对比。直观告诉学生“*F*”表示强，“*P*”表示弱。	按要求演唱，感受两乐句的强弱对比。然后进行游戏《大象和蚂蚁》，找几个学生带上标记“*P*”的蚂蚁头饰和标记“*F*”的大象头饰，蚂蚁听到教师弹奏弱乐句，就轻轻的爬出来，听到强乐句，就走回座位，把头饰交给其他同学，大象听到教师弹奏强乐句，就重重的踏步出来，听到弱乐句，就走回座位，把头饰交给其他同学；如此类推。
下一节课反馈效果	复习《是谁在敲》，有一半学生能够听辨音的强弱，并正确表现歌曲的力度，另一半学生要反复听两次以上，并在老师指导下才能辨别出来。对“*F*”与“*P*”反应较慢，有的学生看书后才能回答。	复习《是谁在敲》，大部分同学能够听辨音的强弱，并正确表现歌曲的力度，其余学生也能在两遍后分辨出来。大部分学生看到“*F*”大声回答：“强的”或者“大象”；看到“*P*”能轻声地回答“弱的”、“轻的”、“蚂蚁”。

事实证明，音乐课堂中加入游戏，能把枯燥的音乐知识学习过程变得生动有趣，是学生更乐于接受的学习方法，能在游戏中不知不觉地学到知识，游戏也就成为小学低年级音乐教学过程中的重要环节之一。

二、小学低年级音乐游戏教学存在的问题

音乐游戏与小学低年级学生的学习有着密不可分的联系，在实际的小学课堂，愉悦欢乐的游戏氛围或许能够轻而易举地获得，学生参与度也能够得到显而易见的提高，但是往往在游戏过后却不能有效地达到教学目标。综合分析，目前小学低年级音乐游戏教学主要存在以下几个问题。

（一）没有音乐主导和相伴的游戏

遵循音乐学科的特点，音乐游戏最突出的特性就是在音乐主导和伴随

下进行，将游戏教学与音乐的基础知识、基本技能紧密结合，通过律动、倾听音乐和表演活动等方式来让学生体验音乐，理解知识，提高技能。倘若音乐游戏教学没有音乐作为主导，没有对学生进行音乐基本素质的训练，没有音乐声响的相伴，空有游戏的娱乐性质，一节课完全被游戏侵占，便出现学生乐于游戏，忽略音乐学习的现象，那么任何人都将能教授音乐课，这样的游戏教学也无异于课间学生玩耍的游戏活动了。例如，笔者观看的一节一年级的音乐课，在歌曲《小白兔乖乖》的音乐游戏教学中，学生刚学会跟音乐哼唱后，教师就选择同学带上头饰分别扮演小白兔、兔妈妈、大灰狼，歌曲一响起就开始表演，各个角色的出场、动作、表演情绪就任由学生发挥。这样的歌曲角色扮演类游戏是课堂中较常出现的，也往往会出现以下的状况：状况一，表演的学生没有完全掌握歌曲旋律、内容、情绪，不知道何时进场与怎样表演；状况二，表演的学生动作配不上歌曲节奏，情绪达不到歌曲意境；状况三，表演的学生站着不知所措，乱成一团；状况四，其余学生只注重视觉的观看，而忽视听觉上歌曲的聆听；状况五，其余学生呆坐干听，无事可做，缺乏对音乐的参与，等等。

此时的音乐在游戏中无足轻重，甚至会被学生的嬉闹声掩盖，音乐与游戏就像驴子拉磨牛耕田，各走各的道，各行其是。因此，游戏进行中应该有音乐的主导和相伴，不仅表面的课堂氛围是热闹愉快的，而且应该更加重视学生对音乐的体验与感受的过程，只有这样才能使学生在游戏中尽量获得音乐的训练和体验。

（二）没有发挥学生创造性的游戏

游戏教学，也是我们培养和发现低年级学生创造力的一个最自然、最好的通道，因为在游戏中的儿童最喜欢创造和变化，在这种无拘无束、想象力天马行空、思维活跃的状态下，游戏教学，更有利于发展学生的创造性。在小学低年级的音乐教学中，创造由简单的填词游戏、节奏模仿编配开始，再循序渐进地加入为旋律创编新词、为音乐故事选配音响、即兴敲击乐器、即兴表演、自编唱游活动等游戏，通过各种灵活多样的游戏形式，给学生充裕的空间，发挥他们的想象，并在老师的指引下，获得基本的音乐常识和技能。

而当前，许多教师却不能使学生的创造性在游戏中得到充分的发挥，造成学生一味按照老师的规定与要求，被动地进行模仿与游戏的现象，从而丧失了游戏过程中应具有的自由创造品格。例如：一位教师在讲授花城版一年级教材中《国旗国旗真美丽》一课时，他首先运用不同音乐要求和不同律动方式的教学方法，让学生多次聆听歌曲，接着就进入歌曲律动训练的游戏，要求学生配合歌曲内容，自编动作，边唱边动。学生还没深思熟虑，音乐便响起来了。随着音乐，学生基本能演唱歌曲，但在律动游戏上却只有极个别学生能跟音乐做起自己喜欢的动作，大多数学生你看看我，我看看你，不知如何创编动作才好。这时教师为了避免课堂混乱，要求学生按照自己的动作律动起来，学生在多次模仿后，教师便让学生跟音乐自编动作，而大多的学生已经对老师的动作模仿产生了深刻的印象，不能立刻创造属于自己的新颖动作了，音乐课就在统一的动作中结束了。

可见，这样的创造是教师生搬硬套给学生的，丧失了学生的自主性，即便游戏的表面是整齐一致的，而学生却领会不了自创的喜悦之情，长此以往，笔者担心这样的音乐游戏教学会扑灭了学生创造性的火花。

（三）没有教师参与和分享的游戏

在音乐新课程改革中，教师的传统角色已经改变。教师不再仅仅是知识的给予者、课堂的主宰者和指挥者，在教学过程中教师还应该是学生的学习伙伴、协助者、交流者和指导者。[①] 若把音乐教学比作一艘船，那么教师不仅是指挥的舵手，更应该成为船员们共同进退的好伙伴，不分尊卑地相互合作。然而，在低年级的游戏教学中，常出现教师“事不关己，高高挂起”的尴尬现象。

如在《小猫钓鱼》的教学中，有了第一段的歌曲情境基础，笔者进行歌曲的第二段的教学时说道：“这只小猫只顾着去捉蜻蜓，不专心钓鱼，看！一条鱼都没钓着，如果你是猫爸爸、猫妈妈，会是什么心情，会怎样说呢?”经过学生的想象和交流，笔者提问道：“根据情节，你们认为应该怎么演呢?”这时，笔者安排好学生的角色扮演，弹奏起第二段旋律，在聆听歌曲、演唱歌曲中，多次要求学生进行角色扮演，尽量让更多的学生参与游戏当中。突然有个学生喊道：“老师，他们演的猫爸爸和猫妈妈都不太像，老师你来扮演猫妈妈，我们演小猫。”顿时，全班哄堂大笑，笔者肯定了他的想法，但此时下课铃声也响起来了，这节课就这样草草结束了。课后笔者深思，当下有多少音乐教师能真正做到以师生平等的心态，走进学生，与学生一起玩的呢?

教师常常在示范或指导工作完成后，就置身事外地东走走，西看看，

---

① 彭晔. 谈中小学音乐课程改革中教师角色的转换［J］. 中小学音乐教育，2010（8）：6.

或者纠正学生的游戏错误，或者为学生提供音乐的伴奏。在这样的游戏课堂里，教师是主宰者、指挥者，而往往学生们更希望的是老师也能“一起玩”，成为游戏中的某一角色。因此，只有成为游戏的参与者，推进游戏教学，支持学生的游戏行为，并在尊重、参与、协助中引导学生的发展，才能真正建立起师生之间平等的对话交流关系，才能使学生无所掩饰、无所顾虑地提出疑问，探求真相，同时赢得学生发自内心的信任与爱戴，进而提高学生的学习积极性和创造的可能性。

（四）从头至尾且张弛无度的游戏

《新课标》的实施给小学低年级学生的音乐课堂带来较大的变化，曾经言传身教的呆板课堂已远去，热闹的课堂受追捧，各具特色的教学场景不断涌现。更有不少的教师认为游戏能带来热闹，不热闹的音乐课就不是好课。于是音乐课堂里出现了五花八门的、不必要的、不恰当的游戏环节，如：一位教师在进行《玩乐器》的游戏教学时，在学会歌曲的基础上，教师创编了一些游戏方式进行教学，首先根据歌曲玩乐器，唱第一句旋律时，拿三角铁的同学敲击；唱第二句旋律时，拿小军鼓的同学敲击；唱第三句旋律时，拿双响筒的同学敲击；唱第四句旋律时，拿小刮板的同学敲击。于是有不少的同学只顾按自己的喜好敲响乐器，全然无视歌曲的旋律和节奏，班里吵闹不已，教师只好摇响铃铛让学生安静下来，不得已教师只好收拾乐器，终止游戏。这种教师难以控制的游戏教学，在常规的小学低年级音乐课堂中并不少见，从头至尾地做游戏，学生“玩疯”了，教师驾驭不了，课堂纪律混乱，事倍功半。

有时候即使游戏的氛围够热闹，却大有哗众取宠之嫌，只有表面而无实质，为了赶音乐游戏的时髦，教师、学生、教学内容都被游戏“玩弄”了。为此，如何把握游戏教学的“度”，才能使游戏真正有助于音乐教学，这个问题值得大家深思与探讨。

三、小学音乐游戏教学应遵循的原则

在前面笔者描述了目前小学音乐游戏教学存在的几个突出问题，要想有效地解决这些问题，并获得理想的音乐游戏教学效果，笔者认为，在实施音乐游戏教学时必须把握好以下四条原则。

（一）服务音乐体验

在音乐游戏教学中，游戏只是一种辅助学生发展音乐能力的手段，音乐是听觉的艺术，音乐的体验才是最重要的。笔者认为，通过游戏体验音乐，让游戏真正服务于音乐，应该做到以下几点：

第一，游戏前，加强音乐学习的铺垫。教师应该考虑学生的心理准备，避免急于进入教学环节。谈话过于唐突，学生对歌曲的聆听过少，抑或知识的铺垫学习过程过于仓促，都是不利于音乐游戏教学获得好的效果的。所以，在游戏前，一定要让学生进入音乐的氛围之中，确保学生在音乐中开始游戏。

第二，游戏中，全体参与音乐的体验。教师应当认真分析音乐的各个要素，充分发掘教材歌曲中的重点、难点，并在游戏过程中让学生得到潜移默化的训练。例如，在歌曲表演类游戏中，应该重视全体学生的参与，做游戏的同学表现音乐的要素，其他同学也要跟着演唱、演奏或感受音乐，做到“唱中有游，游中有唱”地体验音乐，让全体学生参与到愉悦的音乐学习过程，并能掌握音乐知识，在游戏中得到音乐的训练与体验。

第三，游戏后，巩固音乐学习的成果。游戏能把枯燥的知识传授，变为有趣生动的教学过程，让学生在不知不觉的愉悦中掌握音乐知识。因此，教师在游戏后要收收学生的“玩心”，让学生严肃而认真对待教师的“问一问”，并“唱一唱”歌曲旋律来进行知识的回顾，进而巩固学习成果。

（二）学生主动创造

音乐是创造性最强的艺术之一。音乐艺术的这一特性，使音乐教育在发展学生的创造力方面，表现出了极大的优势，这无疑为学生发散性思维和创新能力的培养，提供了良好的基础。在音乐教学实践过程中，我们要鼓励学生积极参与探究与创造，对创造活动的评价要重视活动过程，不能只重结果。实际上，学生参与创造性活动的过程，就是能力得到培养和提高的过程。[①] 把游戏的这一特性运用到小学低年级的音乐课堂当中来，就要求教师必须根据音乐内容设计音乐游戏，给予引导的同时，一定要注重学生的自主性的发挥，给予学生发挥想象的空间。

如笔者曾设计的一节音乐歌唱课《在农场里》，共有三段歌词，第一段为：“猪儿在农场噜噜，猪儿在农场噜噜，猪儿在农场噜噜叫，猪儿噜噜叫。”第二段和第三段除了把动物名字改为牛儿、鸭子，叫声改为“哞哞”、“嘎嘎”外，其余不变。学生基本学会演唱后，笔者首先改词范唱，

① 张爱华．新课程理念下的音乐游戏教学——从一节音乐游戏课得到的启示［J］．中国校外教育，2009（S2）：64．

让学生从模仿入手："我还看到小鸡在院里，你听老师是这样唱的：'小鸡在院里叽叽，小鸡在院里叽叽，小鸡在院里叽叽叫，小鸡叽叽叫。'"再要求同学们自己创作歌词，唱出喜欢的或者想到的动物，思考他们在哪唱着快乐的歌。在这个简单的创作游戏中，学生很快就能把小羊、小狗、小猫的叫声跟着钢琴伴奏唱起新的歌词。这时有个同学胆怯地举起了手："老师我想唱小兔的歌，觉得不行，接着想到马儿、小蛇，又不行。"笔者解释道："因为老师要求的是选择你所知道的动物叫声呀!"这时另一位同学急切地向我表示，他能创作马儿的歌，于是笔者弹起伴奏鼓励他唱出来。原来，这位学生用马儿的奔跑声"嗒嗒"代替了动物的叫声，创作了他喜欢的动物歌。从这节课中，笔者认识到前一位学生思考的逻辑性并没有问题，而是笔者要求的"动物叫声"使其思维受到阻碍，创造空间变小了。为此，笔者认为在游戏教学中提高学生的创造能力，教师应做到以下两点：

第一，学生的自主性创造。在音乐游戏教学中，教师要引导学生在游戏的过程发挥其创新思维，更要及时发现学生的探索精神和创作灵感，让学生得到一个充分的、自由的表现或表达的机会。

第二，教师的鼓励性评价。无论学生的创作是否恰当，都要给予客观的鼓励性评价，不能一棒打死。这样在音乐教学的最佳状态下，游戏才能行之有效地发展学生的创造能力，进而激发学生积极参加音乐游戏的兴趣。

（三）教师乐于参与

在游戏教学中，必须明确教师在课堂中的角色定位，教师应该在教学中和学生一道分享音乐的快乐，享受教学的过程。教师既不能扮演旁观者的角色，也不能扮演培训师的角色。① 教师不仅是学生学习的协助者和指导者，更要参与到学生的游戏行为当中，成为学生的学习伙伴和交流者。为此，教师在游戏教学的过程中，应该做到：

1. 做游戏者，参与其中。教师应该以游戏者的身份，主动走向学生，全身心地融入学生的游戏当中，走到学生中间去，与学生围坐在一起，一起唱唱、跳跳、玩玩。例如，前面提到的《小猫钓鱼》课例，倘若教师能把钢琴伴奏改为师生一起演唱歌曲，不仅作为了游戏的音乐伴奏，还能加强学生的演唱训练。让老师做一名游戏者，扮演"猫妈妈"的角色，师生

---

① 郭声健．让歌唱伴随每一个孩子快乐成长［J］．音乐创作，2010（6）：101.

之间进行歌曲的角色对唱。那么，笔者相信，教师参与的游戏将会比学生自己玩的游戏更有效。所以，教师应该一改独断专行、居高临下的态度，参与到游戏当中。

2. 做协助者，交流合作。传统的说教法、知识灌输法应该被摒弃，教师应该放下架子，做一名协助者，从儿童身心特点出发，精心分析游戏过程中可能遇到的疑惑因素，做到不矜不伐地和学生一起思考，并在游戏的过程中，与学生互相交流，协助学生寻求解决困难或困扰的方法。例如：运用多媒体的卡通“蝌蚪”设计，协助学生用形象思维感受单调的音符的时值；在乐器的敲击中，协助学生选择正确的演奏形式等；在自编动作的律动游戏中，低年级的学生难以迅速思考相应的动作，教师应协助学生思考，用交流的语气询问“你觉得这样好不好呢”，协助学生弹奏自编的短小乐句，体验自创作品的快乐，等等。教师只有贴近学生，在合作中共同体验游戏的快乐，才能创造一种平等民主，相互交流的学习气氛。

3. 做引导者，启发思考。游戏教学中，凡是属于知识与技能的内容，在教法上都要求做到不是先讲结果，而是采用启发式的教学由学生感知得到结论。[①] 其中“指导”不等于“指挥”，也不代表“直接给予”，因而在实际的游戏过程中，对于知识的学习、技能的训练，应该以“授人以渔”的方式让学生主动思考问题，让学生根据自己的理解和认识，从中获取音乐的体验。只有这样，学生学习起来就兴趣盎然、得心应手了。郭声健教授也说过：“教师应帮助学生充分利用他们所能利用的感知通道来对艺术进行全方位、多层面的探究，而不是机械地局限于静听”。[②] 作为教学的引导者，面对活泼好动的小学生，设计适当的启发环节，是让学生在游戏中参与表现音乐，直接有效的感受与体验音乐的最好方式。

4. 做知心者，和谐共处。教师要消除学生在游戏中的压抑感，把伸向学生的指责食指改为竖起的肯定拇指，多点微笑多点肯定。要做学生们的知心朋友，让学生抛弃成见，不再胆怯，体验到“学海无涯‘乐’作舟”的学习乐趣。当老师以最真诚的态度贴近他们心灵提出问题时，学生也会以最纯真的心境和最深的感受回应老师。为此，笔者希望教师能以朋友的身份与学生们一起感受音乐、理解音乐、创造音乐，使音乐课堂变成学生精神的家园。教师真正走进学生的心中，音乐也会成为其热爱的东西，更能在游戏的同时用心去感悟音乐中所蕴含的丰富情感。教师少一分居高临

---

① 雷雨声．义务教育课程标准实验教科书——走进音乐世界．教学参考书 1［Z］．广州：花城出版社，广东教育出版社，2005.4.

② 郭声健．艺术教育论［M］．上海：上海教育出版社，1999.

下，学生就多一份自信与热情，教师乐于参与的音乐教学，才是大家翘首以盼的和谐课堂。

（四）游戏安排适度

第一，时间空间的安排合理。合理安排一节音乐课的游戏时间和游戏空间（即游戏场地），需要教师对音乐与游戏之间的关系进行细致的研究，要根据学生对音乐内容接受程度把握教学的重点与难点，合理地安排游戏的时间，避免环节多如牛毛，防止只重“量”而没有“质”的游戏设计。场地的布置要得当，应该切合实际情况且安全舒适，杜绝碰撞、摔伤等意外的发生。音乐课堂中倘若能做到灵活掌控游戏的时间与空间，就能在短短40分钟内实现教学的最佳效果。

第二，游戏规则的简单明了。小学低年级的学生年纪小，接受能力较差。因此，游戏设计要考虑学生的接受程度，做到游戏形式易学，游戏的规则和要求必须简单明了，让学生能在最短的时间里学会，且没有任何障碍地进入游戏当中。所以，教师要有意识的加以引导，让学生能在游戏的过程中理解、遵守游戏规则，并增强规则意识。

第三，娱乐性适量贯穿其中。游戏“好玩”能快速引起低年级学生的兴趣，激发他们的创造能力，使课堂真正充溢着乐趣。但是，游戏的娱乐性必须恰如其分，适可而止，避免过度的注重游戏的娱乐性，而轻视了课堂的音乐性，捡了芝麻丢了西瓜的现象应该在音乐课堂中远去，必须在游戏中明确音乐的教育价值，以便更有效地达到教学目标。

第四，难易度与知识量结合。首先游戏不能太难，要有可操作性，否则会让学生喘不过气，失去学习的动力；而太简单的游戏设计，让学生熟练之后，便失去进一步学习的挑战性，逐渐形成一种光有躯体的机械行动而无更深入的探讨与体验。要让学生从游戏中学到知识，才是做游戏的最终目的，所以，还要充分考虑游戏中所包含的知识量多少的问题，知识量多，可能游戏偏难，知识量少，则又有可能游戏偏简单，必须把握好两者之间的度。

第五，道具或工具辅助游戏。教师在为学生提供适宜的游戏道具或工具时，应该考虑三个因素：一是游戏材料本身——游戏材料的类型、特性、数量以及品种搭配都会对儿童的游戏行为产生影响；二是儿童——儿童的诸多个体特征如性别、年龄、发展水平等也会影响游戏材料在游戏中的使用方式；三是游戏材料的安全问题。① 教学中绝大多数的游戏都离不开特定的道具或游戏的工具，如歌曲角色扮演类游戏的头饰设计、情景布置；节奏类训练游戏的打击乐器分配；识谱类游戏的形象图示贴图，等等。这些方面，教师都要精心的设计，运用道具或工具进一步辅助教学内容。有时候也会出现费力不讨好的情况，如教室布置过于花俏，学生沉迷于有趣的图案，另外，打击乐器的乱玩乱放等杂乱无章的现象也是常有出现的。这时，老师就应该扮演好指挥者的角色，制定适当的游戏规则，严格要求学生遵守。

结　语

“音乐游戏教学”突显了《新课标》中“重视音乐实践”的音乐教学理念，而游戏是小学低年级学生最喜闻乐见的，是教师乐于设计的，也是小学低年级音乐课堂中较受追捧的教学方式。然而，游戏也会给实际的音乐教学带来许多问题，导致音乐课被“游戏”的现象。所以，本文通过对小学低年级音乐游戏教学的现状进行分析，运用资料搜集法、文献研究法和经验总结法等，就小学低年级音乐游戏教学存在的问题展开研究，并试图找出解决方法，提出应遵循的游戏规则。

总而言之，在音乐课堂中，教师要运用游戏有效传授音乐知识与和全面训练音乐技能，培养学生的创新精神，努力创设和谐、轻松的学习氛围，使每个学生时刻都能体验音乐学习的愉快，满足其学习需求，以促进学生的全面和谐发展。一句话，教师要巧用音乐游戏，打造高效课堂。这篇文章，笔者虽然尽了最大努力去做，但在经验的积累与总结方面还不够透彻，不够深入，有待在未来的教学实践和研究中进一步去学习与探索。

参考文献

专著

[1] 教育部体育卫生与艺术教育司. 小学音乐教学法 [M]. 上海：上海教育出版社，2003.

[2] 李燕. 游戏与儿童发展 [M]. 杭州：浙江教育出版社，2008.

[3] 雷雨声. 义务教育课程标准实验教科书——走进音乐世界（音乐 1～4 册）[Z]. 广州：花城出版社，2005.

① 桑标总，李燕. 游戏与儿童发展 [M]. 杭州：浙江教育出版社，2008.

［4］［苏］门捷莉茨卡娃．游戏中的儿童教育［M］．胡真译．北京：教育科学出版社，1989.

［5］郭声健．音乐教育论［M］．长沙：湖南文化出版社，2004.

［6］区海婴．在游戏中学习音乐［M］．广州：广东高教出版社，2002.

［7］郭声健．艺术教育论［M］．上海：上海教育出版社，1999.

［8］邹阳．音乐教师与新课程——小学低年级学段［M］．长沙；湖南文艺出版社，2003.

［9］黄世勋．儿童运动游戏创编与教学［M］．北京：光明日报出版社，1989.

［10］王朝霞，范晓君．学校音乐教育导论与教材教法［M］．广州：暨南大学出版社，2009.

期刊论文

［1］彭晔．谈中小学音乐课程改革中教师角色的转换［J］．中小学音乐教育，2010（8）.

［2］张爱华．新课程理念下的音乐游戏教学——从一节音乐游戏课得到的启示［J］．中国校外教育，2009（S2）.

［3］郭声健．让歌唱伴随每一个孩子快乐成长［J］．音乐创作，2010（6）.

［4］袁静．试论游戏在小学音乐教学中的重要性［J］．新课程研究·教师教育，2009（5）.

［5］聂好．浅谈音乐游戏教学与学生的发展［J］．贵州教育，2009（14）.

［6］易然，邵有云．怎样让音乐课真正“活”起来［J］．大舞台，2010（11）.

［7］王丰．音乐游戏——课堂的活力剂［J］．中小学音乐教育，2002（11）.

［8］林珊．孩子，你学得快乐吗？——音乐课堂中“快乐教学”的尝试［J］．中小学音乐教育，2010（10）.

［9］陈红顺．打开孩子的音乐之门——小学低段中学生良好音乐学校习惯的培养［J］．中小学音乐教育，2010（6）.

［10］袁媛．中小学生音乐学习个性探究［J］．中国音乐教育，2010（3）.

4. 关于高中音乐多模块融合教学的初步构想

方华玲

摘要：在新一轮基础教育课程改革中，高中音乐课程得到了重视，其中，模块组合的课程内容设置方式，更是使得高中音乐课程体系具有基础性、完整性、知识的系统性、内容的时代性和选择的多样性等特点。然而由于课程实施过程中存在的种种主客观的原因，在大多数学校高中音乐课程的模块设置实际上形同虚设，背离了此次教改的初衷。正是在这样的一种背景下，需要我们探索一种新的教学形式，在可能的情况下，使六个模块的设置具有实质性的意义。为此，本文从高中音乐教学模块设置及其实施的现状进行考察和研究出发，思考实施高中音乐多模块融合教学的可能性以及必要性，继而提出实施音乐多模块融合教学的三点构想：以“音乐鉴赏”模块为中心整合其他五个模块；六个模块相互融合开设新的综合音乐课程；改革创新所选任意模块的教学内容与教学形式。

关键词：高中音乐；模块；融合

引　言

在21世纪的曙光中，伴随着素质教育的深入推进，我国历史上规模最大、力度最大、难度最大的基础教育课程改革拉开了序幕。作为基础教育课程中一个重要的组成部分，音乐学科在此次教改中得到了重视，尤其是长期以来都为人们所忽视，一直处于薄弱环节的高中音乐课程，更是乘着这次改革的东风，焕发了新的生命力，进入崭新的历史阶段。

新的高中音乐课程内容设置是采用模块组合的方式，这种模块设置的高中新课程结构，改变了以往高中音乐课程中以音乐欣赏为教学内容的单一模式，使得高中音乐课程体系具有基础性、完整性、知识的系统性、内容的时代性和选择的多样性等特点。它由六个模块组成，分别为：音乐鉴赏、歌唱、演奏、创作、音乐与舞蹈、音乐与戏剧表演。其中音乐鉴赏模块为基础性必修模块，其他五个模块为选修模块。这六个模块的设置，既为全体学生提供了基本的音乐文化素养教育，又满足了不同学生的兴趣爱好及发展需求的多样选择，同时，还能发现人才，为具有不同特长和潜能的学生的未来发展打下良好的基础。

然而，由于师资的匮乏、学校的教学设备、硬件条件和资金的不足等等原因，很多学校都无法将这个六个音乐模块课开足，有些学校甚至只开《音乐鉴赏》这一门必修课；有些学校虽然开了音乐选修模块课，但在上课的过程中却严重偏离了选修模块设置的初衷，忽略了对学生音乐技能的培养，将歌唱模块课及舞蹈模块课等变成单纯的歌唱鉴赏课或舞蹈鉴赏课，成为“音乐鉴赏”模块课的衍生和扩展；有些教师又将音乐各模块的课程完全分裂开来，如在上音乐鉴赏课时只让学生聆听音乐，而在上歌唱模块课时只是让学生唱歌，使各个模块的内容变成毫无联系的“孤岛”。

音乐模块内容的丰富与教学课时的稀少、音乐形式的多彩与教学方法的单调、音乐各门类之间的密切相关与音乐各模块课程之间的不相往来……从这些充满种种矛盾的教学现状可以看出，大多数学校高中音乐课程的模块设置实际上形同虚设。正是在这样的一种背景下，迫切地需要我们在可能的情况下，找出有效的途径和方法，以解决这些矛盾，使六个模块的设置具有实质性的意义，使我们的高中音乐课能够做到短时高效、丰富多彩，使学生能在有限的音乐课时中提高其音乐文化素养，得到美的熏陶，从而实现此次教改的目的。

一、实施多模块融合教学的可能性和必要性

（一）实施多模块融合教学的可能性

模块是此次普通高中课程改革所采用的一种新课程的设计模式。它是指某一学科内部按照一定的逻辑线索，划分成若干个教学单元。其中，每一模块都有其明确的教学目标，并围绕着某一特定的内容，构成相对完整的学习单元。但是，这种模块的设置，并不是将学科内容进行机械的切割，也不是将教学内容简单地化整为零。①

高中音乐课程中，各模块既相对独立又互有联系。每个模块各有其明

① 汤丽霞. 对新课标下的高中音乐模块教学及学习单元的探讨［J］. 网络科技时代，2008（6）.

确的内容和框架，不能混同或替代，但其内容又相互渗透、作用相辅相成。如音乐鉴赏内容不仅在音乐鉴赏模块中安排，其余五个模块都有此内容；[①] 鉴赏模块中又包含了歌唱曲、舞蹈、戏剧、乐队演奏等模块的内容；另外，五个选修模块的学习，都必须在鉴赏的基础上，才能进行创作或表演等，这些都为高中音乐多模块融合教学的设想和实施提供了可能性，也为那些因课时有限、师资匮乏或硬件条件和资金不足等原因而无法开或不能开足音乐模块课的学校，开辟了一条新的进行高中音乐课堂教学的道路。

（二）实施多模块融合教学的必要性

1. 落实新理念和实施新课标的需要

高中音乐新课程实施的基本理念和理论基础是以“音乐审美为核心，培养兴趣爱好；面向全体学生，注重个性发展；重视音乐实践，增强创造意识；弘扬民族音乐，理解多元文化”。因此，想要真正实施新课标，落实新课标，我们应该在有限的空间、课时、师资、设备条件下，尽可能地使学生能够对这六个模块的内容进行较为全面的学习。

另外，“提倡学科综合”是这次基础教育课程改革的一个重要内容，而新的音乐课程标准对音乐教学的学科综合定义为“音乐教学的综合包括音乐教学不同领域之间的综合；音乐与舞蹈、戏剧、影视、美术等姐妹艺术的综合；音乐与艺术之外的其他学科的综合”。[②] 对于音乐教学的学科综合的这三个层面，已经广泛地在音乐课堂中被教师们加以实践并取得了良好的教学效果，但关注高中音乐模块课课堂教学中各模块内容被孤立或无法开展选修课等问题，并对这些问题进行思考，进而提出可行性的建议的老师和专家学者却不多。因此，迫切地需要我们对这个问题进行思考和讨论，并提出可行的解决方法。

2. 满足学生多元兴趣和成长的需要

自改革开放以来，中国的经济飞速发展，随着人民生活水平的提高，人们的追求越来越多地从物质层面上升到精神的境界。尤其是在经济较为发达的城市中，越来越多的学生在课余的时间参加乐器、合唱、舞蹈、表演等兴趣班的学习。可以看出，学生对音乐的爱好和兴趣正在呈多元化方向发展，因此单一的音乐模块和教学方式已远远不能满足学生的多样音乐

---

① 范晓君，王朝霞．学校音乐教育导论与教材教法［M］．广州：暨南大学出版社，2009.151.

② 郭声健．艺术教育论［M］．上海：上海教育出版社，1999.

兴趣和音乐成长需要。苏霍姆林斯基曾说过："教育——首先是关心备至地、深思熟虑地、小心翼翼地去触及年轻的心灵。"为此，教师必须"以学生为中心"，从学生的兴趣、能力和需要出发，结合学生的生活经验，遵循学生的生理、心理及审美认知规律，通过课程整合的方式，尽可能地满足学生不同的音乐需求，为他们提供感受音乐、表现音乐、创造音乐及学习音乐文化知识的机会。为学生形成音乐学习经验、拓宽音乐兴趣范围、提高审美素质奠定基础。因此，单一的模块教学，已远远无法满足高中学生多元的音乐兴趣和音乐成长需要。

反之，多模块融合教学的实施，可以在有限的课时中，为学生提供较为系统和全面的音乐知识，并通过多姿多彩的音乐表现和创造方式，获得更为深刻的情感体验，同时也满足不同学生的多元音乐兴趣和需求，另外，还有助于发现和关注那些具有音乐特殊才能的学生，为那些对音乐有特殊爱好，并具有某方面的音乐特长和潜能的学生提供了有效的个性发展空间。①

3. 应对国际艺术教育发展趋势的需要

在当前的国际社会中，艺术教育被视为培养社会需要的高素质人才的重要途径。随着艺术课程的地位逐步提升，许多国家把艺术视为核心学科。在艺术教育理念方面，美国、法国、日本、韩国等发达国家，均强调艺术各门类（包括音乐、舞蹈、戏剧以及视觉艺术等艺术门类）之间的综合以及艺术与其他学科的连接与贯通，意在引发学生对艺术的强烈兴趣，提高其艺术通感能力、灵活处理能力和即兴创造能力，为学生人文素质的提高提供保证。其次，注重开发丰富的课程资源，提倡课程设置更加灵活多样。既考虑学生的不同基础，又注重发展个人的艺术潜能，并根据学生的兴趣和时代发展的需要，灵活地开设一些新的课程。②

因此，高中音乐多模块融合教学的提出和实施，既与当前国际艺术教育发展的理念不谋而合，同时也是它的一种衍生和发展；既顺应了当前国际艺术教育发展旨在提高学生全面的艺术修养的需要，又有利于解决我国长期以来高中音乐课程内容设置相对稳定与现代艺术教育不断发展的矛盾，并走出了一条符合中国国情的、具有本土化特色的教学道路。

---

① 甘肃省普通高中音乐新课程实施指导意见［DB/OL］. http：//www. gsedu. cn/gaozhongkeg-ai/zhengcefagui/20100513/173152. htm，2010－03－20.

② 艺术课程标准研制组. 艺术课程标准（实验）解读［M］. 武汉：湖北教育出版社，2004. 4.

二、高中实施音乐多模块融合教学的初步构想

（一）以“音乐鉴赏”模块为中心整合其他五个模块

1. 基本设想

在高中音乐新课程的六个模块中，《音乐鉴赏》为必修模块，它作为学生增进基本音乐文化素养的主渠道，同时也是六个模块中包含信息量最大，对音响、功能室、教学道具等要求最低、最易操作的模块，在每个学校的音乐课程开设中，首先得到突出和强调，是整个高中音乐学习活动的基础，也是培养学生感受音乐、分析和评价音乐的初步能力，从而充分展开联想和想象能力，理解音乐情感内涵的最重要的方式。

对于拥有多元文化兴趣的高中学生来说，《音乐鉴赏》课中连续不断的欣赏或分析，难免会使他们产生厌烦的情绪，即使在教学的环节中加入“唱一唱音乐主题、唱一唱歌曲”的参与活动，还是无法满足学生的学习需求，同时，单一的教学方式，也会使得学生感到课程枯燥无味，从而失去上音乐课的兴趣。

其次，对学生音乐鉴赏能力的培养和提高，仅仅依靠传统意义上的鉴赏教学，是根本不可能实现的。对高中生来说，通过亲身参与演奏、演唱和创作等活动，能从另一个角度来感受和鉴赏音乐作品，而通过这种方式得到的音乐体验，是在传统的鉴赏教学中很难获得的。[①]

此外，正如前文所述，高中音乐课程中各模块的内容是相互渗透、相辅相成的。如音乐鉴赏模块中包含了其他五个模块的内容；另外，音乐鉴赏内容不仅在音乐鉴赏模块中安排，其余五个模块也必须在鉴赏的基础上，才能进行演唱、演奏、表演或创作；而同一主题内容，如京剧、音乐剧等，也在不同的模块中，以不同的形式出现。这为我们以“音乐鉴赏”模块为中心，融入其他五个模块的内容为辅助，提供了条件。

以“音乐鉴赏”模块为中心整合其他五个模块的教学方法，适用于那些由于师资、资金和硬件设备等条件不足而无法开展音乐选修模块课的学校，因此，这种多模块课程一般可分为两个学期，约共 36 个学时。另外，由于课时的稀少，因此采用课堂教学为主，再辅以学生课后自学的形式。

---

① 郭声健. 实施高中音乐新课程可能面临的挑战与应对举措［DB/OL］. http://www.sj-yj.net/article.asp?id=1234，2010-03-20.

一些较为重点的知识点和技能性较强、需要老师进行示范和指导的学习内容则以课堂教学的形式进行，而其他一些较为容易理解的知识点和欣赏曲目可改为老师制作的 DVD（其中包括课件和视频、音频等材料）的形式，让学生在课余时间进行补充学习，以便腾出更多的时间，保证课堂教学的短时高效。

另外，在内容设计方面，以“音乐鉴赏”模块为中心整合其他五个模块的教学方法，重点围绕音乐鉴赏模块展开，再适当地融入其他模块的相关内容。如苏州市的欧阳宁老师对于音乐鉴赏与歌唱这两个模块进行融合的实验：在第一课《音乐与人生》中，通过介绍琵琶协奏曲《草原放牧》和柴可夫斯基《第六（悲怆）交响曲》第四乐章，引申出音乐要素及音乐语言。学生经过分析、对比，初步了解音乐要素的内涵，探索旋律、节奏等要素对音乐的影响作用。紧接着安排《歌唱》模块中《同一首歌》的歌唱实践活动。在对歌曲的分析、欣赏、学唱中，学生们利用已学过的知识迁移到作品分析中来，了解中等速度、舒缓的节奏、荡气回肠的旋律、丰富的和声变化及富有哲理、诗一般优美的歌词对准确表达歌曲的情感所起的极大的作用。比较了几种版本的合唱后，同学们感觉纯真的童声更能表达歌曲深情飘逸、绵亘久远的意境，对音色的运用有了一定的认识。在倾听、品味、感悟音乐的基础上，教学紧紧围绕歌唱的基本要素，对歌唱技能加以诱导和训练，又为学生掌握科学的歌唱方法奠定基础。[①] 又如，根据所学歌曲或乐曲所属地域添加同一地区的其他音乐形式的内容，如在第三节《独特的民族风》中，可加入内蒙古、西藏或新疆舞蹈等内容。此外，还可根据所学乐曲所包涵的内容，引入相关的知识要点，如在第七节《丝竹相和》的演奏模块中，加入关于中国民族管弦乐队的构成及主要乐器简介的内容。

---

① 欧阳宁．实施高中音乐新课程的积极探索——《音乐鉴赏》与《歌唱》模块教学整合［J］．中国音乐教育，2007（4）．

2. 课程设计

高中音乐教学进度表

高一第一学期

课时	章节（模块）	欣赏/歌唱/表演曲目	知识点	课外知识拓展	课后欣赏
第一周	音乐与人生（鉴赏 + 歌唱）	《草原放牧》、《同一首歌》（歌唱）	音乐要素 音乐语言 歌唱与合唱 发声与气息 共鸣与咬字吐字	合唱的艺术起源及其发展 合唱艺术种类 合唱队编制	《我和我的祖国》、《乌苏里船歌》
第二周	高亢的西北腔（鉴赏 + 戏剧）	《上去高山望平川》、《刨洋芋》、《脚夫调》	西北民歌的基本特征 民歌 花儿 信天游	秦腔	（秦腔） 《三滴血》 （选段）
第三周	独特的民族风（鉴赏 + 舞蹈）	《牧歌》、《北京的金山上》、《掀起你的盖头来》（舞蹈）	蒙古族、藏族、维吾尔族民歌和舞蹈特征 民族特色乐器	音乐与舞蹈 少数民族舞蹈特点 藏族、蒙古族、维吾尔族舞蹈基本动作	（舞蹈） 《母亲》、 《草原情》、 《铃舞》
第四周	醇厚的中原韵（鉴赏 + 创作）	《沂蒙山小调》、《王大娘钉缸》	民歌与创作歌曲之区别 民歌的音乐特点 了解音乐创作 尝试改编歌曲	音乐形象的塑造 旋律的发展手法	《好汉歌》、 《朝景》、 《三套车》
第五周	飘逸的南国风（鉴赏 + 歌唱）	《茉莉花》（歌唱）、《对鸟》	民歌的民族风格及地方风格 南方民歌的基本特征	越剧	（越剧） 《西厢记》 （选段）
第六周	鼓乐铿锵（鉴赏 + 演奏）	《锦鸡出山》、《童谣》、（打击乐合奏）	鼓吹乐 吹歌 打溜子 中国民间器乐合奏形式及特点	潮州锣鼓	《关公过五关》、《丰收锣鼓》

（续上表）

课时	章节（模块）	欣赏/歌唱/表演曲目	知识点	课外知识拓展	课后欣赏
第七周	丝竹相和（鉴赏+演奏）	《娱乐升平》、《中花六板》	江南丝竹 广东音乐 中国民族管弦乐队的构成及主要乐器简介	粤剧	《紫钗记》（选段）
第八周	京剧大师梅兰芳（鉴赏+歌唱）	《看大王在帐中和衣睡稳》、《海岛冰轮初转腾》（歌唱）	世界三大古老戏剧文化 京剧 京剧音乐 梅兰芳 南梆子 四平调 京剧伴奏三大件	戏曲的基本特征 戏曲音乐的地位作用、中国地方戏曲剧种	（昆曲）《牡丹亭》、（豫剧）《穆桂英挂帅》
第九周	现代京剧（鉴赏+戏剧表演）	《都有一颗红亮的心》（表演）	京剧的行当 现代京剧	现代戏的由来 现代戏的发展	《杨三姐告状》、《沙家浜》
第十周	历史悠久的亚洲传统音乐（鉴赏+歌唱）	《四岁的红鬃马》、《星星索》（歌唱）、《欢迎》	亚洲音乐 特色乐器 呼麦 萨朗吉 歌唱的声区与音色的统一、发声器官的健康与卫生	歌唱的艺术处理、歌唱的整体协同运动	
第十一周	非洲歌舞音乐（鉴赏+创作+舞蹈+表演）	《非洲赞歌》、《鼓舞》（创作鼓舞节奏并表演）	非洲音乐 马林巴琴 非洲鼓	非洲舞蹈	非洲鼓舞
第十二周	欧洲民间音乐——风笛 排箫 歌声（鉴赏+演奏）	《鸟儿在歌唱》、《优雅》、《友谊地久天长》（口琴演奏）	欧洲音乐 风笛 排箫	口琴的种类 口琴的维护	（口琴练习曲） 《雪绒花》、《念故乡》

（续上表）

课时	章节（模块）	欣赏/歌唱/表演曲目	知识点	课外知识拓展	课后欣赏
第十三周	拉丁美洲音乐（鉴赏+舞蹈）	《告别》、《小伙伴》（舞蹈·探戈）	拉丁美洲音乐 盖那笛　恰朗戈 探戈	爱尔兰、西班牙、印度舞蹈的特点	《大河之舞》、《踢踏舞》、《罗摩衍那》
第十四周	巴赫（鉴赏+演奏）	《马太受难乐（第1、72、78分曲）》、《小步舞曲》（二声部口琴合奏）	复调音乐与主调音乐 十二平均律 西洋管弦乐队的构成及主要乐器简介	西洋管弦乐队的位置排列	《青少年管弦乐队指南》
第十五周	贝多芬（鉴赏+歌唱）	《第二十三钢琴奏鸣曲"热情"》、《第九交响曲》、《欢乐颂》（合唱）	奏鸣曲 交响曲 贝多芬 维也纳古典乐派 合唱指挥的基本图示	海顿 莫扎特 交响合唱	莫扎特《第四十号交响曲》、海顿《第九十四交响曲惊愕》
第十六周	艺术歌曲的成熟——舒伯特的歌曲、钢琴音乐的奇葩（鉴赏）	《魔王》、《菩提树》、《c小调练习曲》、《爱之梦》	艺术歌曲 声乐套曲 舒伯特与艺术歌曲 练习曲与音乐会练习曲 肖邦与李斯特	李斯特匈牙利狂想曲	李斯特《匈牙利狂想曲第二首》
第十七、十八周		学分考试	选择自己喜爱的模块，选择一个项目进行考试		

高一第二学期

课时	章节	欣赏/歌唱/表演曲目	知识点	课外知识拓展	课后欣赏
第一周	标题交响音乐的诞生、德彪西（鉴赏）	《幻想交响曲（第二乐章）》、《牧神午后》	标题音乐与非标题音乐 柏辽兹 印象主义音乐与德彪西	门德尔松与无词歌	《威尼斯船歌》、《亚麻色头发的少女》

（续上表）

课时	章节	欣赏/歌唱/表演曲目	知识点	课外知识拓展	课后欣赏
第二周	对祖国山河的礼赞、俄罗斯民族风情（鉴赏＋戏剧表演）	《我的祖国》、《芬兰颂》、《卡玛林斯卡亚幻想曲》	民族乐派 交响诗 强力集团	欧洲歌剧及其简史 歌剧管弦乐队及器乐曲	《饮酒歌》、（歌剧《茶花女》咏叹调）
第三周	欧洲歌剧及其艺术形式（戏剧表演）	《饮酒歌》（歌剧表演）	歌剧音乐结构 歌剧中的演唱	莫扎特及其歌剧 威尔第及其歌剧 普契尼及其歌剧	《费加罗的婚礼》、《茶花女》、《图兰多》
第四周	勋伯格（鉴赏＋戏剧表演）	《五首管弦乐曲（第一首）》、《西贡小姐》	调性音乐与无调性音乐 十二音音乐 现代音乐剧的艺术特点	四大名剧的艺术成就	《歌剧院幽灵》
第五周	爵士乐（鉴赏＋演奏）	《南部之子》、《回家》（口琴演奏）	迪克西兰爵士乐 自由爵士乐		《多么美妙的世界》、《蓝色狂想曲》
第六周	高山流水志家园（鉴赏＋表演）	《广陵散》、《流水》（选择诗歌跟随音乐朗诵）	古琴 音乐与戏剧的结合		古琴曲《梅花三弄》
第七周	西出阳关无故人（鉴赏＋创作）	《阳关三叠》（为诗词谱曲）	中国古代歌曲 歌词与音乐的关系 歌曲主题的写作	近代古典诗词歌曲	《我住长江头》
第八周	沈心工与李叔同、萧友梅与黄自（鉴赏＋歌唱）	《体操——兵操》、《祖国歌》、《问》、《玫瑰三愿》（歌唱）	学堂乐歌 清唱剧《长恨歌》	赵元任 任光	《叫我如何不想他》、《渔光曲》

（续上表）

课时	章节	欣赏/歌唱/表演曲目	知识点	课外知识拓展	课后欣赏
第九周	聂耳（鉴赏+创作）	《金蛇狂舞》、《毕业歌》	左翼音乐运动 尝试改编《金蛇狂舞》	歌剧《白毛女》	歌剧《白毛女》
第十周	冼星海（鉴赏+创作+演奏）	《黄河大合唱》（为歌曲配合和声并合奏）	人民音乐家冼星海 美妙的和声		
第十一周	祖国颂歌（鉴赏+歌唱）	《忆秦娥·娄山关》、《祝酒歌》、《我和我的祖国》（歌唱）	群众歌曲与艺术歌曲		
第十二周	歌坛新曲（鉴赏）	《乱云飞》、《御风万里》	新中国器乐创作	谭盾	《地图》
第十三周	歌剧艺术（鉴赏+戏剧表演）	《红梅赞》、《这一仗打得真漂亮》	中国新歌剧和歌剧音乐	中国歌剧的形成与初步繁荣	歌剧《江姐》
第十四周	江姐（戏剧表演）	排练《江姐》选曲《绣红旗》		中国歌剧的发展 多种歌剧形式并存	《伤逝》
第十五周	流行风（鉴赏+创作）	《思念》、《我和你》（编配伴奏）	通俗音乐用《TT作曲家》为歌曲编配伴奏		
第十六周	新时代（鉴赏+演奏）	《祖国颂》 《走进新时代》（口琴演奏）	音乐的社会功能		
第十七、十八周		学分考试	选择自己喜爱的模块，选择一个项目进行考试		

（二）六个模块相互融合开设新的综合音乐课程

1. 基本设想

《普通高中音乐课程标准》指出："音乐课的教学过程就是音乐的艺术实践过程。因此，在所有的音乐教学活动中，都应重视艺术实践，将其作为学生获得音乐审美体验和学习音乐知识与技能的基本途径。"音乐是一门操作性和实践性都很强的学科，尤其是在表现的领域，更体现了这一特点。歌唱、演奏、创作、音乐与戏剧表演、音乐与舞蹈都离不开实践与操作。其次是在音乐鉴赏模块中，也应注意结合音乐作品实际，来设计生动的音乐实践活动，以引导学生对音乐的感觉和反应。因此，将六个模块相互融合开设新的综合音乐课程的教学方法，与上述方法相比，更注重音乐的实践与操作。

在六个模块中，同一主题内容，如京剧、音乐剧、少数民族歌舞等，在不同的模块中，以不同的形式出现，因此，将六个模块相互融合开设新的综合音乐校本课程，是以主题方块的形式，将同一主题散布在六个模块中的内容加以整合，贯穿为一体，使学生能进行更为系统全面的学习。

2. 实践探索

广东省珠海市的王秋菊老师曾提出"模块叠加型"的教学方法并进行实践，取得了很好的效果。这种教学形式与将六个模块相互融合开设新的综合音乐课程的教学方法可说是不谋而合，其课程设置如下①：

高中音乐教学进度表

高一第一学期

周次与模块	欣赏歌唱表演曲目	内容
第一周	个性展示，建立自信。介绍高中音乐的教学计划，及介绍音乐高考的内容。	
第二、三周： 音乐鉴赏模块：	多彩的民歌 独特的民族风	介绍蒙古族、藏族、维吾尔族民歌特色，欣赏三个民族的民歌

① 王秋菊."模块叠加型"音乐课的探索和实践［DB/OL］. http：//60. 28. 209. 218/UserLog/UserLogComment. aspx？UserlogID＝70077，2011－03－24.

（续上表）

周次与模块	欣赏歌唱表演曲目	内容
第四、五周：歌唱模块：	浓郁乡情	学习正确的声乐发声方法，学唱并背唱蒙古族歌曲《嘎达梅林》、藏族歌曲《北京的金山上》、维吾尔族歌曲《大板城的姑娘》，找出各民族民歌的特点
第六、七周：舞蹈模块 创编模块：	中国少数民族舞蹈	学习舞蹈基本的站姿，用《嘎达梅林》、《北京的金山上》、《大板城的姑娘》为舞蹈音乐，学习蒙古族、藏族、维吾尔族舞蹈的基本动作。创编舞蹈《蒙古人》
第八、九周：音乐鉴赏模块：	国之瑰宝——京剧	欣赏京剧《霸王别姬》中《看大王在帐中和衣睡稳》介绍梅兰芳。欣赏现代京剧《红灯记》中《雄心壮志冲云天》介绍剧情。介绍京剧行当，欣赏各行当的唱腔。
第十周、第十一周：歌唱模块：	经典京剧选段	学唱《都有一颗红亮的心》、《铡美案》、《说唱脸谱》
第十二周、第十三周：音乐与戏剧表演模块：	中国戏曲——戏曲排练实践	命题表演训练：1. 哑剧：等车、吃烫面；2. 情景表演：售票员与小青年、考试回来。 排练现代京剧《沙家浜》选段《他们到底是姓蒋还是姓汪》
第十四周：音乐鉴赏模块：	欧洲民间音乐	欣赏保加利亚民歌《鸟儿在歌唱》苏格兰民间乐曲《优雅》； 拉丁美洲音乐《美丽的小天使》，乌拉圭的探戈舞曲《小伙伴》
第十五周：歌唱模块	世界之光	学唱，背唱歌曲南斯拉夫民歌《深深的海洋》、苏格兰民歌《友谊地久天长》、美国歌曲《故乡的亲人》
第十六、第十七周：舞蹈模块 创编模块	外国民间舞蹈（统计期末考试项目）	学习印度舞、俄罗斯舞蹈、爱尔兰民间舞蹈踢踏舞的基本动作

（续上表）

周次与模块	欣赏歌唱表演曲目	内容
第十八周	学分考试	选择自己喜爱的模块，选择一个项目进行考试
备注	无旷课现象，期末考试合格，平时各模块学习认真，每生计1学分	

高一第二学期

周次与模块	欣赏歌唱表演曲目	内容
第一、二周：音乐鉴赏模块：	新音乐歌声初放	欣赏学堂歌曲《体操——兵操》、《祖国歌》、《问》、《金蛇狂舞》《黄河大合唱》
第三、四周：歌唱模块	赞美祖国	学唱歌曲《花非花》，学唱背唱《毕业歌》、《保卫黄河》
第五、六周：乐器演奏模块	口风琴演奏	介绍乐器的分类，口风琴的演奏技巧，学习五线谱知识，学习基本指法，吹奏歌曲《送别》
第七、八周：音乐鉴赏模块：	爵士乐、非洲歌舞音乐	欣赏《南部之子》、《不知为何》、《蓝色狂想曲》了解爵士乐，欣赏《非洲赞歌》、《鼓舞》
第九、十周：创作模块	爵士音乐与中国民歌	学唱中国民歌《茉莉花》、用爵士乐风格改编，学生自己找素材自行改编后表演
第十一周、第十二周：乐器演奏模块	口风琴演奏、马林巴琴演奏、手鼓演奏	节奏训练、演奏《茉莉花》
第十三周、第十四周：舞蹈模块 创编模块	爵士舞蹈 现代舞	模仿迈克尔·杰克逊舞蹈，小组创编，表演
第十五周、第十六周：音乐与戏剧表演舞蹈模块	音乐剧	音乐剧《音乐之声》片段，社交舞

（续上表）

周次与模块	欣赏歌唱表演曲目	内容
第十七周、第十八周	学分考试	选择自己喜爱的模块，选择一个项目进行考试
备注	无旷课现象，期末考试合格，平时各模块学习认真，每生计1学分	

高二第一学期

周次与模块	欣赏歌唱表演曲目	
第一、二周：音乐鉴赏模块	中国古代歌曲、乐曲	欣赏古曲《流水》、《阳关三叠》、《扬州慢》，现代风格的古曲演唱《沧海一声笑》电影、音乐《夜宴》、《十面埋伏》
第三、四周：歌唱模块	合唱曲排练	合唱曲《阳关三叠》
第五、六周：舞蹈模块	中国古典舞	古典舞基本动作，排练
第七、八周：音乐鉴赏模块	划时代的音乐大师	介绍古典乐派：贝多芬《第九交响曲》《命运交响曲》、浪漫主义乐派：舒伯特《鳟鱼》《魔王》印象派：德彪西《水中倒影》
第九、十周：歌唱模块	合唱曲排练	合唱曲《欢乐颂》
第十一周、第十二周：乐器演奏模块	口风琴合奏	编排口风琴合奏《欢乐颂》
第十三周、第十四周：音乐鉴赏模块	丰富的民间器乐	欣赏湖南乐曲《锦鸡出山》、山西民间乐曲《滚核桃》、江南丝竹《中花六板》和广东音乐
第十五、第十六周：音乐与戏剧表演舞蹈模块	汉族民间舞蹈	秧歌的基本动作，山东胶州秧歌，东北秧歌

（续上表）

周次与模块	欣赏歌唱表演曲目	
第十七周、第十八周	学分考试	选择自己喜爱的模块，选择一个项目进行考试
备注	无旷课现象，期末考试合格，平时各模块学习认真，每生计1学分	

另外，将六个模块相互融合形成新的综合音乐课程，所要做的前期工作的工程量较为巨大，教师必须对每一个模块的教材，每一主题的各方面的内容都研究透彻，从而加以有机的联系和融合，使其主题模块的内容全面、系统。同时，教师必须拥有过硬的专业基本功，能够胜任各个模块的教学。

（三）改革创新所选任意模块的教学内容与教学形式

前文提出的以“音乐鉴赏”模块为中心整合其他五个模块的教学方法，适用于那些由于师资、资金和硬件设备等条件不足而无法开展音乐选修模块课的学校，而对于那些具备良好的条件并开足了选修课的学校来说，这种供求矛盾则可以较为容易地得到解决。但是高中阶段的学生学业繁重，以至于有些学生虽然对音乐课的各个模块都有兴趣，但却无法全部都学习。因此，在某一个选修模块中，适当地融入其他模块的内容，既可在有限的课时中尽量满足学生的学习需求，又可通过各种音乐实践使学生获得更深刻的情感体验，可谓是一箭双雕。

改革创新所选任意模块的教学内容与教学形式，与以“音乐鉴赏”模块为中心整合其他五个模块的教学方法是殊途同归的。即是学生在通过一年的音乐鉴赏课程的学习之后，以其所选的某一选修模块为中心整合其他四个选修模块进行教学。如：

（1）在歌唱模块中，融入戏剧表演的唱段，进行歌唱和表演；融入创作模块，让学生为歌曲重新填词，或改编曲子，然后再演唱；融入演奏模块，用器乐合奏的方式，演奏多声部合唱曲；为民歌编配符合其地方特色的舞蹈。

（2）在演奏模块中，让学生唱一唱器乐曲的主题，感受旋律线的高低起伏；将单声部器乐曲改编成多声部器乐曲并演奏；在演奏的过程中，请一部分同学根据对乐曲风格、情绪、意境的理解和想象，为器乐曲伴舞或表演。

（3）在舞蹈模块中，让学生边唱边跳创造出舞台剧；为舞蹈创作音乐；为舞蹈的配乐加入打击乐等。

（4）在创作模块中，可为某歌曲编配伴奏或为某一小品表演或舞蹈添加配乐，再加以演奏。

（5）在音乐与戏剧表演模块中，可演唱某一唱段；为某一唱段添加背景舞蹈；改编唱段配乐或配器；演奏背景音乐等。

这里特别需要强调的一点是，在课程设计中，要以所开设的这一模块为重点，在实现这一模块的知识与技能的培养目标的基础上，适当地添加其他模块的内容，防止主次不分，喧宾夺主的情况出现。

结　语

本文主要从调查高中音乐教学模块设置及其实施的现状入手，针对课程设置与实施中存在的问题，分析探讨实施高中音乐多模块融合教学的可能性和必要性，继而提出高中实施音乐多模块融合教学的三点初步构想：①以“音乐鉴赏”模块为中心整合其他五个模块；②六个模块相互融合开设新的综合音乐校本课程；③改革创新所选任意模块的教学内容与教学形式。期望在可能的情况下，使高中音乐六个模块的设置具有实质性的意义。

然而，高中音乐课程实施中存在的种种问题，不是一朝一夕就能解决的，它需要我们进行实地考察，找出问题产生的根源，因地制宜，因势利导，提出解决问题的方法，再加以实验，观察教学反馈，反思并不断地改善教学方法，实现新课标的要求，同时满足学生的多元音乐兴趣和音乐成长的需要，培养具有音乐素养、较高审美品位和高尚情操的21世纪的新人才。

高中音乐课程改革任重而道远，不可能一蹴而就。尽管笔者现在仍是在校大学生，教学经验不足，对问题的认识有一定的局限性，所提出的观点不一定具有可行性，但抱着一种“初生牛犊不怕虎”的心态，和“宁愿十年发光，不愿五十年冒烟”的人生信念，勇敢地去面对难题，与教师、专家学者们一同对这个问题进行关注，在共同思考之下，努力探索解决难题的方法。

参考文献

专著及期刊论文

［1］于润洋，吴斌．音乐鉴赏［M］．北京：人民音乐出版社，2004.

［2］郁文武，莫蕴慧．歌唱［M］．北京：人民音乐出版社，2004.

［3］朴东升，金湘．演奏［M］．北京：人民音乐出版社，2009.

［4］高洁，阎岭．音乐与舞蹈［M］．北京：人民音乐出版社，2009.

［5］余从．音乐与戏剧表演［M］．北京：人民音乐出版社，2009.

［6］许新华．创作［M］．广州：花城出版社，2004.

［7］郭声健．音乐教育论［M］．长沙：湖南文化出版社，2004.

［8］郭声健．艺术教育论［M］．上海：上海教育出版社，1999.

［9］郭声健，张晓敏．音乐教育书简［M］．广州：暨南大学出版社，2010.

［10］范晓君，王朝霞．学校音乐教育导论与教材教法［M］．广州：暨南大学出版社，2009.

［11］吴锐森．中小学音乐教学案例专题研究［M］．杭州：浙江大学出版社，2005.

［12］中国音乐教育杂志社．全国音乐教育获奖论文精选［C］．北京：人民音乐出版社，2005.

［13］汤丽霞．对新课标下的高中音乐模块教学及学习单元的探讨［J］．网络科技时代，2008（6）.

［14］皇丽莉．对普通高中音乐模块教学与学习单元的探讨［J］．辽宁师专学报（社会科学版），2007（2）.

［15］黄晓慧．音乐模块专业声乐课教学形式之我见［J］．宜宾师范高等专科学校学报，2000（1）.

［16］欧阳宁．实施高中音乐新课程的积极探索——音乐鉴赏与歌唱模块教学整合［J］．中国音乐教育，2007（4）.

［17］艺术课程标准研制组．艺术课程标准（实验）解读［M］．武汉：湖北教育出版社，2004.

网络文献

［1］王秋菊．“模块叠加型”音乐课的探索和实践［DB/OL］．http：//60. 28. 209. 218/UserLog/UserLogComment. aspx？UserlogID＝70077/，2011－03－24.

［2］甘肃省普通高中音乐新课程实施指导意见［DB/OL］．http：//www. gsedu. cn/gaozhongkegai/zhengcefagui/20100513/173152. html/，2010－03－20.

［3］郭声健．实施高中音乐新课程可能面临的挑战与应对举措［DB/OL］．http：//www. sj－yj. net/article. asp？id＝1234/，2010－03－20.

5. 粤语童谣进校园

——关于广东省小学音乐课程改革的一点思考

陈晓琪

摘要：本文通过对相关文献资料的研究以及学生问卷调查和音乐教师访谈，分析了粤语童谣进校园的重要性和紧迫性，并联系广东小学教育实际提出了粤语童谣进校园的推进措施。文章共分为三个部分，第一部分分别从文化传承、学校校本课程以及培养家乡感情三个方面对粤语童谣进校园的重要性进行了阐述。第二部分通过对广州市三所小学的学生进行问卷调查，以及对小学音乐教师的访谈记录的分析，提出粤语童谣进校园所面临的问题。第三部分提出了粤语童谣进校园的推进措施，包括开发粤语童谣校本课程、在课堂教学中渗透粤语童谣、组织粤语童谣的“第二课堂”、开展粤语童谣比赛活动等。

关键词：粤语童谣；推进措施；课程改革；文化传承

引　言

随着我国基础教育课程改革步伐的向前推进，中小学音乐课堂迎来了全新的形式。依据《全日制义务教育音乐课程标准》编写的新教材，为学生以及教师带来了新的教学理念与内容，并且在体现各地区文化差异方面有突出的改革，引入校本课程形式和编写乡土教材便是全新的变化。《全日制义务教育音乐课程标准》指出：“要善于将本地区民族民间音乐资源运用在音乐教学中，使学生从小就受到民族音乐文化的熏陶。”这表明了乡土教材编写的重要性。乡土教材以当地的地理、历史、政治、经济、文化和民族状况等为内容，以丰富学生知识、培养学生热爱家乡为目的而编写的。广州市九年义务教育音乐乡土教材——《广州音乐》，就是在这样的背景下产生的。然而，对于广东粤语地区来说，到底又有多少学生会唱自己家乡的童谣呢？这一问题一直困扰着笔者，并让笔者产生对这一问题的研究冲动。

童谣一直伴随着世世代代青少年儿童成长，也成为文化传承延续的途径之一。中国是一个多民族多方言的国家，粤语作为广东省最通用的方言，流通于广东省大部分地区、广西的东南部以及香港、澳门特别行政区，覆盖的范围相当广阔。以粤语为基础的粤语童谣更是广东省民间音乐文化的特色。粤语童谣用粤语传唱，具有鲜明的地方特色，也具有粤语方言文学的特色。粤语童谣主要有两方面的特点，一是朗朗上口，通俗易懂，词句押韵；二是有趣、好玩、贴近生活，孩子们感兴趣。但我们应该清醒地认识到，再好的民族文化都会面临传承的问题，为此，笔者决定从如何传承粤语童谣的角度，以广州市为例对广东省小学音乐课程改革提出自己的一点思考。

一、粤语童谣进校园的重要性

我国改革开放的大潮，吸引了大批北方人民来南方发展。他们在广东省内扎根生活，并且在这里繁衍下一代。外来文化和语言不断冲击着广州以及广东省其他各市，粤语在广州地区的流通作用逐渐退化。这一现象便导致以粤语为基础的粤语童谣慢慢退出广东省青少年的生活，甚至在“00后”中消失，以广州为发源地的岭南文化就存在着在这里慢慢消亡的危险。因此，传承粤语童谣成为刻不容缓的任务，而将其引入小学校园便是最好的传承途径之一。粤语童谣进广东省小学校园的重要性主要表现为以下几个方面：

（一）传承民族音乐文化的需要

近年来，在多种现代新生音乐（如：流行音乐、美国说唱音乐等）形式的冲击下，许多民族音乐文化出现了逐渐衰退甚至走向消亡的现象。岭南文化是多元一体化的中华民族优秀文化的重要组成部分。广州是岭南文化的发祥地，也一直是岭南文化的中心。① 广东省肩负着将岭南文化发扬传承下去的任务，而粤语童谣是岭南民间音乐文化遗产的重要组成部分。五千年来人们代代相传的粤语童谣在21世纪正慢慢地流失。粤语童谣以及其他岭南文化正随着时间的迁移而逐渐消失，传承优秀的民族音乐文化成为教育者的重担，传承和发扬地方民族音乐文化是基础教育阶段中音乐教

① 李锦鸿．广州：岭南文化生于斯盛于斯［J］．羊城今古，2003（1）：4.

育不可推卸的责任，粤语童谣进校园便是最好的传承方法。它能将我们优秀的民族音乐文化传给下一代，让粤语童谣代代相传。因此，十分有必要思考和研究如何在课堂中突显广东地方的音乐特色，以及丰富学生课外音乐活动，使粤语童谣这一优秀的岭南文化之一得以发扬下去。

（二）开发特色校本课程的需要

音乐教育是素质教育的重要组成部分，通过音乐教育可有效提高学生的艺术审美素质。而开发特色校本课程，不仅能够激起学生对音乐的兴趣和爱好，拓展学生的音乐知识，还可以为学生提供更多的接触音乐的机会，对提高学生的音乐修养具有十分重要的作用。具有特色的校本课程，要特别体现出地域特色。粤语童谣属广东省内的特色校本课程的重要素材，将粤语童谣引进小学校园，发挥特色校本课程的作用，使得特色校本课程在丰富学生音乐知识的同时，还能增进学生对本土民间音乐的热爱。广东省内的小学开发特色校本课程要重点突出地域特征，因为除了广东省大部分地区和广西的东南部地区是以粤语为母语，此外的地区都是以普通话或者其他方言为母语。“大力开发音乐校本课程，不仅使民族民间音乐文化得到了发展，更是对国家课程与地方课程的补充、延伸，完善挖掘它的教育资源已经成为音乐教育改革的发展趋势。而不同的地方有不同的文化特色、风土人情，因此音乐校本课程的开发应注重地方特色，才能弥补国家课程的空缺，加强教育和地方的联系。”① 粤语是广东省的特色，粤语童谣就是以粤语为基础的具有广东省特色的校本课程。粤语童谣有趣、轻松的气氛，以及朗朗上口的词句，符合小学阶段学生的心理特点，学生们感兴趣、喜欢，自然而然地接受音乐素质教育，这是开发特色校本课程的最重要的目的。

（三）培养学生家乡感情的需要

将粤语童谣引进校园，除了可以传承民族音乐、开发特色校本课程，还可以通过将粤语童谣引进校园，让学生从认识家乡音乐出发，亲近本土的音乐文化，感受民族音乐文化的魅力，从而增进热爱家乡的感情。教师通过一系列粤语童谣进校园的活动，促进学生建立起热爱家乡的情感，让学生在学习和感受音乐的过程中传承我国优秀的民族精神和民族文化。学生还可以通过学习粤语童谣，认识家乡的历史，了解父母儿时的生活场景。粤语童谣进校园，能够使学生在课内外都感受家乡的风土人情，感受

---

① 陈润中．开发音乐校本课程应注重地方特色［J］．教育教学论坛，2010（22）：167.

广东人民的热情、和蔼、包容的性格，热爱广东的山山水水，热爱自己的家乡。将粤语童谣引进校园，并渗透在学生的学习、生活中，才能够潜移默化地对学生进行热爱家乡的德育。童谣本身具有丰富的德育价值，是学校德育的有效途径。① 这并不是只靠几节德育课就可以完成的，是需要学校、教师的培养，将德育引导成为学生生活的一部分，使他们在不知不觉中接受爱国爱家乡的教育。

二、粤语童谣进校园的现状调查

（一）学生问卷调查

我选取了广州市体育西路小学、东风东路小学和四中附属小学三所学校作为学生情况调查的地点。这三所小学分属广州市三个行政区，分别是天河区、越秀区和荔湾区。这三个行政区的人口情况各有区别，天河区主要以外来人口居多、越秀区外来人口与本地人口各半、荔湾区以本地人口为主。我分区选择调查对象主要目的是为了能够更加全面的对粤语童谣进校园现状进行调查。而且，这三所小学的层次不同，东风东路小学是广州市的一所省一级学校，体育西路小学是一所天河区一级学校，这样的选择也是为了使调查的结果更加全面和客观。

我向以上三所学校中的三个年级（分别是二年级、四年级、六年级）发放调查问卷。一共发放 90 份调查问卷。每间学校发放 30 份问卷，每个年级中随机抽取 10 名学生进行问卷调查，90 份问卷全部收回，作废问卷 5 份。通过数据统计，结果如下：

你从小生活在广东省内吗？

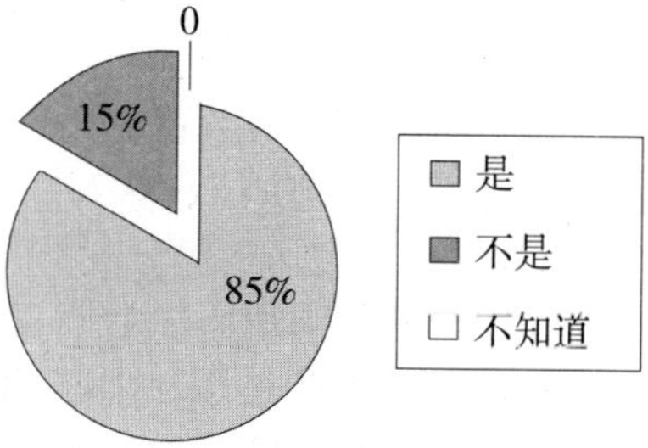

图 1

① 陆韵．基于童谣的小学渗透性德育体系［J］．小学德育，2010（19）：12.

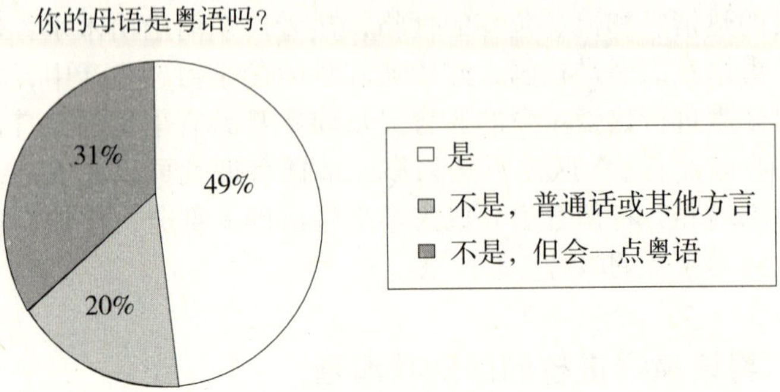

图2

图1和图2是调查问卷中的第一和第二道问题，调查的目的是了解学生的基本情况，以及学生的母语。图1中显示，85%的学生从小生活在广东省内，只有15%的学生有在广东省以外地区生活的经验。图2中显示，有49%的学生母语是粤语，有31%的学生母语是普通话或者是其他方言，有20%的学生虽然母语不是粤语，但也会一部分的粤语。由以上的结果表明，在小学阶段学生中以粤语作为母语的学生占了大部分，接近一半的比例。余下的一半也有一部分学生表示“会一点粤语”。

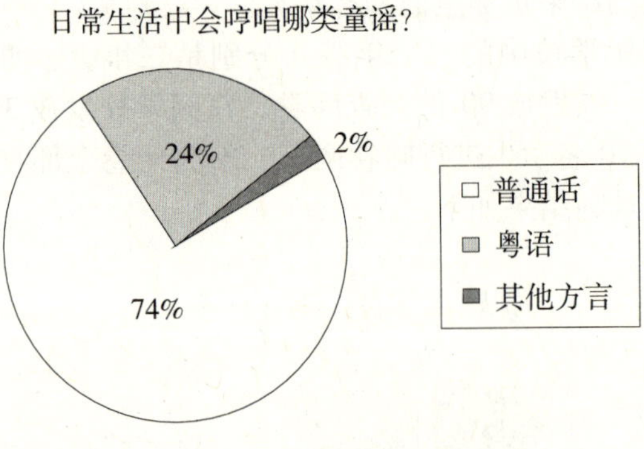

图3

尽管粤语在小学阶段学生当中有较强的流通程度，但是学生日常生活中哼唱的童谣以普通话的童谣居多（见图3）。如图3所示，74%的学生表示在日常生活中会哼唱普通话的童谣，只有24%会哼唱粤语童谣。由此可见，超过半数的学生不会哼唱粤语童谣。普通话的童谣在小学阶段学生当中更加流行。这一现象表明，尽管大部分学生都会粤语，但是粤语童谣并没有得到学生、学校的重视。这一现象的成因涉及几个方面，包括家庭的、学校的以及社会的原因。粤语童谣许多年来都是以父母及其他家庭成员的口耳相传为主要方式而流传下来，但是现代社会的生活压力等原因使得父母与孩子们相处的时间越来越少，兼顾工作与家庭之间的关系已使父母们身心疲惫，当然就无暇顾及为孩子们传唱世代流传的粤语童谣；而学校中推广普通话的政策也使音乐课堂、音乐教师将绝大部分的注意力放在普通话教材上，对广东特色的民族音乐、粤语童谣等相对忽视；社会也对民族音乐文化的重视程度不够高，许多优秀的民族音乐都有失传的危险，何况是粤语童谣。

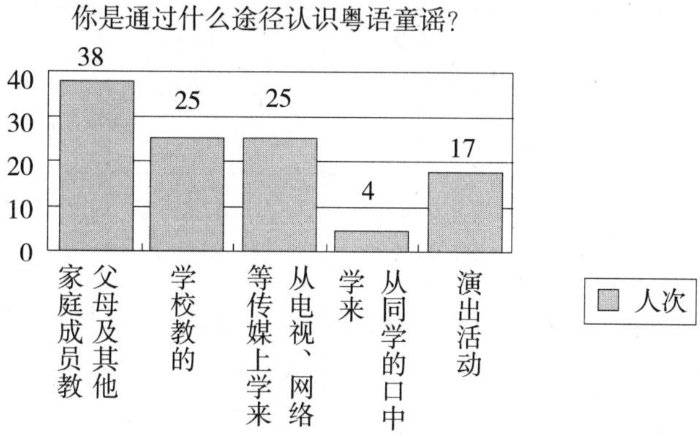

图 4

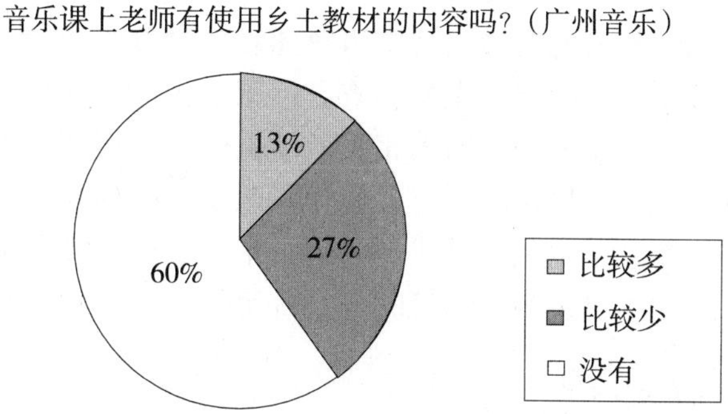

图 5

图 4 中的问题，主要是调查小学阶段的学生是通过何种渠道接触粤语童谣的。调查结果显示，学生主要是通过父母及其他家庭成员的口耳相传接触到粤语童谣，其次是通过学校的教育和从电视、网络等媒体上接触到。由此可见，对于粤语童谣的传承，学校音乐课堂教学以及其他课外活

动能有较大的努力空间。学校教育不单要负起教书育人的责任，还需肩负民族文化传承的任务。图5中的调查情况也支持以上的结论。调查结果显示，只有13%的学生表示在音乐课上教师相对较多的触及广州音乐的内容，有60%的学生表示教师没有在音乐课堂上使用《广州音乐》教材上的内容。可见，音乐教师对广州音乐不太重视，也导致学生在学校生活中缺乏与粤语童谣接触的途径。

这次问卷调查还对学生是否喜欢粤语童谣、对学习粤语童谣是否有抵触情绪进行了调查。详见下表：

方式	会/喜欢	不会/不喜欢	不知道/无所谓
在音乐课上学习粤语童谣	46（人） 54. 12%	17（人） 20%	22（人） 25. 88%
在日常生活中渗透粤语童谣	25（人） 29. 41%	13（人） 15. 29%	47（人） 55. 3%
参加粤语童谣课外兴趣小组	22（人） 25. 88%	12（人） 14. 12%	51（人） 60%
参加粤语童谣比赛	22（人） 25. 88%	17（人） 20%	46（人） 54. 12%

以上是对学生是否愿意参加与粤语童谣相关的校园活动、是否对学习粤语童谣有抵触情绪等问题所做的调查。结果显示，大部分学生愿意接触粤语童谣。但对粤语童谣进校园的相关活动抱以“无所谓”的态度，这与学生对参加课外活动积极性不高有关。为了改变这一现象，音乐教师应多多鼓励学生，并帮助学生建立自我展示的自信。因为许多学生对自己的能力不自信，才导致了学生参与学校的课外活动积极性不高的情况出现。

（二）教师访谈实录

除了对学生进行问卷调查之外，笔者还联系了广州市东风东路小学的音乐老师毛老师做了简单的采访。我们就粤语童谣进校园的现有情况以及具体实施等问题进行了比较详尽的交谈。以下是笔者和毛老师之间的对话片段：

笔者：毛老师您好！我想问一下，对于小学音乐教师来说要在音乐课堂中渗透粤语童谣会感到有语言方面、实施方面等的压力吗?

毛老师：嗯，如果是对广州市老城区的学校来说，这个问题就不会很大。因为本来粤语就是广州的母语。但是如果在一些后来成立的学校、或者学校的生源中外来人口比较多的，例如，东风东路小学、培正小学、或者是一些规模较大的学校，讲普通话的学生居多，在学生层面（渗透粤语童谣）的确是有困难的。

笔者：那对于学校来说，开展粤语童谣进校园会有怎样的困难?

毛老师：如果是从学校的角度来说，困难是现在全国推广普通话，校园是不允许（讲）粤语的。它每年都会有一个评估，就像我们学校每年都要接受一个“语言文字”的评估。这个评估团就会进入学校里面去随机地抽样（调查）学生的日常对话。甚至会设下一些陷阱去考验学生，看学生的本能反应。这个机构（评估团）是教育局直属的，他的要求就是：学校里面必须推行的是普通话，而且是普及性的运用，学生无时无刻所运用的语言必须是普通话。所以在推广（粤语童谣）的时候，对于学校来说是有困难的，这是个很现实的问题。其实，曾经有学生提出效仿学校的“每周一句英语”，实行“每周一句粤语”。其实我觉得这样的提议很好！因为生存在这个社会里，是需要运用（粤语）的，这是一种技能。就像学英文，你必须要掌握，以后会成为一项日常的技能。既然要在广州生活，要掌握这项技能，我认为是必须的。所以，学生也都会有这样的意识，希望学校或者向学校提出要每周学一句粤语，例如一些生活的日常用语。但正如我刚刚所讲的，教育有一个专项的检查，一个全国（推普）的检查，所以学校没有办法推行。

笔者：现在，学校在音乐课上有没有设计或渗透粤语童谣、粤语歌曲呢？有的话，学生的反应又是怎样的呢?

毛老师：那（音乐）教材上是有这样的内容的话，我们（学生）肯定要学啊！其实可以看得出来，学生是十分感兴趣的。他们很愿意接触这些(粤语童谣、粤语歌曲)，但是就听他们说会有难度。就像我之前跟小学三年级的学生上一节《行花街》的课，歌曲中只有两三句粤语，不算多。学生在掌握上有难度，因为虽然兴趣很浓厚，但是他们在家里是完全使用普通话，父母、祖父母们都是（讲）普通话的，所以粤语的发音会不太标准。但是我认为粤语的文化是值得（在小学校园里）推广的。但是推广的时候，没有制度鼓励我们去推广粤语歌曲、粤语童谣。

笔者：从音乐教师的角度来说，怎么看待粤语童谣进校园的问题呢?

毛老师：我认为粤语童谣是需要继续流传的。我作为一名音乐教师，就是要为学生服务。这个服务就是教育他们，将我们社会中好的方面传授给学生。传授本土优秀的音乐、文化，是音乐老师的本职工作啊。但是，跟学生的情况一样，音乐教师也会有地域的差异。部分音乐老师不懂粤语，他们可能就会避开有关粤语童谣的课。这种情况是有的。

笔者：在学校日常生活上，渗透粤语童谣以哪种形式会更好些呢？

毛老师：这当然是利用音乐歌曲的形式啊，在音乐课上渗透粤语童谣是最有效的方法！因为老师的语言一定不可以是粤语，但是歌曲的歌词可以（讲粤语）啊。就好像是粤剧、部分新编的粤语童谣，音乐课本上也有这个内容。学生在音乐课上随着音乐旋律的感染，他们能够很快地融入粤语或者是粤语童谣的氛围中，他们不会感到很排斥，他们甚至会很感兴趣去学习（粤语童谣）。在音乐课上渗透粤语童谣对于学生来说是最容易实行，也是最好的方法。

笔者：嗯，原来学生也会对粤语童谣兴趣浓厚啊。你认为粤语童谣除了音乐旋律能吸引学生，还有其他的特点能够引起学生学习的兴趣呢？

毛老师：我认为粤语本身就十分具有魅力。粤语很有趣，它是有曲调的。这与普通话不同，普通话只有四个声调，而粤语它是有九个声调的，说粤语本来就像唱歌一样。我原来也不知道，就是上次我要准备《行花街》的课时才发现，歌词里面的“妈（maa4）妈（maa1）笑（sui3），爸（ba4）爸（ba1）喜（hei2）”①，通过打手号，我就发现这首歌的旋律走向就是跟着歌词的音调来编写的，是完全一样的。就是说，粤语童谣、粤语歌曲中的旋律走向，大部分都是按照粤语的音调来写的，说粤语本来就像唱歌一样。

笔者：粤语童谣进校园的实际行动，对于小学各年级的学生有区别吗？

毛老师：当然会有年级的区别。我认为在中低年级（小学一年级到四年级）中比较容易推行，也比较符合他们心理年龄的需要。对于小学高年级，如五年级、六年级的学生来说，粤语童谣就会显得过于简单了。需要改变形式，或增加难度。

笔者：那对于所在地域不同或者母语不同的学生，会出现不懂粤语的学生排斥粤语童谣，或者参与粤语童谣学习的热情不高的情况吗？

毛老师：不会出现这样的问题。首先音乐是无界限的，我在课堂上没感到有这样的情况，甚至不懂粤语的学生他们对学习粤语童谣表现出更高

① 曾子凡，温素华．广州话·普通话速查字典（新版）［M］．广州：广东世界图书出版社，2010.

的学习热情，他们都很投入去学唱。学生们都有很高的求知欲望。在上粤语童谣的课时，我没有感觉到学生会因地域、语言的差异而影响学习的热情。

笔者：那现在你们学校有没有开展关于粤语童谣的校本课程或者是课外的兴趣小组？

毛老师：有啊！现在我们学校正开展一个“广东音乐特色”的课题。这是一个已经立项的课题。我们学校作为试点实行的。之后还会有一个越秀区试点学校的交流展示会。而且我希望以后能够有更多这类推广粤语文化、广东音乐的课题，能让广东音乐文化在学生中一直保留。这也是让学校肩负起本土文化传承的责任吧。

笔者：好的！谢谢毛老师带给我那么多的信息。

通过对东风东路小学毛老师的访谈，我们可以了解到粤语童谣进校园的举措在学生中是十分受欢迎的。在小学中各年级的学生都充满了求知的欲望，对粤语童谣有着浓厚的兴趣。甚至希望能像学习英文那样，学习粤语。美国现代心理学家布鲁姆指出：学习最好的刺激乃是对学习材料发生兴趣。这说明兴趣是学习的基础，它是学习音乐的基本动力。[①] 学生学习的效果也由此能够事半功倍。毛老师表示，在学生当中不懂粤语的学生不但不会对粤语童谣不感兴趣，对学习粤语童谣不会出现排斥、反感等情绪，反而这部分学生会更加有学习的热情，他们把学习粤语童谣当做是一件很有趣的事情，当成一种挑战。而且他们能在这种挑战中，找到快乐。而原本就懂粤语的学生，或者是对粤语童谣略知一二的，他们就会在其中表现出一种自豪的感觉，也很乐意为其他同学作示范，帮助同学熟悉粤语童谣。他们对学习粤语童谣的热情也十分高涨。将粤语童谣渗透在音乐课堂中，可以激发学生的学习热情，能够让学生感受民族音乐的魅力，具有较大的积极作用。从学生的反应表明，粤语童谣进校园得到大多数学生的支持，他们反馈给音乐老师的信息都是正面的。

但是，访谈中毛老师也提到学校在支持粤语童谣进校园的工作方面存在的困难。在实施国家规定的全国推广普通话的同时，要兼顾地方语言、地方音乐特色会存在很多困难。学校是很支持粤语童谣进校园的，但学校的每项措施都要遵守国家的规定。兼顾地方音乐的前提是要推广普通话，音乐课也不例外。所以，在音乐课上学生接触的歌曲大部分都是普通话的

① 杨琤．让多彩旋律在校园遍地开花［J］．考试周刊，2010（10）：225.

歌曲。作为音乐教师，毛老师十分支持粤语童谣进校园。教师不但要教书育人，更要传承优秀文化，要成为新生代学生与民族音乐文化认识、沟通的桥梁。

三、粤语童谣进校园的推进措施

总结以上的论述及调查，笔者认为粤语童谣进校园，尤其是进小学校园有着众多的积极作用。就从粤语童谣的传承及广东特色音乐的发展来说，粤语童谣也应该“从娃娃抓起”。让粤语童谣在小学中渗透，从小就培养学生重视我国伟大的民族文化，增强学生的民族自豪感。在传承粤语童谣的同时，也是对学生的一次爱国、爱民族、爱家乡的教育。从小学阶段开始引导学生要肩负起弘扬民族优秀文化，传承优秀民间音乐的责任。对于学生来说，粤语童谣进校园也是他们喜欢的、感兴趣的，更是他们所希望的。

关于如何推进粤语童谣进校园活动，笔者提出以下几项措施：

（一）开发粤语童谣校本课程

以粤语童谣为重点开发富有特色的校本课程，编写粤语童谣校本教材，充实音乐课堂教学。

1. 开发现实性粤语童谣校本课程

随着社会的发展，粤语童谣也要跟着适应社会的进步。部分旧版粤语童谣中，会有不适合小学课堂的内容，或者是与现代社会脱节的内容。这个问题，主要体现在粤语童谣的歌词中。如《氹氹转》的歌词：“氹氹转，菊花园，炒米饼，糯米团。阿妈叫我睇龙船，我唔睇，我要睇鸡仔。鸡仔大，拎去卖。卖得几多钱？卖得三百六十五个仙。”其中最后一句“卖得三百六十五个仙”明显与现在社会脱节，学生理解起来会有难度。解决这问题，可以选择新编的粤语童谣《氹氹转》与原版的《氹氹转》进行对比，开发“新版粤语童谣 VS 原汁原味的粤语童谣”校本课程。还可以让学生对比三个版本的《鸡公仔》，最早的《鸡公仔》歌词反映的是旧社会时候妇女的艰苦生活情景；到了抗战时期则将歌词改编成激励人们团结抗敌的爱国童谣；而到现在《鸡公仔》已经改编为鼓励学生勤奋学习的现代粤语童谣。

2. 开发情境性粤语童谣校本课程

粤语童谣十分贴近我们的生活，体现在歌词中经常出现与节日相关的描述。开展“粤语童谣中的节日”校本课程，可以激发学生自主发现，在粤语童谣中找寻节日的影子。如《氹氹转》中“氹氹转，菊花园，炒米饼，糯啊糯米糯米团。五月初五系龙舟节呀，阿妈叫我去睇龙船。……”提及五月初五的龙舟节（即端午节）、《行花街》中“年卅晚，行花街，迎春花放满街排。……”提及年三十晚和春节等。在重现粤语童谣中的情景时，可以让学生边唱边重现歌中描述的情景，设计成一节粤语童谣唱游课。如《落雨大》中各显神通的避雨方式、《跳飞机》中重现“老游戏“的场景、《氹氹转》中的端午节看赛龙舟等等。

3. 开发趣味性的粤语童谣校本课程

趣味性的粤语童谣校本课程，即在粤语童谣中玩游戏。将粤语童谣与游戏相结合，能够很好地调动学生学习的积极性，使学生在轻松、有趣的游戏中掌握粤语童谣。“把游戏作为教学的手段从而把游戏纳入到教学中来，从而让教学获得了游戏的外在形式，这不仅使教学增加乐趣，吸引儿童的注意力，让他们积极主动地参与到教学中来，对学习充满饱满的情绪，而且体现了教学对儿童人格、自由、需要的尊重。”① 游戏也可以成为“粤语童谣里玩游戏”一课中的高潮部分，让学生发现粤语童谣的魅力。如《何家公鸡何家猜》与“剪刀石头布”游戏的结合、《有只雀仔跌落水》与“穿山洞”游戏的结合等，都能激发学生对粤语童谣的喜爱。

（二）在课堂教学中渗透粤语童谣

在音乐课堂教学中渗透粤语童谣，是笔者提出的各项措施中最重要、最容易实现的，同时也是效果最明显的一项。在音乐课堂中渗透粤语童谣可以是设计一节有趣新颖的学唱粤语童谣课，也可以在小学音乐教材中引入粤语童谣进行感受教学。如将粤语童谣《行花街》设计成一节唱游形式的音乐课。这一课可以设计在上学期的后半段进行，以便于接近春节。这样的选择是为了给这一节课创设情境。从“我们快要放假，过春节了”的情境引出“过春节的时候有什么活动呢?”从而导入到对粤语童谣《行花街》的聆听感受以及学唱上去。也可以与小学音乐教材三年级上册中的《欢庆新年》联系，通过对比美国的新年与广州春节的异同，以“在美国，圣诞节就如同我们的春节一样重要，他们过圣诞节就像我们过春节一样的热闹”等，将两首歌联系在一起，将粤语童谣以各种形式渗透到音乐课堂中。

① 周建平. 游戏教学观要论［J］. 教育理论与实践，2002（22）：57.

音乐教材的编写需要符合小学生不同年级的生理、心理和智力发展程度，将粤语童谣渗透音乐课堂教学中也需要符合学生的生理、心理和智力的发展。由于粤语童谣较多呈现出低龄化、童趣化，也由于小学阶段学生的年龄段跨度较大，从幼年儿童到少年期间，学生的心理成长、智力成长以及生理成长都有巨大的变化。粤语童谣并不是完全适合小学各年级的学生。对小学中低年级学生来说，粤语童谣的音乐课堂教学难度适中，而且也符合他们的心理、生理以及智力的发展情况。如描写春节情景的《行花街》、摇篮曲风格的《月光光》、描写生活情景的《落雨大》、描写童年生活的《氹氹转》、鼓励人乐观生活的《世界真细小》等这些都是。在小学高年级（如小学五年级、六年级）学生中，引入粤语童谣的教学，就需要更加丰富的形式、增加难度了。如广州童谣《卖懒》，这是一首二声部的粤语童谣。歌曲内容是激励学生不要偷懒，努力读书。

在课堂中渗透粤语童谣，并不单单只在音乐课堂中渗透。应当在学校教育的各个科目中渗透。音乐课堂只是渗透粤语童谣的一个最好、最理想的途径或场所。粤语童谣能够与语文、美术、科学等各科目的内容有很好的联系，在各科目课堂中渗透粤语童谣也会收到意想不到的效果。如粤语童谣在语文课堂中渗透，能够将广州本土的风土人情很好地展现给学生，同时还能引导学生对粤语童谣中的修辞手法、语言特色进行探索和讨论，从而丰富学生的语文知识，也可以使学生更容易理解粤语童谣所呈现、描述的事情或现象。如粤语童谣《月光光》“月光光，照地塘，年卅晚，摘槟榔；槟榔香，摘子姜；子姜辣，买菩达；菩达苦，买猪肚；猪肚肥，买牛皮；牛皮薄，买菱角；菱角尖，买马鞭；马鞭长，起屋梁；屋梁高，买张刀；刀切菜，买萝盖；萝盖圆，买只船……”其中基本是两句压一个韵，中途换韵。这些内容都是语文课上渗透粤语童谣，或者是通过粤语童谣学习修辞方式、诗歌押韵等很好的例子。

（三）组织粤语童谣的“第二课堂”

为了更好地推进粤语童谣进校园活动，学校应该组织粤语童谣课外兴趣小组，以“第二课堂”的形式实施。“第二课堂”是小学丰富学生的课余生活、增加课外知识与技能的途径。作为“第二课堂”的科目范围很广，包括语文、英语、美术、体育、音乐、科学……基本涵盖了所有小学课程科目。而且“第二课堂”的形式多样化、内容扩充化、选择自由化，使得小学阶段学生的校园生活多姿多彩，而音乐类的“第二课堂”更是学生喜爱的活动。在课程上，音乐类“第二课堂”是音乐课堂教学的向外延伸，而又专攻其中一两方面的技能培养，其形式要比音乐课堂丰富得多。粤语童谣通过“第二课堂”这一载体走进小学校园，在丰富学生课余生活的同时也能发挥出重要的文化传承的作用。关于组织粤语童谣的“第二课堂”问题，笔者有以下几个方面的构想：

1. 粤语童谣合唱队

粤语童谣合唱队可以在学校原有的合唱队的基础上组建。在原有的合唱队排练歌曲中加入粤语童谣合唱曲，如合唱曲《落雨大》、《萤火虫》等，组成一个多元化的校园合唱队。许多学校都有成立自己的合唱队，队员们都是从学校各年级中选拔的。粤语童谣进校园可以利用学校“第二课堂”的优势，渗透在学生的课余生活中。学校音乐教师可以根据粤语童谣的特色，组织学生或合唱队员排练粤语童谣合唱曲。让学生在接受合唱训练的同时，可以领略粤语童谣的语言魅力。更能够通过排练粤语童谣合唱曲，了解粤语童谣文化、本土音乐文化的特色。这样既能够培养学生的音乐素质技能，也能够传扬粤语童谣文化。将粤语童谣引入学校合唱队的训练中，还可以丰富学校合唱队的曲目数量和曲目形式，增加学校合唱队竞争力。所以，组织粤语童谣合唱队是一举多得的举措。

2. 粤语童谣舞蹈队

将粤语童谣引入舞蹈队的训练中，可以使学生在排练过程中不知不觉地学唱粤语童谣。粤语童谣作为舞蹈中的音乐多次重复地播放，学生在排练舞蹈的过程中慢慢吸收音乐中的要素，如节奏、歌词、旋律等。学生能够很快学会其中的歌曲。在排练一两次后，大部分学生都会唱舞蹈的歌曲。这样在舞蹈队中渗透粤语童谣的学唱效果十分显著。而且，还能根据粤语童谣的选择，创编具有广东特色、岭南特色的舞蹈。如《月光光》、《氹氹转》、《鸡公仔》等，在舞蹈中加入广州本土的特色。《氹氹转》中，将划龙船的动作舞蹈化，形成富有广东特色、岭南特色的舞蹈。《鸡公仔》舞蹈中加入大公鸡的形象，使得舞蹈形象化。以上的例子都是创建粤语童谣舞蹈队很好的素材，将粤语童谣加以利用，便能使学校的“第二课堂”发挥多重作用。

3. 粤语童谣戏剧社

戏剧也能很好地表现音乐，我们可以在戏剧的背景音乐中或者歌舞剧中，引入粤语童谣，创编广东风情的情景剧。让学生对粤语童谣耳濡目染的同时，还能引导学生运用音乐为戏剧等艺术形式服务。如粤语童谣《落雨大》，可以将这首粤语童谣创编为一个短小的戏剧，展现歌曲中所唱的情景“落雨大，水浸街。阿哥担柴上街买，阿嫂出街着花鞋……”表现了行人如何避雨、在雨中穿行等。表现旧时广州夏天特有的情景——“水浸街”。还可以与现代的生活联系作对比，展示现在广州“落雨大，不浸街”的景象。学生也可以通过这样的题材发挥创意，体现他们的创造力。通过参加粤语童谣戏剧社不仅增强学生的表现力、创造力和自信心，还可以使学生在创编的过程中感受戏剧的魅力。组织学生参加粤语童谣戏剧社不但能让参与表演的学生更多地接触粤语童谣，还能通过一些校内的演出让其他学生也能够直观地体验、感受粤语童谣。

（四）开展粤语童谣比赛活动

组织学生参加“粤语童谣比赛”活动，更是能够培养学生的荣誉感、磨炼学生的斗志、激发学生的创造能力的一种活动形式。一方面，开展粤语童谣比赛活动能有效检验学校音乐课堂教学中渗透的粤语童谣教学、学校组织的粤语童谣“第二课堂”以及粤语童谣校本课程开发的成果；另一方面，开展粤语童谣比赛活动，也是进一步激发学生学习粤语童谣兴趣，扩大粤语童谣进校园活动的影响力，吸引更多学生参与粤语童谣学习的一条十分有效的途径。当然，开展粤语童谣比赛活动，必须是建立在通过前面几项活动所获得的成果基础之上的，是整个学校开展粤语童谣进校园活动的成果展示。

比赛活动可以渗透在课堂教学、第二课堂、校本课程中进行，如举行“粤语童谣创编比赛”，就可以与粤语童谣校本课程结合，这一比赛鼓励学生将经典的粤语童谣通过“旧曲新词”的形式进行创编，创造出新生代的粤语童谣。也可以将粤语童谣的歌词与社会热点相结合，创作出新时代的粤语童谣。举行“粤语童谣·环保剧场比赛”，鼓励学生将粤语童谣与戏剧相结合，激发学生无限的创造力。这项比赛就是与学校的“第二课堂”——粤语童谣戏剧社相结合开展的。不仅给参加“第二课堂”的学生一个展示自我的机会，还能通过比赛吸引更多的学生参加粤语童谣戏剧社等粤语童谣的“第二课堂”。举行“粤语童谣歌唱比赛”，激发学生对歌唱技巧的探索和对粤语童谣的喜爱，这是与渗透在音乐课堂教学中的粤语童谣相结合，也是鼓励学生表现自我、增强自信心的措施。

结　语

关于民族音乐文化的传承，一直是社会关注的热点问题。粤语童谣一直以来都是广东粤语地区人们世代口耳相传的广东省特色民间音乐文化，我们提出粤语童谣进校园的措施，就是要解决粤语童谣的传承问题。本文通过粤语童谣进校园重要性的分析阐述，结合小学阶段学生的问卷调查和小学音乐教师的访谈，就推进粤语童谣进校园的具体措施，以及粤语童谣进校园的作用等问题开展研究并找出解决办法。本文认为阐述粤语童谣进校园的重要性主要体现在三个方面：（一）传承民族文化的需要；（二）开发特色校本课程的需要；（三）培养学生家乡感情的需要。粤语童谣进校园的推进，则可以考虑采取以下几个方面的措施：（一）开发粤语童谣校本课程；（二）在课堂教育中渗透粤语童谣；（三）组织粤语童谣的“第二课堂”；（四）开展粤语童谣比赛活动。

总而言之，粤语童谣进校园是笔者对广东省小学音乐课程改革的一点思考。笔者也会尽自己的努力，开展粤语童谣进校园的活动。尽管本文并不完全成熟，还存有一些不足的地方，如只关注广东省以内使用粤语的地区，未能够扩充到广东省内全境。笔者今后也将已此为目标，继续研究和关注粤语童谣进校园的问题。希望粤语童谣进校园的活动在大家的共同努力下开展得越来越好。

参考文献

［1］李锦鸿．广州：岭南文化生于斯盛于斯［J］．羊城今古，2003（1）．

［2］郭孝晶．对小学课堂有效教学的实践与反思［J］．新课程研究，2010（175）．

［3］李君．对少学生会唱自己家乡的歌［J］．中国音乐教育，2003（2）．

［4］李健．基于多元智能的校本课程编制［J］．现代中小学教育，2005（5）．

［5］陆韵．基于童谣的小学渗透性德育体系［J］．小学德育，2010（19）．

［6］陈润中．开发音乐校本课程应注重地方特色［J］．教育教学论坛，2010（22）．

［7］温带宝．岭南音乐传统资源的知识整合与增值分析［J］．星海音乐学院学报，2009（3）．

［8］杨琤．让多彩旋律在校园遍地开花［J］．考试周刊，2010（10）．

［9］赵玲，任琳，吴威．新课标实施中如何开展中小学音乐第二课堂活动［J］．焦作师范高等专科学校学报，2004（9）．

［10］谢嘉幸．寻找家乡的歌——音乐教育的现代观念之三［J］．中国音乐教育，2001（11）．

［11］张文昊．音乐校本课程开发的设想［J］．青海教育，2006（3）．

［12］王琼．音乐校本课程实施经验总结［J］．素质教育大参考，2009（11）．

［13］同建平．游戏教学观论要［J］．教育理论与实践（第22卷），2002（5）．

［14］陈卫强．粤语民谣中的语言文化信息［J］．广州大学学报，2010（9）．

［15］刘蕾．粤语童谣的修辞语用特色［J］．东莞理工学院学报，2008（6）．

6. 论“京剧进课堂”面临困境的原因及对策

周馥馥

摘要：教育部《关于开展京剧进中小学课堂试点工作的通知》下发三年来，由于种种主客观的原因，“京剧进课堂”活动进展并不十分顺利。本文在文献研究的基础上，结合当前“京剧进课堂”活动的现实状况与自身的教学经验，对“京剧进课堂”面临困境的原因进行了具体分析，并提出了活动的四条推进策略：（一）传统与现代交融，丰富教学内容；（二）完善教师素质，展示京剧异彩；（三）巧用教学方法，激发学生兴趣；（四）各方形成合力，营造京剧氛围。

关键词：京剧进课堂；困境；推进策略

引　言

2008 年 2 月，教育部办公厅下发了《关于开展京剧进中小学课堂试点工作的通知》（以下简称《通知》），决定将京剧纳入九年义务教育阶段的音乐课程，确定了 15 首京剧经典唱段为教学内容，首先在北京、天津、黑龙江、上海、江苏、浙江、江西、湖北、广东、甘肃 10 个省市开展试点工作。

通知一发出，仿佛一石激起千层浪，立即引起从教育行政部门、教师、学生、家长，到戏剧工作者、艺术研究者、民俗学者、文艺评论家等各界人士的强烈反应。有人认为，“京剧作为中国戏曲的代表剧种进入中小学课堂，有利于民族文化的传承，国家文化形象的确立”①。中国戏曲是世界三大古老戏剧文化之一，她以富于艺术魅力的表演形式，为历代人民群众所喜闻乐见，并在世界戏曲舞台上独树一帜。而京剧作为中国民族艺

① 燕筠. “京剧进课堂”的意义及教学策略［DB/OL］. http：//dlib. edu. cnki. net/kns50/detail. aspx? dbna me = CJFD2009&filename = JXGL200915035，2009 - 05 - 20.

术的瑰宝，在中国三百多个戏曲剧种中最具代表性、影响最大。随着时代的发展和社会生活的变迁，加上世界现代多元音乐文化的冲击，京剧艺术慢慢退出了现代人的生活舞台。正是在这样的一种现实背景下，“京剧进课堂”无论是对中小学音乐教育的改革和发展，还是对京剧艺术的发扬光大，都是十分有益的。

《全日制义务教育音乐课程标准》（以下简称《音乐课程标准》）提到：音乐课的任务不是为了培养音乐的专门人才，应该说，这也是“京剧进课堂”遵循的原则。“京剧进课堂”是通过欣赏、学唱等方式吸引学生了解京剧文化，提高同学们对京剧的兴趣。学唱京剧不是京剧进入课堂的重点，了解京剧唱段的故事背景、懂得欣赏京剧、弘扬国粹才是最终的目的。

然而，“京剧进课堂”在各试点地区进行得并不理想。北京师范大学教育学院肖川教授就对“京剧进课堂”不认可：“‘京剧进课堂’的确可能培养众多的京剧爱好者。可现代社会艺术表现形式多得不可胜数，为什么一个人非得要爱好京剧呢?”“除了作为现代公民必备的基础知识，其他可有可无的，最好不要作为指令性的内容纳入课程之中……”[①]；江苏省溧阳市实验小学张旭东表示：“博大精深的京剧艺术，理应受到当代青少年的喜爱与关注，但通过调查发现有许多学生不喜欢京剧。”[②] 武汉市教育局体卫艺处处长曹文伟坦言，2008 年 3 月教育部启动试点后，就再也没有下文了，对“京剧进课堂”也没有提出新的要求。武汉试点学校根据各自实际，有的还在坚持，有的则逐渐淡化，甚至悄然停止。[③] ……而广东地区也面临着同样的情况，有一部分学校积累了很好的经验，但更多的学校没有坚持下来。

华南师范大学音乐学院吴鑫慧曾对“京剧进中小学课堂”在广东的实施情况进行了详细的调查。调查发现，作为试点地区的广州市与深圳宝安区，有些京剧进课堂试点学校的音乐教师并没有开展京剧课程的教学，而参与调查的老师大多表示课程以增进戏剧为课题，京剧作为戏剧中的一种更为合适；同时没有音乐教师认可“京剧进课堂”作为必修课的形式实施，大部分音乐教师选择作为第二课堂，并只是让学生有初步了解和培养

---

① 肖川．实事求是去求索［DB/OL］．http：//dlib. edu. cnki. net/kns50/detail. aspx？dbname = CJFD2009&filename = JAOI200904045．

② 张旭东．传统与现代携手 构建京剧新课堂——关于“京剧进课堂”的尝试与思考［DB/OL］．http：//dlib. edu. cnki. net/kns50/detail. aspx？dbname = CJFD2009&filename = JAOI200904045．

③ 荆楚网，湖北日报．京剧进课堂，何以交上“尴尬答卷”［DB/OL］．http：//www. csmes. org/html/50860. html，2010 - 04 - 22．

学生的兴趣，并不作为期末考试内容。试点地区“京剧进课堂”都没真正地开展起来，周边的小城市就更不会开展京剧进课堂了。由此可以推测整个广东省乃至全国的“京剧进课堂”活动目前是并不乐观的。

一、“京剧进课堂”面临困境的原因分析

“京剧进课堂”实行三年来可谓困难重重，广大音乐教育工作者对于京剧进课堂也使出浑身解数，对京剧进课堂面临的困难作出了总结与思考。通过查阅相关资料以及结合本人实习经历，本人将“京剧进课堂”所面临的困境的原因作出以下归纳。

（一）学生不熟悉，缺乏兴趣

“京剧进课堂”进行不理想有很多原因，其中最重要的一条就是京剧艺术对于学生来说太陌生了，对京剧的不熟悉严重影响了学生学习京剧的兴趣。

现在学生接触音乐的方式，除了音乐课堂，更多是在平常的生活中。现代生活的快节奏使得我们生活中的音乐大多以流行音乐占据主体，更有世界多元音乐对我国传统音乐的冲击。京剧，这个已有200多年历史的剧种，从1790年进京，以“二黄”唱腔为主，随着发展，逐渐与徽、汉、昆、京等语音结合，形成京剧独特的唱腔；同时，集唱（歌唱）、念（念白）、做（表演）、打（武打）于一体，通过程式化的表演手段叙说故事、刻画人物，表现喜怒哀乐等情感。可见，京剧无论从咬字、唱腔、曲调以及唱段、剧目所表达的内容等各个方面都与现今生活相距甚远。这种古老的传统艺术，让学生有陌生之感也是必然的。

一般来说，学生是通过表现音乐来享受音乐的。① 通过表现音乐使自身的情感自然流露。然而，尽管被纳入九年义务教育阶段音乐课程的15首京剧曲目中，有9首属于样板戏，属于专家声称较容易上口的曲子，但这些京剧作品唱段唱腔所独有的特点以及其所代表的包括文化大革命在内的文化背景与现在学生的生活距离远，同时京剧的唱腔也难把握，使得学生难以通过表现音乐来享受音乐。这种距离也必然使学生对京剧感到陌生。

---

① 郭声健. 对高中音乐教学要以鉴赏为主的质疑［DB/OL］. http：//dlib. edu. cnki. net/kns50/detail. aspx？ dbname = CJFD2009&filename = KJJF200907015.

（二）教师不内行，缺乏自信

《音乐课程标准》指出“应将我国各民族优秀的传统音乐作为音乐课重要的教学内容”，即鼓励把具有地域特色的音乐加入到音乐课堂中。而《通知》则是把优秀的传统音乐具体化，推动了京剧进课堂的步伐。

由于新中国成立以后，音乐教师师资队伍的建设基本秉承西方的传统音乐教学模式，所以培养出来的音乐教师对于民族传统音乐的认识以及传承的能力是远远不够的，这也是导致“京剧进课堂”进行不理想的一个历史原因。

很多老师都表示“自己本身是学习音乐的，没学过戏曲。而京剧是特别吃功夫的”。考虑到这个因素，《通知》也为此作出努力：鼓励广大音乐教师通过各种途径学习培训提高，掌握京剧教学的知识和能力。同时为帮助试点省（市）培训教师，提高京剧进中小学课堂的教学水平，开展试点学校教师培训工作。通过培训，了解京剧文化背景、唱腔特点等。然而培训工作大多都是短期培训，京剧的唱腔、韵味、动作绝不是靠这短短几天的培训就能弄懂的学问。没有“童子功”，培训期一过，就会发现什么也没学到，除了能哼哼简单的旋律，韵味没掌握，动作也很快就遗忘了。唱不出京剧的味儿是大多数教师在教京剧时不敢唱的原因。

推行“京剧进课堂”虽说已有三年时间，但对于教师来说，京剧的文化背景、知识结构和唱腔韵味等方面的教学方式都仍是全新的考验。教师本身所接受的教育是秉承西方的传统音乐，因此教师对京剧文化的了解、知识结构的掌握相对都还是比较匮乏，更别说唱腔韵味了。虽说15首京剧唱段中有不少朗朗上口的样板戏唱段，但对于京剧这样一门综合性艺术，仅掌握样板戏远远不够，还需教师深入理解传统音乐文化并整合自身的京剧知识结构。只有完善自身的京剧知识结构，才能在京剧课堂上游刃有余。

（三）教法不给力，缺乏吸引

“口传心授”一直是培养京剧演员以及戏曲演员的主要方法，同时，成为一名专业京剧或戏曲演员也需要长时间的专业化训练。

而目前大多的音乐教师都是音乐专业院校出身，在《通知》下达后，通过各地区所组织的京剧培训才较深入地了解京剧。但正如上面谈到的通过短期培训并未能使音乐教师的京剧水平有很大的提高，从而影响了教师的教法。

aspx? dbname = CJFD2010&filename = JQJY201004040.

[9] 白宏太. 京剧进课堂的文化意义 [DB/OL]. http: //dlib. edu. cnki. net/kns50/detail. aspx? dbname = CJFD2008&filename = RMJY200807009.

[10] 吕赟. 关于京剧进课堂的思考 [DB/OL]. http: //dlib. edu. cnki. net/kns50/detail. aspx? dbname = CJFD2008&filename = JYKL200803060.

[11] 中国农村教育. 反对"强推京剧进课堂" [DB/OL]. http: //dlib. edu. cnki. net/kns50/detail. aspx? dbname = CJFD2008&filename = NCJY200804036.

[12] 重庆日报. "京剧进课堂"能否重燃"国粹热" [DB/OL]. http: //www. csmes. org/html/49728_ 2. html.

[13] 郭声健. 对高中音乐教学要以鉴赏为主的质疑 [DB/OL]. http: //dlib. edu. cnki. net/kns50/detail. aspx? dbname = CJFD2009&filename = KJJF200907015.

[14] 肖川. 实事求是去求索 [DB/OL]. http: //dlib. edu. cnki. net/kns50/detail. aspx? dbname = CJFD2009&filename = JAOI200904045.

[15] 张旭东. 传统与现代携手 构建京剧新课堂——关于"京剧进课堂"的尝试与思考 [DB/OL]. http: //dlib. edu. cnki. net/kns50/detail. aspx? dbname = CJFD2009&filename = JAOI200904045.

[16] 荆楚网, 湖北日报. 京剧进课堂, 何以交上"尴尬答卷" [DB/OL]. http: //www. csmes. org/html/50860. html, 2010 - 4 - 22.

[17] 吴鑫慧. "京剧进中小学课堂"在广东的问题调查与实施措施研究 [D]. 广州: 华南师范大学音乐学院学位论文, 2009.